덕 윤리의 신학적 기초

덕 윤리의 신학적 기초

2012년 9월 1일 초판 인쇄
2012년 9월 5일 초판 발행

지은이 | Joseph J. Kotva, Jr.
옮긴이 | 문시영
펴낸이 | 이찬규
펴낸곳 | 북코리아
등록번호 | 제03-01240호
주소 | 462-807 경기도 성남시 중원구 상대원동 146-8
       우림2차 A동 1007호
전화 | 02) 704-7840
팩스 | 02) 704-7848
이메일 | sunhaksa@korea.com
홈페이지 | www.bookorea.co.kr
ISBN | 978-89-6324-227-9 (93230)

값 13,000원

본서의 무단복제를 금하며, 잘못된 책은 구입처에서 바꾸어 드립니다.

은 북코리아 출판사의 기독교 도서 브랜드입니다.

덕 윤리의 신학적 기초

조셉 코트바, Jr. 지음 / 문시영 옮김

감사의 글

최근에 누군가 내게, 학자의 길은 외로운 것이라고 말해준 기억이 난다. 이 책이 나오기까지 여러 동료들과 좋은 친구들이 도움을 주었던 것을 생각한다면, 꼭 그런 것만은 아닌 듯싶다.

이 책의 출판을 포함하여, 키난(James F. Keenan) 교수께 깊은 감사를 드리고 싶다. 몇 년 전, 덕 윤리 강좌에서 작성한 글을 보고 교수께서는 좋은 책이 되리라고 출판가능성을 격려해 주셨다. 포담대학(Fordham Univ.)에서 공부하는 동안, 교수께서는 내가 기대했던 것 이상으로 좋은 멘토가 되어 주셨다. 학문적으로, 인간적으로 교수께 받은 영향은 너무도 크다.

박사학위논문 심사 위원이신 딜론(Richard J. Dillon) 교수와 빌라드쇼(Richard R. Viladesau) 교수님께도 감사드린다. 그분들의 조언은 이 책을 더욱 풍요롭게 해주었다. 필자의 박사학위 논문을 단행본으로 출판할 수 있도록 도와주신 굴라(Richard M. Gula) 선생과 조지타운대학(Georgetown University) 출판부에 감사드린다. 특별히 샘플스(John Samples) 편집장은 이 책이 큰 어려움 없이 출판될 수 있도록 도와주셨다.

절친한 친구 요지오(Mary Jo Iozzio)에게 특별히 감사하고 싶다. 툭하면 전화를 걸어 아주 길고 긴 문장들을 읽어 내려가는 동안에 인내심을 가지고 내 의견을 귀담아 들어 주었다. 요지오의 코멘트는 이 책을 계속 집필할 원동력이 되어 주었다. 몇 챕터의 원고도 윤독해 주었을 뿐 아니라, 편

5

집에 실질적으로 적용될 조언들은 그 가치를 따질 수 없을 정도로 소중한 것이었다.

6장의 일부 내용은 *Heythrop Journal* 35(1) (1994):35-52에 게재했던 내용을 요약하고 수정했다. 이 부분을 사용하도록 허락해 준 출판사(Blackwell Publishers)에 감사드린다. 그밖에도 감사드려야 할 분들이 있다. 특별한 기회를 주어 학술연구목사로 사역하게 해준 교회(First Mennonite Church, Allentown, Pennsylvania)에 감사드린다. 교회는 이 연구가 교회를 더욱 성장시키는 기반이 되리라 기대하면서 재정후원은 물론이고 연구공간도 제공해 주었다. 교회의 기대에 어긋나지 않았기를 바란다.

마지막으로, 가장 큰 감사는 가족들에게 해야 할 것 같다. 부모님과 누님은 나를 사랑으로 후원해 주셨고 나로 하여금 하나님을 사랑하고 교회를 섬기며 진리를 추구하도록 이끌어 주신 분들이다. 아내 캐롤은 이 책에 여러모로 기여해 주었다. 휴가를 반납한 남편을 참아주었고, 관용과 호의, 연민, 그리고 박애의 미덕을 몸소 보여주었다. 조셉과 매튜, 두 아들은 순간이 아닌 영원의 관점에서 볼 때, 집필보다 더 중요한 것은 가족과 함께하는 것이라는 점을 일깨워 주었다. 그들을 보면 기쁘다. 틀림없이, 놀이에 관한 한 그 녀석들의 생각이 맞을 것 같다.

들어가며: 기독교윤리와 덕의 문제

　이 책이 토마스 아퀴나스를 직접적으로 다루거나 주인공으로 삼지는 않았지만, 이 책 전체의 핵심을 토마스의 관점으로 요약할 수 있을 듯싶다. 아리스토텔레스의 윤리가 기독교윤리에 무척이나 잘 어울린다고 했던 점 말이다. 토마스는 기독교 전통의 근간을 희생시키지 않으면서도, 아리스토텔레스의 윤리를 신학과 성경에 어울리는 것이 되게 하는 독창성을 발휘했다.[1] 토마스가 세부적인 부분에서까지 모조리 옳다는 뜻은 아니다. 하지만, 아리스토텔레스의 관점을 변용하면 기독교윤리에 큰 도움이 될 것이라고 했던 그의 생각만큼은 틀리지 않았다. 토마스를 직접 인용하는 경우가 간혹 있겠지만, 이 책은 전반적으로 토마스의 기본기획을 계승하려는 것이라 해도 좋을 듯싶다.

　이 책은 또한 현대 덕 윤리의 장점들에 대한 개괄이라고 할 수 있다. 필자는 아리스토텔레스의 덕에 대한 현대적 재론을 기독교적 관점에서 수용함으로써, 그것이 기독교적 확신 및 도덕적 추론과 어울릴 수 있으며 기독교윤리의 표현방식을 개선하는 데 유용하다는 점을 입증하고 싶다. 신학 및 성경에 비추어 볼 때, 덕 윤리가 기독교윤리에 대한 매우 유용한 이해방식이라는 점을 보여주고 싶은 셈이다.

　이러한 시도를 탐탁하지 않게 여길 분도 있겠지만, 개신교 윤리학자 및 가톨릭 윤리신학자들 중 저명한 학자들은 기독교윤리의 갱신을 위해 덕 윤리에 주목하고 있다. 하우어워스(Stanley Hauerwas), 존스(L. Gregory Jones), 키난(James F. Keenan), 메일랜더(Gilbert Meilaender), 포터(Jean Porter), 와델(Paul Wadell) 등이 그렇다.[2] 이들의 책이 있음에도 불구하고, 필자가 덕 윤리의 장점을 소개하는 별도의 책을 굳이 집필하려는 데에는 나름의 이유가 있다.

최근 이십여 년 동안, 철학자들과 신학자들은 덕의 재론에 큰 관심을 보여 왔지만, 기독교윤리가 덕 윤리에 특별한 관심을 가져야 하는 이유에 대한 설명은 거의 없었다. 덕 윤리를 지지하는 학자들이 덕 윤리가 그리스도인다운 그리스도인이 되게 하는 데 호소력이 있다는 점을 설명해준 경우는 없었다. 과연 기독교가 덕 윤리와 연관성이 있음을 설명할 근거는 있는 것일까? 덕 윤리는 기독교윤리와 온전히 어울릴 수 있는 것일까? 덕 윤리이건 그 외의 윤리이건 간에 그리스도인의 도덕적 통찰에서는 별 차이가 없는 것 아닐까? 덕 윤리를 추종하는 신학자들 대부분은 이 질문에 답을 주지 못했다. 덕 윤리에 대한 기독교의 입장을 명확하게 설명해주지 못한 셈이다.

이 점에 주목하면서, 필자는 덕 윤리가 기독교적 확신에 놀라울 정도로 잘 어울리는 윤리적 사유의 틀이 된다는 점을 입증하고 싶다. 어떻게 도덕적으로 살아야 하는가에 관한 기독교적 확신에 잘 어울리면서도 유용성까지 지니고 있음을 증명해 보이고 싶은 셈이다. 구체적으로, 아리스토텔레스 철학의 재론에 등장하는 윤리이론들, 예를 들어 맥킨타이어(Alasdair MacIntyre), 누스바움(Martha C. Nussbaum), 셔먼(Nancy Sherman) 등을 통해 덕 윤리가 기독교의 신학과 성경이 말하는 도덕적 비전의 풍요로움과 정교함을 표현해줄 틀이 된다는 점을 살펴보고자 한다.[3]

7장으로 구성된 이 책의 내용들은 대부분의 그리스도인에게 통용될 만한 내용들을 담고 있다. 1장에서는 신학자들과 철학자들이 말하는 덕의 재론에 관한 문화적, 역사적, 철학적 전개과정을 다룬다. 덕 윤리의 기본요소와 구조에 대해서는 2장에서 다룬다. '덕 윤리'에 대한 개념이 학자마다 차이가 있기 때문에, 아리스토텔레스의 현대적 재론에 나타나는 철학자들의 관점을 필자 나름으로 정리해 보았다. 덕 윤리에는 도덕적 정체성에 대한 인식을 바탕으로, 우리는 과연 어떤 존재로 변화되어야 하는지를 생각하게 해주는 일종의 목적론적(teleological) 특성이 내재해 있는 것 같다.

3장은 특별히 기독교의 관점에 초점을 맞추어, 덕 윤리의 기독교적 수용의 필요성을 다룬다. 또한 현대 신학자들이 설명하지 않았던 문제, 즉 기독교윤리는 왜 덕의 윤리이어야 하는가를 살펴본다. 여기에서는 덕 윤리와 기독교적 확신 사이에 적합성이 있어 보인다는 점을 암시하는 데 그치지 않고, 덕 윤리가 그리스도인의 삶에 적절한 적합성을 지니고 있다는 점을 입증하고자 한다.

4장에서는 비판적 관점에서, 기독교와 덕 윤리가 어떤 상관성을 지니고 있는지 살펴보고자 한다. 특히 성화(sanctification)의 개념, 기독론, 그리고 신학적 인간학에 초점을 맞추어 덕 윤리와 기독교와의 연계성 및 상호병행성을 살펴보고자 한다. 예를 들어, 성화의 교리와 덕 윤리가 일생에 걸친 목적 지향적, 도덕적 성장 및 성품의 변화를 강조한다는 점도 단초가 될 수 있을 듯싶다.

이 문제는 5장에서도 이어지지만, 4장이 교리 혹은 조직신학에 초점을 맞추었다면, 5장은 주로 신약성경에 초점을 맞춘다. 마태복음과 바울서신은 덕 윤리와 수많은 연관성을 지니고 있다. 이를테면, 성향과 태도를 강조하는 점은 물론이고 마태복음이 규칙으로서의 율법을, 바울서신이 도덕적 분별을 강조하는 점은 덕 윤리와 긴밀히 연관될 수 있는 단초들이다.

4장과 5장은 덕 윤리가 명시적으로 표현하지 못한 부분에서조차 기독교적 확신을 기꺼이 수용할 여지를 지니고 있음을 다룬다. 덕 윤리는 기독교적 관점을 따라 얼마든지 유연하게 변경되어 수용될 수 있으며 은혜, 용서, 영생, 예수 중심성과 같은 기독교적 확신을 표현하기에 적합한 특성을 지니고 있다. 이 부분은 4장에서 볼 수 있다. 예를 들어, 예수의 규범적 인성에 대한 강조는 다른 종류의 윤리보다 목적론적 덕 윤리를 통해 훨씬 더 잘 표현될 수 있을 듯싶다.

6장에서는 덕 윤리에 대한 오해 때문에 발생하는 비판들을 검토해보고자 한다. 또한 덕 윤리 이외의 현대윤리이론들은 기독교적 확신이 지닌 다양성과 복합성을 받아들이지 못하는 한계가 있음을 다루게 된다. 덕 윤리에 대한 비판들 각각에 대한 나름의 반론들을 제시하겠지만, 필자가 보기에는 덕 윤리 이외의 다른 윤리이론들로서는 기독교의 신학과 성경이 제시하는 도덕적 비전의 풍요를 담아낼 수 없을 듯싶다.

7장은 요약편이다. 이제까지 다룬 이야기들을 요약하는 동시에 덕 윤리와 기독교적 확신이 상호보완성을 지닌다는 점을 강조하게 될 것이다. 한편으로, 기독교윤리가 덕 윤리로부터 얻을 수 있는 통찰들에 대해 생각해 보고자 한다. 예를 들어, 도덕에 관한 덕 윤리의 다층적 설명법을 수용하면 유용하게 적용할 수 있을 것이며, 성경과 신학에서 세부적으로 다루지 않은 현대의 문제들에 대한 설명법도 얻을 수 있을 것 같다. 다른 한편으로, 신학과 성경은 덕 윤리를 교정시키고 향상시켜 덕 윤리를 발전시킬 활력을 제공하리라 기대된다.

덕 윤리의 구조에 잘 어울리는 기독교적 관점들에 대해서는 각 장을 통해 예를 찾아보기로 하자. 이를 통해 독자 여러분께서 기독교윤리가 덕 윤리를 통해 유익을 얻을 수 있음을 인식할 수 있었으면 좋겠다. 덕 윤리를 신학 및 성경과 연관 짓는 책이라는 점에서, 이 책을 통해 기독교적 덕 윤리란 무엇인지를 명확하게 인식하고 가늠해볼 수 있기를 기대해 본다.

1   특히, 『신학대전』 2부를 참고하라.

2   Stanley Hauerwas, *A Community of Character: Toward a Constructive Christian Social Ethic* (Notre Dame: University of Notre Dame Press, 1981); L. Gregory Jones, *Transformed Judgement: Toward a Trinitarian Account of the Moral Life*(Notre Dame: University of Notre Dame Press, 1990); James F. Keenan, *Goodness and Righteousness in Thomas Aquinas's Summa Theologiae* (Washington, D.C.: Georgetown University Press, 1992); Gilbert C. Meilaender, *The Theory and Practice of Virtue*(Notre Dame: University of Notre Dame Press, 1984); Jean Porter, *The Recovery of Virtue: The Relevance of Aquinas for Christian Ethics*(Louisville: Westerminster/John Knox Press, 1990); Paul J. Wadel, *Friendship and the Moral Life*(Notre Dame: University of Notre Dame Press, 1989)

3   Alasdair MacIntyre, *After Virtue*, 2nd ed. (Notre Dame: University of Notre Dame Press, 1984); Martha C. Nussbaum, *The Fragility of Goodness: Luck and Ethics in Greek Tragedy and Philosophy*(Cambridge: Cambridge University Press, 1986); Nancy Sherman, *The Fabric of Character: Aristotle's Theory of Virtue* (Oxford: Clarendon Press, 1989)

■ 차례

최근 덕과 성품의 문제가 재론되고 있으며 그 현상은 무시하지 못할 정도로 크게 나타나고 있다. 덕의 회복에 대한 관심은 이 문제를 면밀하게 성찰하고 있는 철학자들에게서도 볼 수 있고 서점가의 베스트셀러 목록에서도 확인할 수 있을 만큼, 여러 분야에서 광범위하게 나타나고 있다. 실제로, 덕ㆍ애의 복귀 문제가 《뉴스위크》의 표지로 등장하기도 했다. 비교적 최근의 시점인 1980년대 후반, 덕 윤리는 영미철학자들과 신학자들의 주제였다. 변화가 생긴 것은 분명하다. 덕 윤리에 관한 출판이 급속한 증가추세에 있으며 전문 학술지에도 덕 윤리에 관한 글들이 많아지고 있다. 그중에 단지 윤리의 최신 유행과 경향에 휩쓸리는 것도 있기는 하다. 학문의 영역에서 덕 윤리가 수적으로는 소수이지만 의미 있는 위치를 점하고 있다는 것만은 확실해 보인다. 과연, 덕 윤리란 무엇인가? 그리고 덕 윤리가 이렇게도 새로운 관심의 대상이 되는 이유는 무엇일까? 제2장에서는 그리스도인들이 수용할 네오-아리스토텔레스주의의 덕 윤리의 기본요소의 구조를 개괄하고자 한다. 일반적으로, 덕 윤리가 윤리적 성찰의 핵심을 전환시켰다는 점은 분명한 것 같다. 18세기 이후의 윤리는 일반적으로 규칙, 원칙, 선의 개념분석, 그리고 도덕적 난제를 해결할 각각의 결단에 초점을 맞추어왔다. 그 결과, 현대윤리학은 규칙, 원칙, 그리고 특정한 행위가 도덕적으로 어떤 의미를 지닌 것인지를 결정짓는 방식에 관심을 집중하고 있다. 이와는 반대로, 덕 윤리는 특정한 행위에 대한 분석보다는 행위자의 문제에 더 많은 관심을 기울인다. 덕 윤리는 윤리의 초점을 특정한 행위에서부터 그 행위의 '배경'으로 옮겨놓았다, 이를테면, 성품, 인격, 공동체의 전통, 그리고 인간의 탁월성을 드러내고 증진시키는 데 필요한 조건이 무엇인가에 관심을 가진다. 덕 윤리가 도덕의 초점을 전환시키고 있는 셈이다. '덕 윤리란 무엇인가'를 설명하는 것보다 이러한 전환의 요점이 무엇인지를 보여주는 것이 훨씬 더 수월할 듯싶다. 여기에는 몇 가지 원인이 있으며, 다양한 주제가 반영되어 있다. 비록 개괄적인 설명이기는 하지만, 이를 통해 덕 윤리의 주제들 중에서 몇 가지라도 이해할 수 있다면, 덕 윤리가 보여줄 '새로운' 것이 무엇인지에 대해서 뿐만 아니라 기존의 접근법이 지닌 특징에 대해서도 파악할 수 있을 것으로 기대된다. 덕 윤리의 새로운 접근법

1장
덕 윤리,
다시 주목받다

을 이해하기 위해 특별히 세 가지를 다루고자 한다. ① 현대사회가 도덕적 위기에 처해있다는 사실을 인식하는 경향이 크다는 점, ② 역사성을 강조한다는 점, ③ 현대윤리학이 인간의 도덕적 삶에 대해 바람직한 설명을 제시하지 못하고 있다는 점 등이다. 1. 위기의 사회 덕 윤리에로의 복귀 혹은 덕에 대한 관심을 촉발시킨 요인 중 하나는 대부분이 동의할 수 있을 정도로 현대사회가 도덕적 위기에 처해 있다는 사실이다. 많은 사람들이 현대 서구사회가 도덕적 파산에 직면해 있으며 사회제도들이 인간에게 신한 성품을 함양시켜주지 못했다고 말한다; 예를 들어, 《뉴스위크》에서는 미국성인의 76%가 '미국이 도덕적ㆍ영적 쇠퇴기에 접어들었다'고 인식하는 것으로 나타났다. 이러한 도덕적 쇠퇴에 대한 인식은 학부모 모임에서, 신문 논평에서, 라디오 방송에서, 그리고 주일학교 분반공부에서도 확인된다. 또한, 학교에서 기도를 재개해야 하고 성품교육이 필요하며 범죄에 대한 처벌을 강화해야 하고 텔레비전의 폭력상을 규제해야 한다는 요구들도 나타나고 있다. 이러한 관심과 논쟁들이 덕 윤리의 모습을 모두 다 보여줄 수 있는 것은 아니다. 하지만, 현대사회의

도덕적 쇠퇴에 대한 관심이 증대되고, 그것이 덕에 대한 회상 혹은 덕 윤리적 추론의 필요성을 강조하는 현상으로 이어지고 있다는 것은 고무적인 일이다. 예를 들어, 오늘날, 전통적인 가정의 와해 및 텔레비전의 폭력성에 대한 연설들은 이러한 인식을 반영해준다. 가정문제에 대한 토론은 어린이들이 부모의 세심한 지도와 적절한 역할모델을 상실할 경우 건전하고 균형 있는 도덕적 행위자가 될 수 없음을 알게 해주고 있다. 또한, 텔레비전에 문제가 있다는 생각에는 사람들이 텔레비전의 영웅을 모방하려는 경향이 있다는 우려와 함께 텔레비전 속 영웅들이 폭력적이거나 심지어 사악한 경우들이 많다는 인식이 반영되어 있다. 가정과 텔레비전에 대한 이러한 관심들은 덕 윤리의 주제들과 병행을 이룬다. 아리스토텔레스의 덕 윤리에서는 덕스러운 성품이란 책을 통해 배울 수 있는 것도 아니며 손쉽게 습득될 수 있는 것도 아니라고 말한다. 덕스럽게 되는 것은 실천을 통해서, 그리고 다른 사람들과의 우정을 통해서이다. 우리는 가치 있는 역할모델을 본받으며 덕스러운 가르침을 주는 자들과 친구들에게 귀를 기울이고 덕스러운 인물들에 관한 이야기를 들으며 덕스러운 행위들을 본받아 살아감으로써 덕을 배운다. 이처럼, 가정과 텔레비전 문제에 대한 관심은 덕 윤리와 직접적인 연관이 있다. 두 관심들 모두, 본받을만한 동료들과 역할모델이 되는 인물들이 덕스러운 성품의 계발에 결정적인 요소임을 인식하고 있다는 점에서 더욱 그렇다. 중요한 것은 현대사회의 도덕적 빈곤에 관한 이러한 관심이 덕 윤리의 깊은 연관성을 지닐 뿐 아니라 심지어 현대적 덕 윤리의 관심사와 맞아떨어진다는 점이다: 가정문제, 텔레비전 문제, 그리고 교육문제의 쟁점들이 덕 윤리와 긴밀하게 연관되고 있는 셈이다. 따지고 보면, 덕 윤리는 이러한 문제들의 심각성을 인식시켜준다. 우리가 관심을 전환하여 개별 행위들에 대한 관심으로부터 행위자의 맥락에 집중하게 되면, 덕스러운 동료 및 역할모델의 중요성을 새삼 깨닫게 될 것이며, 텔레비전의 폭력성에 영향을 받지 않는 경지에 이르게 될 것이다. 현대사회의 도덕적 파산의 위기에 대한 인식으로부터 덕 윤리에 대한 관심을 새롭게 가지게 된 것은 공적담론에 우연하게 돌출된 현상이 아니라, 신학자들과 철학자들이 덕 윤리를 재론하는 데에는 현대사회의 도덕적 위기에 대한 인식이 작용하고 있다. 예를 들어 필립스(Derek Phillips)가 말한 것처럼, 현대사회는 과연 무엇이 이상적인 것인가에 대해 '진솔'해졌고 '긴자의 느낌에 충실'해졌다. 하지만 이상적인 것에 대한 이러한 관점들을 사회가 용납해주지 않는다. 많은 사람들이 '진솔'해지는 것을 웅납하지 못하고 지탱체출을 수 없는 탓에, 길들여지지 않은 개인적 주장들과 욕구가 문제라고 생각해 버리고 만다. 쇠라에게는 사회를 구해내고자 한다면, 도덕원칙들을 내면화시키고 다양한 덕목들을 함양해야 할 것이다. 다시 말해, 건전한 사회는 덕스러운 시민성에 달렸다. 이러한 시민성이 없다면, 우리의 삶은 점점 더 집요글로 변해갈 것이며 야만의 상태로 치달으게 될 것이다. 맥킨타이어(Alasdair MacIntyre)는 현대사회의 도덕적 파산의 위기를 감지하고 자신의 책, 『덕의 상실(After Virtue)』에 그 문제의식을 담아냈다. 큰 영향력을 발휘하는 그의 관점들은 우리가 지금 다루는 문제, 즉 현대사회가 위기에 처해 있다는 인식에서 나온 것이었다. 특별히 도덕에 대한 담론이 단순한 언어적 분석에 치우쳐있다는 점, 그리고 결과적으로 인간을 타인에 대한 조작자에 불과한 존재로 간주하는 도덕개념에 고착되어버렸다는 것이 그의 문제의식이었다. 현대사회의 도덕에 대한 맥킨타이어의 이러한 문제제기는 아리스토텔레스적 덕의 전통을 회복해야 한다는 주장으로 이어진다. 맥킨타이어는 덕 윤리가 현대사회의 도덕적 무질서를 극복시켜줄 매력적인 대안이 될 수 있으리라 기대했다. 하지만, 왜 덕의 윤리이어야 하는가? 비록 현대의 도덕적 위기에 대한 맥킨타이어의 관점에 동의한다고 해도, 칸트의 관점이나 공리주의자들의 관점이 아니라 덕의 윤리이어야 하는 이유는 무엇인가? 맥킨타이어는 현대사회의 도덕적 무질서가 현대윤리학의 실패에 대한 강력한 증거가 된다고 보았다. 사실, 맥킨타이어는 현대윤리학이 도덕적 위기에 대한 처방으로는 실패작이라고 보았을 뿐 아니라, 현대윤리학이 추구하는 내용들이 사회적이고 지적인 변화들과 뒤엉켜어 오늘과 같은 문제를 야기한 것이라고 주장하기도 한다. 다른 말로 하자면, 현대윤리학은 해법이 아니라, 오히려 문제 거리가 되었다고 보는 셈이다. 현대사회가 광범위한 위기에 처해있다는 인식은 덕 윤리의 복귀를 독려해준다. 필립스의 경우에서처럼, 어떤 이들은 덕에 관한 사유를 통해 현대사회의 위기를 바로잡을 수 있으리라 생각한다. 그런다 하면, 맥킨타이어와 같은 사람들은 현대사회의 위기를 현대윤리학의 실패를 입증하는 증거라고 생각하기도 한다. 두 경우 모두, 아리스토텔레스적 덕의 전통을 이러한 예견들로부터 도출된 가장 적절한 해법으로 제시하고 있다. 2. 역사의식의 발흥 덕 윤리에 대한 관심을 새롭게 해준 또 다른 요소로 20세기 후반에 나타났던 느슨한 의미에서의 '역사의식'(historical consciousness)의 발흥을 들 수 있겠다. 도덕철학과 기독교윤리에서 인간이 역사적 본성과 연관성을 지닌다는 인식이 증대된 것이다. 인간이란 역사적 존재로서, 특정한 신념, 실천 및 소속과 연관된 특수한 역사적이고 문화적인 맥락 속에서 살아간다. 도덕적 지식까지도 예외 없이, 모든 지식은 역사적으로 근거 지워져 있으며, 어떤 의미에서는 일정한 맥락에 지배를 받는 측면이 있다. 역사적 연관성에 대한 인식이 증대됨에 따라, 일반적으로 윤리이론은 적어도 두 가지 변화를 맞이하게 된다. ① 규칙의 역할과 지위를 제한하고, ② 행위자의 맥락에 더 많은 관심을 기울인다. 첫째, 역사적 연관성에 대한 관심

최근, 덕과 성품의 문제가 재론되고 있으며 그 현상은 무시하지 못할 정도로 크게 나타나고 있다. 덕의 회복에 대한 관심은 이 문제를 면밀하게 성찰하고 있는 철학자들에게서도 볼 수 있고 서점가의 베스트셀러 목록에서도 확인할 수 있을 만큼, 여러 분야에서 광범위하게 나타나고 있다.[1] 실제로, '덕'에의 복귀 문제가 〈뉴스위크〉의 표지로 등장하기도 했다.[2]

비교적 최근의 시점인 1980년대 초반, 덕 윤리는 영미철학자들과 신학자들의 주제였다. 변화가 생긴 것은 분명하다. 덕 윤리에 관한 출판이 급속한 증가추세에 있으며 전문 학술지에도 덕 윤리에 관한 글들이 많아지고 있다. 그중에 단지 윤리의 최신 유행과 경향에 휩쓸리는 것도 있기는 하다. 학문의 영역에서 '덕' 윤리가 수적으로는 소수이지만 의미 있는 위치를 점하고 있다는 것만은 확실해 보인다.[3]

과연, 덕 윤리란 무엇인가? 그리고 덕 윤리가 이렇게도 새로운 관심의 대상이 되는 이유는 무엇일까? 제2장에서는 그리스도인들이 수용할 네오-아리스토텔레스주의 덕 윤리의 기본요소와 구조를 개괄하고자 한다.[4] 일반적으로, 덕 윤리가 윤리적 성찰의 핵심을 전환시켰다는 점은 분명한 것 같다.

18세기 이후의 윤리는 일반적으로 규칙, 원칙, 선의 개념분석, 그리고 도덕적 난제를 해결할 각각의 결단에 초점을 맞추어왔다. 그 결과, 현대윤리학은 규칙, 원칙, 그리고 특정한 행위가 도덕적으로 어떤 의의를 지닌 것인지를 결정짓는 방식에 관심을 집중하고 있다. 이와는 반대로, 덕 윤리는 특정한 행위에 대한 분석보다는 행위자의 문제에 더 많은 관심을 기울인다. 덕 윤리는 윤리의 초점을 특정한 행위에서부터 그 행위의 '배경'으로 옮겨놓았다. 이를테면, 성품, 인격, 공동체의 전통, 그리고 인간의 탁월성을 드러내고 증진시키는 데 필요한 조건이 무엇인가에 관심을 가진다. 덕 윤리가 도덕의 초점을 전환시키고 있는 셈이다.[5]

'덕 윤리란 무엇인가'를 설명하는 것보다 이러한 전환의 요점이 무엇인지를 보여주는 것이 훨씬 더 수월할 듯싶다. 여기에는 몇 가지 원인이 있으며, 다양한 주제가 반영되어 있다. 비록 개괄적인 설명이기는 하지만, 이를 통해 덕 윤리의 주제들 중에서 몇 가지라도 이해할 수 있다면, 덕 윤리가 보여줄 '새로운' 것이 무엇인지에 대해서 뿐만 아니라 기존의 접근법이 지닌 특징에 대해서도 파악할 수 있을 것으로 기대된다. 덕 윤리의 새로운 접근법을 이해하기 위해 특별히 세 가지를 다루고자 한다. ① 현대사회가 도덕적 위기에 처해있다는 사실을 인식하는 경향이 크다는 점, ② 역사성을 강조한다는 점, ③ 현대윤리학이 인간의 도덕적 삶에 대해 바람직한 설명을 제시하지 못하고 있다는 점 등이다.

위기의 사회

덕 윤리에로의 복귀 혹은 덕에 대한 관심을 촉발시킨 요인 중 하나는 대부분이 동의할 수 있을 정도로 현대사회가 도덕적 위기에 처해 있다는 사실이다. 많은 사람들이 현대 서구사회가 도덕적 파산의 위기에 직면해 있으며 사회제도들이 인간에게 선한 성품을 함양시켜주지 못했다고 말한다. 예를 들어, 〈뉴스위크〉에서는 미국성인의 76%가 '미국이 도덕적, 영적 쇠퇴기에 접어들었다'고 인식하는 것으로 나타났다.[6] 이러한 도덕적 쇠퇴에 대한 인식은 학부모 모임에서, 신문 논평에서, 라디오 방송에서, 그리고 주일학교 분반공부에서도 확인된다. 또한 학교에서 기도를 재개해야 하고 성품교육이 필요하며 범죄에 대한 처벌을 강화해야 하고 텔레비전의 폭력성을 규제해야 한다는 요구들도 나타나고 있다.

이러한 관심과 논쟁들이 덕 윤리의 모습을 모두 다 보여줄 수 있는 것은 아니다. 하지만, 현대사회의 도덕적 쇠퇴에 대한 관심이 증대되고, 그것이 덕에 대한 회상 혹은 덕 윤리적 추론의 필요성을 강조하는 현상으로 이어지고 있다는 것은 고무적인 일이다. 예를 들어, 오늘날 '전통적' 가정의 와해 및 텔레비전의 폭력성에 대한 연설들은 이러한 인식을 반영해 준다. 가정문제에 대한 토론은 어린이들이 부모의 세심한 지도와 적절한 역할모델을 상실할 경우 건전하고 균형 있는 도덕적 행위자가 될 수 없음을 일깨워주고 있다. 또한, 텔레비전에 문제가 있다는 생각에는 사람들이 텔레비전의 영웅을 모방하려는 경향이 있다는 우려와 함께 텔레비전 속 영웅들이 폭력적이거나 심지어 사악한 경우들이 많다는 인식이 반영되어 있다.

가정과 텔레비전에 대한 이러한 관심들은 덕 윤리의 주제들과 병행을 이룬다. 아리스토텔레스의 덕 윤리에서는 덕스러운 성품이란 책을 통해 배울 수 있는 것도 아니며 손쉽게 습득될 수 있는 것도 아니라고 말한다. 덕스럽게 되는 것은 실천을 통해서, 그리고 다른 사람들과의 우정을 통해서이다. 우리는 가치 있는 역할모델을 본받으며 덕스러운 가르침을 주는 자들과 친구들에게 귀를 기울이고 덕스러운 인물들에 관한 이야기를 들으며 덕스러운 행위들을 본받아 살아감으로써 덕을 배운다.[7] 이처럼, 가정과 텔레비전 문제에 대한 관심은 덕 윤리와 직접적인 연관이 있다. 두 관심들 모두, 본받을만한 동료들과 역할모델이 되는 인물들이 덕스러운 성품의 계발에 결정적인 요소임을 인식하고 있다는 점에서 더욱 그렇다.

중요한 것은 현대사회의 도덕적 빈곤에 관한 이러한 관심이 덕 윤리와 깊은 연관성을 가질 뿐 아니라 심지어 현대적 덕 윤리의 관심사와 맞아떨어진다는 점이다. 가정문제, 텔레비전 문제, 그리고 교육문제의 쟁점들이 덕 윤리와 긴밀하게 연관되고 있는 셈이다. 따지고 보면, 덕 윤리는 이러한 문제들의 심각성을 인식시켜준다. 우리가 관심을 전환하여 개별 행위들에 대한 관심으로부터 행위자와 맥락에 집중하게 되면, 덕스러운 동료 및 역할모델의 중요성을 새삼 깨닫게 될 것이며, 텔레비전의 폭력성에 영향을 받지 않는 경지에 이르게 될 것이다.[8]

현대사회의 도덕적 파산의 위기에 대한 인식으로부터 덕 윤리에 대한 관심을 새롭게 가지게 된 것은 공적담론에 우연하게 돌출된 현상이 아니다. 신학자들과 철학자들이 덕 윤리를 재론하는 데에는 현대사회의 도덕적 위기에 대한 인식이 작용하고 있다.

예를 들어 필립스(Derek Philips)가 말한 것처럼, 현대사회는 과연 무엇이 이상적인 것인가에 대해 '진솔'해졌고 '각자의 느낌에 충실'해졌다. 하지만 이상적인 것에 대한 이러한 관점들을 사회가 용납해주지 않는다. 많은 사람들이 '진솔'해지는 것을 용납하지 못하고 지탱해줄 수 없는 탓에, 길들여지지 않은 개인적 주장들과 욕구가 문제라고 생각해 버리고 만다. 쇠락해가는 사회를 구해내고자 한다면, 도덕원칙들을 내면화시키고 다양한 덕목들을 함양해야 할 것이다. 다시 말해, 건전한 사회는 덕스러운 시민성에 달렸다. 이러한 시민성이 없다면, 우리의 '삶은 점점 더 정글로 변해갈 것이며 야만의 상태로 치닫게 될 것이다.'[9]

맥킨타이어(Alasdair MacIntyre)는 현대사회의 도덕적 파산의 위기를 감지하고 자신의 책, 『덕의 상실』(After Virtue)에 그 문제의식을 담아냈다. 큰 영향력을 발휘하는 그의 관점들은 우리가 지금 다루는 문제, 즉 현대사회가 위기에 처해 있다는 인식에서 나온 것이었다. 특별히 도덕에 관한 담론이 단순한 언어적 분석에 치우쳐있다는 점, 그리고 (결과적으로 인간을) 타인에 대한 조작자에 불과한 존재로 간주하는 도덕개념에 고착되어버렸다는 것이 그의 문제의식이었다.[10] 현대사회의 도덕에 대한 맥킨타이어의 이러한 문제제기는 아리스토텔레스적 덕의 전통을 회복해야 한다는 주장으로 이어진다. 맥킨타이어는 덕 윤리가 현대사회의 도덕적 무질서를 극복시켜 줄 매력적인 대안이 될 수 있으리라 기대했다.[11]

하지만, 왜 덕의 윤리이어야 하는가? 비록 현대의 도덕적 위기에 대한 맥킨타이어의 관점에 동의한다고 해도, 칸트의 관점이나 공리주의자들의 관점이 아니라 덕의 윤리이어야 하는 이유는 무엇인가? 맥킨타이어는 현대사회의 도덕적 무질서가 현대윤리학의 실패에 대한 강력한 증거가 된다고 보았다. 사실, 맥킨타이어는 현대윤리학이 도덕적 위기에 대한 처방으로는 실패작이라고 보았을 뿐 아니라, 현대윤리학이 추구한 내용들이 사회적이고 지적인 변화들과 뒤엉키어 오늘과 같은 문제를 야기한 것이라고 주장하기도 한다. 다른 말로 하자면, 현대윤리학은 해법이 아니라, 오히려 문제 거리가 되었다고 보는 셈이다.

현대사회가 광범위한 위기에 처해있다는 인식은 덕 윤리에의 복귀를 독려해준다. 필립스의 경우에서처럼, 어떤 이들은 덕에 관한 사유를 통해 현대사회의 위기를 바로잡을 수 있으리라 생각한다. 그런가하면, 맥킨타이어와 같은 사람들은 현대사회의 위기를 현대윤리학의 실패를 입증해주는 증거라고 생각하기도 한다. 두 경우 모두, 아리스토텔레스적 덕의 전통을 이러한 예견들로부터 도출된 가장 적절한 해법으로 제시하고 있다.[12]

역사의식의 발흥

덕 윤리에 대한 관심을 새롭게 해준 또 다른 요소로 20세기 후반에 나타났던 느슨한 의미에서의 '역사의식'(historical consciousness)의 발흥을 들 수 있겠다.[13] 도덕철학과 기독교윤리에서 인간이 역사적 본성과 연관성을 지닌다는 인식이 증대된 것이다. 인간이란 역사적 존재로서, 특정한 신념, 실천 및 소속과 연관된 특수한 역사적이고 문화적인 맥락 속에서 살아간다. 도덕적 지식까지도 예외 없이, 모든 지식은 역사적으로 근거 지워져 있으며, 어떤 의미에서는 일정한 맥락에 지배를 받는 측면이 있다.

역사적 연관성에 대한 인식이 증대됨에 따라 일반적으로 윤리이론은 적어도 두 가지 변화를 맞이하게 된다. ① 규칙의 역할과 지위를 제한하고, ② 행위자의 맥락에 더 많은 관심을 기울인다. 첫째, 역사적 연관성에 대한 관심이 커짐에 따라 도덕규칙의 지위는 도전을 받게 된다. 도덕규칙을 더 이상 순수하게 객관적이고 불변하는 것으로 볼 수 없게 된다는 뜻이다. 사실, 규범과 규칙들이란 그것들이 형성되고 영향을 받는 역사적 맥락을 반영해주는 것들이라 하겠다. 예를 들어, 피임에 대한 가톨릭의 규칙들과 머리에 수건을 써야 한다는 메노나이트의 규칙에 중대한 변화가 있었다. 또한 고리대금을 금지하는 기독교의 규칙들도 변경되어 많은 교회와 관련된 기관들에서 이자 대출을 허용하고 있다.[14]

역사의식의 영향으로 윤리학은 규범과 규칙의 지위를 재평가하고 그 한계를 설정했다. 윤리학을 규정할 때, 규칙목록을 정교화하는 작업이라고 한정지어 말할 수 없게 된 셈이다. 그 대신, 상대적 가치 및 그 역사적 정황의 문제를 다루기 시작했다.

이러한 생각은 역사의식과 관련된 두 번째 요소에도 영향을 준다. 현대윤리학은 역사적으로 특정한 정황에 대해 깊은 관심을 기울여야만 하게 되었다. 인간이란 유동적이고 가변적인 역사성을 지닌 존재임을 알게 되면 될수록, 도덕적 판단에서는 구체적 정황의 세부요소에 관심을 기울여야만 한다. 만일 인간의 본성과 사회가 근본적으로 불변하는 것이라면, 일반원칙들은 확고부동한 것이라 할 수 있으며 어떤 원칙에 따라 행동할 것인가에 대해서만 생각하면 될 것이다. 그러나 인간의 본성과 사회가 변화하고 발전하는 것이라고 한다면, 맥락의 다양성과 정황적 특수성에 대해 관심을 기울여야 할 것이다. 다시 말해, 역사에 대한 인식은 도덕적 결단을 내리는 정황의 구체적이고 특수한 특성에 관심을 기울이게 한다. 의심의 여지도 없이, 삶의 연속성은 중요한 가치이다. 그러나 역사의식이라는 요소를 적용하게 되면, 결단의 순간들에 잠재된 독특성을 인정해야 함을 깨달을 수 있다.

역사의식의 발흥에 대해 기독교가 보여주어야 할 반응은 어설픈 것이어서는 곤란하다. '상황윤리', '비례주의윤리'(*역주: 결과론의 경우처럼, 목적론적 윤리와 의무론적 윤리의 중간을 취하는 입장이라 볼 수 있음), '해방신학' 등 다양한 윤리들은 역사의식에 대한 응답이라는 점에서 나름대로 의의가 있어 보인다.[15] 이러한 접근법들은 도덕규칙을 객관적이고 불변하는 것으로 고정시키지 않고 도덕규칙들을 연역적으로 적용하려는 시도로서, 일종의 변화를 대변해주는 예라 하겠다. 이 모두는 맥락적 특수성을 강조하면서 각각의 정황에 잠재한 독특성에 주목하고 있다. 또한 역사적 변용과 변경의 문제를 광범위하게 반영하고 있다.

이러한 관심들은 윤리학자들과 신학자들로 하여금 덕 윤리를 재론하도록 이끌어 주었다.[16] 덕 윤리는 그 초점을 규칙으로부터 행위자 및 그 맥락으로 전환시켰다. 이러한 변화는 역사의 역동성에 대한 관심과 잘 들어맞는다. 행위자와 그 정황에 초점을 맞추려는 시도들은 각각의 정황에 담긴 특수한 특성들을 고려할 필요가 있음을 반증해준다. 사실, 대부분의 덕목은 각각의 정황에 내재된 독특한 특성을 인정하고 핵심적 덕목들을 그 특성에 맞게 적용한 것이라 할 수 있다(이것을 일반적으로 사려 깊음 혹은 실천적 지혜라고 부른다).

덕 윤리가 역사의 역동성에 대해 개방적이기는 해도 그 대응방식은 다르다. 예를 들어, 덕 윤리에서는 인간이 성품 혹은 덕을 함양하는 것은 특수한 사회적 맥락 안에서 가능한 것이라고 주장한다. 말하자면, 덕의 획득이란 상황적이고 역사적인 것이라고 보는 셈이다. 더구나, 대부분의 덕 윤리는 인간이 특정한 덕목의 획득을 통해 역사적 변화를 겪으면서 살아가는데 필요한 삶의 기술을 획득해 간다고 주장한다. 다른 말로 하자면, 인간에게 덕이 필요한 이유는 행위의 정황 및 맥락이 항상 변하기 때문이다. 용기, 정직, 그리고 사려 깊음과 같은 덕목들은 변화하는 맥락 속에 살아가는 인간에게 힘을 더해주고 방향을 잡도록 이끌어준다. 이러한 뜻에서, 덕 윤리는 '인간이 본래적으로 시간성을 지닌다는 점에서 겪게 되는 위험과 기회들 속에서 그것들을 헤쳐 나가는 데 필요한 덕목들'의 획득에 관심을 가진다.[17]

덕 윤리는 역사적 변화와 발전을 충분히 반영해 줄 통로가 있을 것이라는 기대를 갖는다. 덕 윤리는 규칙의 역할을 축소하고 각각의 정황들에 내재한 잠재적 독특성을 인정한다. 또한 삶의 역사성을 제대로 다루고자 한다면, 성품의 함양이 필요하다는 점을 강조하기도 한다.[18]

현대윤리학의 불완전성

덕 윤리에 대한 관심이 필요한 셋째 요소는 현대윤리이론의 대부분이 도덕에 대해 불완전하고도 부분적인 관점을 지니고 있다는 사실에서 볼 수 있다. 점점 더 많은 학자들, 특히 여성주의 윤리에 관심을 갖는 학자들은 현대윤리학이 인간의 도덕적 경험이라는 중요한 측면을 무시하고 있음을 인식하고 있다. 예를 들어, 현대윤리학이 우정과 정서의 문제에 대한 관심이 빈약하다고 지적한다.[19]

이러한 무관심에는 이중적인 문제가 있다. 첫째, 우정이나 감정 등 인간의 핵심적인 실재들에 대한 관심을 소홀히 함으로써 도덕적 인식을 왜곡시킨다. 이러한 요소들을 포함하여 삶의 중요요소들을 무시하게 되면, 도덕관이 초라해지고 도덕을 제대로 설명할 수 없게 되고 만다. 현대윤리학은 도덕적 결단에 관한 설명에서 인간이 체험적으로 말할 수 있는 이러한 요소들을 너무도 쉽게 무시하고 있다. 이는 일종의 기만이다. 현대윤리학은 기초적 설명에서 나름대로 타당한 면을 지니고 있기는 하지만, 정작 자신들이 제시하는 주장들에는 왜곡의 위험성이 담겨있다.

둘째, 현대윤리학은 우정이나 감정과 같은 요소들을 소홀히 다룰 뿐 아니라, 이들 실재적인 요소들에 대한 설명과 양립할 수 없으며 심지어 훼손시키기까지 한다. 예를 들어, 현대윤리학은 합리적인 행위에 초점을 맞추지만, 삶이 지닌 감정적 측면을 왜곡된 것 혹은 위험한 것으로 간주하거나 최소한 합리적으로 계산된 행위에 따라나오는 부수적인 것에 지나지 않는다고 말한다. 하지만 이는 매우 잘못된 생각이다. 감정이라는 것 자체가 칭송 혹은 비난의 대상이 된다는 점을 생각해 보라. 친구의 성공을 기뻐해주는 것은 올바른 감정이요, 다른 이가 곤경에 빠졌을 때 동정하지 않는 것은 바르지 못한 감정이라 할 수 있다. 인간의 감정은 우리 자신이 어떤 존재인지를 보여주는 요소이며, 인간의 욕구는 행위의 결정에 큰 영향을 준다. 한 마디로, 감정이라는 것 자체를 평가절하하는 것은 옳지 않다.

언제나 의무에 따르는 행위를 행하라는 의무론적 관점을 따라, 우정의 문제를 설명해보자. 스토커(Michael Stocker)가 제시한 단순한 예를 통해 우정에 대한 설명에서 의무론적 접근이 적절하지 못하다는 점이 단적으로 드러난다.

당신이 오랜 질환에서 회복되어 가면서 입원해 있는 상황을 가정해 보라. 당신은 무척이나 지루해 하고 있을 것이다.… 스미스라는 친구가 병문

안을 왔지만 정작 병문안은 뒷전이고 건성으로 빈둥거리고 있다고 생각해
보자. 그가 이번이 처음 방문이 아니라는 점에서 그를 좋은 인품을 지닌 진
짜 친구라고 생각했을 것이다. 이제껏 당신을 늘 응원해주었고, 도심을 거
닐 때 항상 함께 해주었던 일 등등이 떠오르면서 말이다. 당신은 그 친구를
추켜세우면서 그동안 자신의 의무와 최선의 일이라고 생각되는 것들을 실
천하지 않았던 부분쯤은 너그럽게 양해하리라 마음먹었을 것이다. 처음에
는 그가 자신의 의무를 다하지 않았다고 말하는 것을 두고 정중하게 자기비
하의 뜻을 피력한 것쯤으로 생각할 수 있다.… 하지만 대화가 오가는 중에,
그가 당신을 대하는 것이 진심이 아니라는 사실을 알게 되었다고 가정해보
자. 우정 때문에 병문안 온 것이 아니라, 병문안을 하는 것 자체가 자신의
의무라고 생각해서 그것을 실천해야 하겠다는 생각에서 왔을 뿐임을 깨닫
게 될 것이다.[20]

스토커의 주장을 통해서 이 사례에서 무언가 빠져있다는 사실을 알
수 있다. 사람에 대한 헌신 그 자체가 빠져있다. 우정에는 다른 사람의 특
정한 욕구, 소망, 헌신, 경험, 그리고 자신만의 특수성을 포함하여 그에 대
한 평가에 본질적인 부분이 되어야 한다는 요구가 담겨 있다. 누군가를 병
문안할 때, 우정 때문에 방문하여 그의 쾌유를 비는 것과 오로지 의무감에
의해 방문하는 것은 분명 다르다. 앞의 경우가 아니라면, 진정한 우정이
라 할 수 없을 것이다. 그러나 현대윤리학은 뒤의 경우를 추천하는 경향이
있다.

여기에서 말하고자 하는 요점은, 현대윤리학이 친밀한 우정 및 강력
한 정서적 유대감과 같은 삶의 실재들을 무시하거나 심지어 평가절하하
고 있다는 사실이다. 덕 윤리에로의 복귀를 말하게 된 데에는 이처럼 인간
의 핵심적인 삶의 실재들을 부적절하게 다루는 데 대한 실망도 일부 작용
했다고 볼 수 있다. 현대윤리학과는 대조적으로, 덕 윤리는 도덕적 삶에

대한 좀 더 깊고 좀 더 종합적인 인식을 제공할 수 있을 듯싶다.

예를 들어, 대부분의 덕 윤리학자들은 좋은 친구들 사이에서 일어나는 도덕적 상호지도라는 요소를 강조한다. 친구는 가치공유 및 헌신의 거울이 된다. 친구들은 다른 사람들에 대한 자신의 판단을 공개하고 자신을 다른 사람들의 도덕적 조망 및 체험 앞에 노출시키게 하는 파트너이다. 덕 윤리학자들은 인간이 목표로 삼아야 하는, 선하고 행복한 삶에 대해 관심을 기울인다. 우정도 그중 하나이다. 이러한 뜻에서, 덕 윤리는 우정을 도덕적 성장의 중요한 요소로 간주할 뿐 아니라, 가치 있는 삶의 일부라고 주장한다.[21]

덕 윤리는 감정과 욕구의 도덕적 중요성에 주목한다. 용기와 동정심 같은 덕목들에는 필수적으로 감정의 차원이 포함된다. 감정은 우리 자신이 어떤 성품을 지닌 존재인지를 보여주는 것이라는 점에서 중요하다. 만일 누군가 성폭행을 당한 사건을 두고 분노를 표시한다면 이는 좋은 감정의 표현이라 볼 수 있다. 반대로, 그런 일에 아무 관심도 없다면 그것은 나쁜 감정의 표현이라 할 수 있다. 이처럼 감정적 반응은 우리가 어떤 종류의 인간인가를 말해주는 중요한 요소이다. 우리의 감정과 욕구는 우리가 추구해야 할 행위와 회피해야 할 행위를 결정하는 데 도움을 준다는 점에서도 중요하다. 우리는 욕구하는 것을 추구하게 마련이다. 무엇을 욕구하는가의 문제가 중요하다고 말하는 이유가 여기 있다. 감정은 특정한 덕목들의 본래적인 요소가 되기도 하고 욕구와 결합되기도 한다. 감정과 욕구는 우리 자신의 성품을 대변하는 증인이기도 하며 행위의 방향을 결정짓는 요인이 되기도 한다.[22]

덕 윤리에로의 복귀를 주장하는 것은 인간의 도덕적 체험을 구성하는 핵심요소를 소홀히 하는 현대윤리학에 대한 반향이라고 볼 수 있다. 감정과 욕구의 경우처럼, 덕 윤리는 도덕에 대한 보다 심층적이고 종합적인 설명을 제공한다.[23] 마호니(John Mahoney)에 따르면, 최근 20년 동안 기독교 윤리는 '이제까지의 도덕적 기획이 지닌 파편성에 대한 반향, 좀 더 적극적으로 말하자면, 전체성을 향한 방향 바로잡기라 할 만한 여러 관심들을 제시해주었다.'[24] 마호니의 주장은 기독교윤리에 있어서 덕 윤리에로의 복귀가 어떤 의의를 지니고 있는지를 보여준 것이라 하겠다.[25]

요약

덕으로의 복귀를 말하는 이유들은 여러 가지이다. 덕의 조망에 관심을 가진 윤리학자들이 점점 늘어나고 있다. 덕 윤리에 대한 이러한 새로운 관심에는 관점의 전환이 포함된다. 덕 윤리는 원칙 및 문제지향적 행위에 집중하지 않는다. 그 대신, 행위자 및 그 맥락에 관심을 가진다. 덕 윤리는 행위에 대한 결단을 정교하게 구성하는 일에 관심을 쏟지 않는다. 그 대신, 성품, 인격, 공동체 전통 등에 관심을 가진다.

이러한 관점전환의 반증으로, 현대사회가 도덕적 위기에 처했다고 생각하는 사람들이 많아지고 있다. 현대사회의 위기를 극복하기 위해서는 덕 윤리가 필요하다고 주장하는 학자들이 많아지고 있으며, 덕 윤리를 현대사회가 앓고 있는 증상에 대한 처방이라고 생각하는 학자들도 있다. 역사의식의 발흥은 이러한 덕 윤리에로의 복귀에 촉매역할을 한다. 덕 윤리는 역사적 변화와 발전을 수용하고 각각의 정황에 잠재적 독특성이 내재해 있음을 인정한다. 또한 덕 윤리는 지속성 있는 성품의 함양을 통해 역사적 변화에 대응할 능력을 구비할 수 있다는 관점을 지니고 있다.

덕 윤리에로의 전환을 독려하는 또 다른 요인은 현대윤리학이 인간의 삶의 경험들에 나타나는 다양한 측면들을 소홀히 여기고 있다는 문제의식에서 볼 수 있다. 실제로, 덕 윤리에 대한 옹호론들은 도덕에 관한 종합적이고 다층적인 이해를 제공하고자 하는 기획을 담아내고 있다. 물론, 그중 어느 것도 덕 윤리에의 전환만이 윤리의 바른 방향성이라고 억지를 부리지 않는다. 다만, 덕 윤리가 시의적절한 주제이자 우리에게 많은 혜택을 줄 수 있는 '핫이슈'라는 점을 강조할 따름이다.

1   맥킨타이어(Alasdair MacIntyre)의 『덕의 상실』(*After Virtue*) 2판은 아마도 지난 10여 년 간 가장 광범위하게 읽힌 철학서적일 듯싶다. 이에 비해볼 때, 베네트(William J. Bennett)의 베스트셀러 『덕의 교과서』(*The Book of Virtues: A Treasury of Great Moral Stories*, New York: Simon and Schuster, 1993)는 철학적 엄격성이 다소 덜하다는 점에서, 쉽게 읽을 만한 책으로 추천한다.

2   "The Politics of Virtue: The Crusade Against America's Moral Decline", *Newsweek*, June 13, 1994.

3   Gregory Trianosky, "What Is Virtue Ethics all About?", *American Philosophical Quarterly* 27 (October 1990), pp.335, 343-44; Lee H. Yearly, "Recent Work on Virtue", *Religious Studies Review* 16 (January 1990), pp.1, 8-9; Robert B. Kruschwitz and Roberts, eds., 1987), pp.2-3, 17, 237-63.

4   '네오-아리스토텔레스주의'라는 표현으로는 현대윤리학에 나타난 광범위한 관점들을 담아내기에 부족하다. 필자가 말하고 싶었던 것은, 아리스토텔레스에 대한 초점 맞추기가 아니다. 덕과 악덕을 도덕의 핵심이라고 간주했던 아리스토텔레스와 토마스 아퀴나스 같은 인물들에게서 영감을 받고 그들에게 주목하려는 움직임이 많아지고 있다는 뜻이다.

5   James F. Keenan, "Virtue Ethics: Making a Case as It Comes of Age", *Thought* 67 (June 1992), p.116; "Theological Trends Christian Ethics: The Last Ten Years", *The Way* 32 (1992), p.219; Roberts B. Louden, "Virtue Ethics and Anti-Theory", *Philosophia* (July 1990), pp.94-97, 103-4; William Spohn, "The Return of Virtue Ethics", *Theological Studies* 53 (March 1992), pp.60-61; Kruschwitz and Roberts, *The Virtues*, p.22; Rose Mary Volbrect, "Friendship: Mutual Apprenticeship in Moral Development", *Journal of Value Inquiry* 24 (October 1990), pp.301-2.

6   Howard Fineman, "The Virtuecrats", *Newsweek*, June 13, 1994. pp.31-36; Kenneth L. Woodward, "What Is Virtue?", *ibid.*, pp.38-39

7   Alasdair MacIntyre, *Three Rival Versions of Moral Enquiry: Encyclopaedia, Genealogy, and Tradition* (Notre Dame: University of Notre Dame Press, 1990), pp.60-66; Julius M. Moravcsik, "The Role of Virtue in Alternatives to Kantian and Utilitarian Ethics", *Philosophia* (July 1990), p.37; Martha C. Nussbaum, *The Fragility of Goodness: Luck and Ethics in Greek Tragedy and Philosophy* (Canbridge: Cambridge University Press, 1986), pp.248-50, 345-49; Volbrect, "Freindship", pp.308-10.

8   "NAEYC Position Statement on Media Violence in Children's Lives", (Adopted April 1990) *Young Children* 45 (July 1990), pp.18-22. 이 글은 텔레비전 폭력과 아동에 대한 영향에 대한 좋은 소개서가 될 듯싶다.

9   Derek L. Phillips, "Authenticity or Morality?" in Kruschwitz and Roberts, *The Virtues*, p.34, 23-35.

10 MacIntyre, *After Virtue*, pp.1-35.

11 물론, 맥킨타이어 등의 주장에 모두가 동의하는 것은 아니다. 예를 들어, 다음 책을 참

고하라. Jeffrey Stout, *Ethics After Babel: The Language of Morals and Their Discontents* (Boston: Beacon Press, 1988), pp.191-219; James Davison Hunter, *Culture Wars: The Struggle to Define America* (New York: Basic Books, 1991), pp.314-17. 그러나 스타우트나 헌터 중 그 누구도 명쾌하게 말해준 것은 없다. 스타우트는 덕의 함양의 공적 중요성을 분명하게 인식하고 있다.

12   이러한 주장은 맥킨타이어의 논의에 중요한 의의를 지닌다.

13   이어지는 논변에서, 특별히 도움을 받은 책이 있다. James M. Gustafson, *Protestant and Roman Catholic Ethics: Prospects for Rapprochement* (Chicago: University of Chicago Press, 1978), pp.57-84; John Mahoney, *The Making of Moral Theology: A Study in Roman Catholic Tradition* (Oxford: Clarendon Press, 1987), pp.202-10, 220-21, 321-37. 필자가 사용한 '역사의식'이라는 말은 일종의 포괄개념이다. 좀 더 사려 깊고 구체화된 논변을 위해 세계 2차대전 이후 사회기관들의 충돌을 포함한 다양한 현상 및 도덕에 관한 실존철학의 영향, 그리고 문화적 도덕적 다양성의 인정에 있어서 전자매체의 역할 등에 대해 살펴볼 필요가 있다. 하임스(Michael J. Himes)는 "The Human Person in Contemporary Theology" *Introduction to Christian Ethics: A Reader*, ed. Ronald P. Hamel and Kenneth R. Himes [New York: Paulist Press,1989], pp.49-63)에서 역사의식의 근원은 17세기 말로 거슬러 올라간다. 그의 주장이 옳을 수 있지만, 하임스는 역사의식이 20세기 중반 이후 기독교윤리의 전면에 드러나기 시작했다는 점을 인정하기도 했다.

14   *The Westminster Dictionary of Christian Ethics*, 1986, s.vv. John T. Noonan, Jr. "Contraception", John Sleeman, "Usury and Interest"; *The Mennonite Encyclopedia: A Comprehensive Reference Work on the Anabaptist-Mennonite Movement*, 1990, s.vv. "Headcoverings", V, pp. 364-65.

15   John A. Gallagher, *Time Past, Time Future: An Historical Study of Catholic Moral Theology* (New York: Paulist Press, 1990), pp. 223-64; Mahoney, *The Making of Moral Theology*, pp. 321-37.

16   Mahoney, *The Making of Moral Theology*, pp. 220-21; Gustafson, *Protestant and Roman Catholic Ethics*, pp. 81-82.

17   Stanley Hauerwas, "On Being Temporally Happy", *Asbury Theological Journal* 45(1) (1990): pp. 14,16.

18   Gustafson, *Protestant and Roman Catholic Ethics*, pp. 77,152,156-57; Edward LeRoy Long, Jr., *A Survey of Recent Christian Ethics*(New York: Oxford University Press, 1982), pp. 105-8; "The Virtues of Happiness", *Asbury Theological Journal* 45(1):21-33; Keenan, "Making the Case", pp. 119-21, 123.

19   특히 참고했던 책이 있다. "Friendship and Moral Growth", *Journal of Value Inquiry* 23 (March 1989), pp. 3-13; Glenn A. Hartz, "Desire and Emotion in the Virtue Tradition", *Philosophia* (July 1990), pp. 145-65; Daniel Putnam, "Relational Ethics and Virtue Theory", *Metaphilosophy* 22 (July 1991), pp. 231-38; Michael Stocker, "The Schizophrenia of Modern Ethical Theories", in Kruschwitz and Roberts, *The Virtues*, pp. 36-45; Volbrecht, "Friendship", pp. 301-14.

20   Stocker, "The Schizophrenia of Modern Ethical Theories", p. 42.

21   Stanley Hauerwas, "Companions in the Way: The Necessity of Friendship", *Asbury Theological Journal* 45(1), pp. 35-48; Nussbaum, *Fragility of Goodness*, pp. 362-66; Nancy Sherman, *The Fabric of Character: Aristotle's Theory of Virtue* (Oxford: Clarendon Press, 1989), pp. 118-56; Paul J. Wadell, *Friendship and the Moral Life* (Notre Dame: University of Notre Dame Press,1989)

22   Lawrence Blum, "Compassion", in Kruschwitz and Roberts, *The Virtues*, pp. 229-36; Robert C. Roberts, "Aristotle on Virtues and Emotions", *Philosophical Studies* 56 (July 1989), pp. 293-306; "Emotions among the Virtues of the Christian Life", *Journal of Religious Ethics* 20(Spring 1992), pp. 37-68; G. Simon Harak, *Virtuous Passions: The Formation of Christian Character* (New York: Paulist Press, 1993); Hartz, "Desire and Emotion"

23   Spohn, "The Return of Virtue Ethics", pp. 60, 72-75.

24   Mahoney, *The Making of Moral Theology*, pp. 320, 309-21.

25   Keenan, "Theological Trends", p. 219

덕, 덕과 성품의 문제가 재론되고 있으며 그 현상은 무시하지 못할 정도로 크게 나타나고 있다. 덕의 회복에 대한 관심은 이 문제를 면밀하게 성찰하고 있는 철학자들에게서도 볼 수 있고 서점가의 베스트셀러 목록에서도 확인할 수 있을 만큼, 여러 분야에서 광범위하게 나타나고 있다. 실제로, '덕' 에의 복귀 문제가 《뉴스위크》의 표지로 등장하기도 했다. 비교적 최근의 시점인 1980년대 초반, 덕 윤리는 영미철학자들과 신학자들의 주제였다. 변화가 생긴 것은 분명하며, 덕 윤리에 관한 출판이 급속한 증가 추세에 있으며 전문 학술지에도 덕 윤리에 관한 글들이 많아지고 있다. 그중에 단지 윤리의 최신 유행과 경향에 휩쓸리는 것도 있기는 하다. 학문의 영역에서 덕 윤리가 수적으로는 소수이지만 의미 있는 위치를 점하고 있다는 것만은 확실해 보인다. 과연, 덕 윤리란 무엇인가? 그리고 덕 윤리가 이렇게도 새로운 관심의 대상이 되는 이유는 무엇일까? 제2장에서는 그리스도인들이 수용할 네오-아리스토텔레스주의 덕 윤리의 기본요소와 구조를 개괄하고자 한다. 일반적으로, 덕 윤리가 윤리적 성찰의 핵심을 전환시켰다는 점은 분명해 보인 것 같다. 18세기 이후의 윤리는 일반적으로 규칙, 원칙, 선의 개념분석, 그리고 도덕적 난제를 해결할 각각의 결단에 초점을 맞추어왔다. 그 결과, 현대윤리학은 규칙, 원칙, 그리고 특정한 행위가 도덕적으로 어떤 의미를 지닌 것인지를 결정짓는 방식에 관심을 집중하고 있다. 이와는 반대로, 덕 윤리는 특정한 행위에

대한 분석보다는 행위자의 문제에 더 많은 관심을 기울인다. 덕 윤리는 윤리의 초점을 특정한 행위에서부터 그 행위의 배경으로 옮겨놓는다. 이를테면, 성품, 인격, 공동체의 전통, 그리고 인간의 탁월성을 드러내고 증진시키는 데 필요한 조건이 무엇인가에 관심을 가진다. 덕 윤리가 도덕의 초점을 전환시키고 있는 셈이다. '덕 윤리란 무엇인가' 를 설명하는 것보다 이러한 전환의 요점이 무엇인지를 보여주는 것이 훨씬 더 수월할 듯싶다. 여기에는 몇 가지 원인이 있으며, 다양한 주제가 반영되어 있다. 비록 개괄적인 설명이기는 하지만, 이를 통해 덕 윤리의 주제들 중에서 몇 가지라도 이해할 수 있다면, 덕 윤리가 보여줄 새로운 것이 무엇인지에 대해서 뿐만 아니라 기존의 접근법이 지닌 특징에 대해서도 파악할 수 있을 것으로 기대된다. 덕 윤리의 새로운 접근법을 이해하기 위해 특별히 세 가지를 다루고자 한다. ① 현대사회가 도덕적 위기에 처해있다는 사실을 인식하는 경향이 크다는 점, ② 역사성을 강조한다는 점, ③ 현대윤리학이 인간의 도덕적 삶에 대해 바람직한 설명을 제시하지 못하고 있다는 점 등이다. 1. 위기의 사회 덕 윤리에로의 복귀 혹은 덕에 대한 관심을 촉발시킨 요인 중 하나는 대부분이 동의할 수 있을 정도로 현대사회가 도덕적 위기에 처해 있다는 사실이다. 많은 사람들이 현대 서구사회가 도덕적 파산의 위기에 직면해 있으면서 사회제도들이 인간에게 선한 성품을 함양시켜주지 못했다고 말한다. 예를 들어, 《뉴스위크》에서는 미국성인의 76%가 미국이 도덕적·영적 쇠퇴기에 접어들었다 고 인식하는 것으로 나타났다. 이러한 도덕적 쇠퇴에 대한 인식은 학부모 모임에서, 신문 논평에서, 라디오 방송에서, 그리고 주일학교 분반공부에서도 확인된다. 또한 학교에서 기도를 재개해야 하고 성품교육이 필요하며 범죄에 대한 처벌을 강화해야 하고 텔레비전의 폭력성을 규제해야 한다는 요구들도 나타나고 있다. 이러한 관심과 논쟁들이 덕 윤리의 모습을 모두 다 보여줄 수 있는 것은 아니다. 하지만, 현대사회의

도덕적 쇠퇴에 대한 관심이 증대되고, 그것이 덕에 대한 회상 혹은 덕 윤리적 추론의 필요성을 강조하는 현상으로 이어지고 있다는 것은 고무적인 일이다. 예를 들어, 오늘날 전통적 가정의 외해 및 텔레비전의 폭력성에 대한 언설들은 이러한 인식을 반영해준다. 가정문제에 대한 토론은 어린이들이 부모의 세심한 지도와 적절한 역할모델을 상실할 경우 건전하고 균형 있는 도덕적 행위자가 될 수 없음을 알게해주고 있다. 또한, 텔레비전에 문제가 있다는 생각에는 사람들이 텔레비전의 영웅을 모방하려는 경향이 있다는 우려와 함께 텔레비전 속 영웅들이 폭력적이거나 심지어 사악한 경우들이 많다는 인식이 반영되어 있다. 가정과 텔레비전에 대한 이러한 관심들은 덕 윤리의 주제들과 범행을 이룬다. 아리스토텔레스의 덕 윤리에서는 덕스러운 성품이란 책을 통해 배울 수 있는 것도 아니며 손쉽게 습득될 수 있는 것도 아니라고 말한다. 덕스럽게 되는 것은 실천을 통해서, 그리고 다른 사람들과의 우정을 통해서이다. 우리는 가치 있는 역할모델을 본받으며 덕스러운 가르침을 주는 지도자와 친구들에게 귀를 기울이며 덕스러운 인물들에 관한 이야기를 들으며 덕스러운 행위들을 본받아 살아감으로써 덕을 배운다. 이처럼, 가정과 텔레비전 문제에 대한 관심은 덕 윤리와 직접적인 연관이 있다. 두 관심들 모두, 본받을만한 동료들과 역할모델이 되는 인물들이 덕스러운 성품의 개발에 결정적인 요소임을 인식하게 된다는 점에서 더욱 그렇다. 중요한 것은 현대사회의 도덕적 빈곤에 관한 이러한 관심이 덕 윤리와 깊은 연관성을 가질 뿐 아니라 심지어 현대적 덕 윤리의 관심사와 맞아떨어진다는 점이다. 가정문제, 텔레비전 문제 그리고 교육문제의 쟁점들이 덕 윤리와 긴밀하게 연관되고 있는 셈이다. 따지고 보면, 덕 윤리는 이러한 문제들의 심각성을 인식시켜준다. 우리가 관심을 전환하여 개별 행위들에 대한 관심으로부터 행위자와 맥락에 집중하게 되면, 덕스러운 동료 및 역할모델의 중요성을 새삼 깨닫게 될 것이며, 텔레비전의 폭력성에 영향을 받지 않는 강자에 이르게 될 것이다. 현대사회의 도덕적 파산의 위기에 대한 인식으로부터 덕 윤리에 대한 관심을 새롭게 가지게 된 것은 공적담론에 우연히도 불쑥된 현상이 아니다. 신학자들과 철학자들이 덕 윤리를 재론하는 데에는 현대사회의 도덕적 위기에 대한 인식이 작용하고 있다. 예를 들어 필립스(Derek Phillips)가 말한 것처럼, 현대사회는 과연 무엇이 이상적인 것인가에 대해 진술 혜겼고 '각자의 느낌에 충실' 해졌다. 하지만 이상적인 것에 대한 이러한 관점들을 사회가 용납해주지 않는다. 많은 사람들이 진술 해지는 것을 용납하지 못하고 지탱해줄 수 없는 듯이, 길들여지지 않은 개인적 주장들과 욕구가 문제라고 생각해 버리고 만다. 쇠락해가는 사회를 구해내고자 한다면, 도덕원칙들을 내면화시키고 다양한 덕목들을 함양해야 할 것이다. 다시 말해, 건전한 사회는 덕스러운 시민성에 달렸다. 이러한 시민성이 없다면, 우리의 삶은 침점 더 정글로 변해갈 것이며 아만의 상태로 치닫게 될 것이다. 맥킨타이어(Alasdair MacIntyre)는 현대사회의 도덕적 파산의 위기를 감지하고 자신의 책, 『덕의 상실(After Virtue)』에 그 문제의식을 담아냈다. 큰 영향력을 발휘하는 그의 관점들은 우리가 지금 다루는 문제, 즉 현대사회가 위기에 처해 있다는 인식에서 나온 것이었다. 특별히 도덕에 관한 남론이 단순한 언어적 분석에 치우쳐왔다는 점, 그리고과거적으로 인간들이 타인에 대한 조정자에 불과한 존재로 간주하는 도덕개념에 고착되어왔다는 것이 그의 문제의식이었다. 현대사회의 도덕에 대한 맥킨타이어의 이러한 문제제기는 아리스토텔레스적 덕의 전통을 회복해야 한다는 주장으로 이어진다. 맥킨타이어는 덕 윤리가 현대사회의 도덕적 무질서를 극복시켜줄 매력적인 대안이 될 수 있으리라 기대했다. 하지만, 왜 덕의 윤리이어야 하는가? 비록 현대의 도덕적 위기에 대한 맥킨타이어의 관점에 동의한다고 해도, 칸트의 관점이나 공리주의자들의 관점이 아니라 덕의 윤리이어야 하는 이유는 무엇인가? 맥킨타이어는 현대사회의 도덕적 무질서가 현대윤리학의 실패에 대한 강력한 증거가 된다고 보았다. 사실, 맥킨타이어는 현대윤리학이 도덕적 위기에 대한 처방으로는 실패작이라고 보았을 뿐 아니라, 현대윤리학이 추구하는 내용들이 사회적이고 지적인 변화들과 뒤엉키어 오늘과 같은 문제를 야기한 것이라고 주장하기도 한다. 다른 말로 하자면, 현대윤리학은 해법이 아니라, 오히려 문제 거리가 되었다고 보는 셈이다. 현대사회가 광범위한 위기에 처해있다는 인식은 덕 윤리에의 복귀를 촉구해준다. 필립스의 경우에서처럼, 어떤 이들은 덕에 관한 사유를 통해 현대사회의 위기를 바로잡을 수 있으리라 생각한다. 그런가하면, 맥킨타이어와 같은 사람들은 현대사회의 위기를 현대윤리학의 실패를 입증해주는 증거라고 생각하기도 한다. 두 경우 모두, 아리스토텔레스적 덕의 전통을 이러한 여건들로부터 도출된 가장 직절한 해법으로 제시하고 있다. 2. 역사의식의 발흥 덕 윤리에 대한 관심을 새롭게 해온 또 다른 요소는 20세기 후반에 나타났던 느슨한 의미에서의 역사의식(historical consciousness)의 발흥을 들 수 있겠다. 도덕철학과 기독교윤리에서 인간이 역사적 본성과 연관성을 지난다는 인식이 증대된 것이다. 인간이란 역사적 존재로서, 특정한 신념, 실천 및 소속과 연관된 특수한 역사적이고 문화적인 맥락 속에서 살아간다. 도덕적 지식까지도 예외 없이, 모든 지식은 역사적으로 근거 지워져 있으며, 어떤 의미에서는 일장한 맥락에 지배를 받는 측면이 있다. 역사적 연관성에 대한 인식이 증대됨에 따라 일반적으로 윤리이론은 적어도 두 가지 변화를 맞이하게 된다. ① 규칙의 역할과 지위를 제한하고, ② 행위자의 맥락에 더 많은 관심을 기울인다. 첫째, 역사적 연관성에 대한 관심

이 책의 핵심은 덕 윤리가 도덕에 관한 기독교적 확신을 드러내는 데 무척이나 잘 들어맞는 구조라는 것이다. 하지만, 덕 윤리의 구조를 개괄하지 않고서는 덕 윤리에 대한 기독교적 수용의 문제를 다루기는 쉽지 않다. 여기에서, '덕'(virtue)에 관한 현대철학 및 신학의 논의들이 다양하게 혼재되어 있다는 점을 상기할 필요가 있다. 콘리(Sarah Conly)가 말한 것처럼, '덕을 다룬 현대적인 글들을 보면 이 문제를 가장 많이 논할 것 같은 철학분야 이외의 영역에서 오히려 더 많이 다루는 듯싶다.'[1] 현대철학 및 신학에 나타나는 덕 혹은 인간의 성향에 대한 언급들 대부분을 '덕 윤리'로 부를 수 있겠다.[2]

이러한 혼선을 피하기 위해, 현대철학의 한 분파인 네오-아리스토텔레스주의 윤리학을 개괄하고자 한다. 우리의 관심은 덕에 관한 모든 주장들을 살펴보고 요점을 정리하는 것이 아니라, 네오-아리스토텔레스주의 철학에서 다루는 덕 윤리의 기본윤곽을 묘사하는 데 있다. 이 책은 덕 윤리의 기독교적 수용의 필요성을 다루고 있는 셈이다.

덕 윤리의 대표적인 학자들을 소개만 하려는 것은 아니다. 그 어떤 철학자도 혼자의 힘으로는 네오-아리스토텔레스 철학이 담고 있는 덕 윤리의 모든 요소들을 적절하게 풀이해낼 수는 없다. 한 권의 책에 모든 구조와 요소들을 풀어낼 수 있다고 해도, 저자 자신의 관점이라기보다 책 전체의 전제 혹은 부제가 되는 경우들이 많다. 이 책에서는 윤리 및 덕에 관한 아리스토텔레스와 토마스 아퀴나스의 관점을 재론하려는 현대적 관심들을 종합적으로 풀어내는 데 초점을 맞추고자 한다.[3] 특정한 학자의 관점을 소개하기보다 여러 학자들의 관점이 상호 보충적으로 연관되어 있음을 보여주는 방식으로, 덕 윤리의 주된 전제와 관련주제들에 대한 이해를 도울 수 있도록 다루어 볼 생각이다.

목적론적 윤리

덕 윤리의
목적론적 구조

가장 먼저 다룰 것은 덕 윤리의 목적론적 특성이다. 덕 윤리는 인간을 궁극적인 선 혹은 목적, 즉 텔로스를 지닌 존재로 본다.[4] 맥킨타이어의 용어대로 하자면, '완성되어야 할 존재로서의 인간, 그리고 본성을 구현하면 완성될 수 있는 인간(man-as-he-could-be-if-he-realized-his-essential-nature) 사이의 근본적인 대조요소는 목적론적 사유를 지니고 있는가 아닌가의 문제이다.' 후자의 경우, 인간의 텔로스 개념이 강조되어 있으며 이것이 덕 윤리의 근간이다. 덕 윤리는 '있는 그대로의 인간'과 '완성되어야 할 존재로서의 인간' 사이의 대조 혹은 긴장에 대해 관심을 가지고 있으며, '전자에서 후자의 상태로 변화시키는 길'에 초점을 맞춘다.[5]

이렇게 보면, 덕 윤리는 삼중구조로 설명될 수 있다. ① 완성되기 이전의 존재로서의 인간, ② 완성될 수 있는 존재로서의 인간, 그리고 ③ 완성되기 이전의 존재로서의 인간에서 완성될 수 있는 존재로서의 인간에 이르게 하는 길 즉 습관, 능력, 이해관계, 성향, 행동수칙, 행동명령 및 금지명령 등에 대한 관심이 그것이다. 목적론적 특징을 지니고 있다는 점에서, 인간으로 하여금 진정한 본성을 구현하지 못하게 하는 행위, 습관, 능력 및 성향 등은 권장사항일 수 없다. 반면에, 인간으로 하여금 진정한 본성을 구현하게 하는 행위, 습관, 능력 및 성향 등이 적극 권장된다. 덕 윤리는 있는 그대로의 인간으로부터 완성될 수 있는 인간에 이르게 하는 변화의 문제를 다룬다. 변화에 대한 관심에는 인간이 진정한 본성 혹은 텔로스를 발견하고 찾아낼 수 있으며 현 상태의 모습 혹은 본성을 파악해낼 수 있는 존재가 되어야 한다는 인식이 수반된다.[6]

인간의 텔로스에 대해 더 잘 이해하고자 한다면, 평가 기준 혹은 판단을 수반하는 여러 개념들, 특히 기능과 역할을 드러내는 개념 및 그 방식을 살펴볼 필요가 있다.[7] '시계', '칼', '농부', 그리고 '아버지'의 경우가 그렇다. 예를 들어, '좋은 농부'란 어떤 사람인가를 알고자 한다면, 농부 개념의 목표, 목적, 역할 혹은 기능을 살펴보아야 한다. 농부란 땅을 훼손하지 않으면서도 곡물생산을 극대화시키는 자이어야 한다. 농부로서의 기능, 역할 혹은 목적을 완수하는 자라야 좋은 농부라 할 수 있다. 같은 농부이지만, 동일한 기능, 역할 혹은 목적을 완수하지 못하는 경우는 나쁜 농부 혹은 농부로서의 능력이 부족한 자이다.[8]

시계 혹은 농부의 개념은 각각의 기능에 비추어 그 평가기준이 드러나지만, 개념들 자체는 각각의 기능, 목표, 혹은 역할에 의존한다. 만일 곡물생산과 토지보호라는 가치에 호소할 수 없다면, 농부라는 개념 자체가 불가능해진다. 시간의 흐름을 유지하는 기능이 없다면 시계라는 개념 자체를 가질 수 없다. 개념들은 각각의 기능에 기초한 평가기준을 제공함은 물론이고, 개념들 자체는 그 기능, 목적, 혹은 역할에 연관되어 있다.[9]

따라서 이러한 개념들은 평가적 기준을 떼어놓고 규정될 수 없다. 예를 들어, '시계의 개념은 좋은 시계의 개념을 떼어놓고 규정될 수 없으며, 농부의 개념은 좋은 농부의 개념을 떼어놓고 규정할 수 없다.'[10] 그 대신, 이러한 개념들은 X를 이해하고자 한다면 좋은 X가 무엇인지를 이해해야만 하는 관계에 있다. 즉 X의 독특한 기능, 목적 혹은 역할을 잘 수행하는 것으로 규정되는 좋은 X에 대한 이해가 필요하다. 다른 말로 하자면, '농부'라는 개념을 이해하는 것은 농부의 기능 혹은 역할을 이해하는 것이며 기능 혹은 역할을 이해한다는 것은 누군가를 평가할 때 어느 정도나 '좋은 농부'인지를 검증할 수 있는 기준을 갖게 된다는 뜻이 된다.

목적론적 덕 윤리에서 '인간'의 개념은 이러한 기능 혹은 역할을 보여주는 개념들과 유사하다. 인간은 '구현해야 할 본성을 지닌 존재이며 구현해야 할 목적 혹은 기능을 지닌 존재'라는 것이다. 마치 '시계'와 '좋은 시계', '농부'와 '좋은 농부'의 관계가 '인간'과 '좋은 인간'의 관계에도 적용되는 셈이다.[11]

시계를 평가할 때, 시계의 기능과 목적에 따라 평가하는 것처럼, 인간의 현재 모습과 행위를 인간의 진정한 기능과 목적 혹은 역할에 따라 평가할 수 있다. 다시 말해, 우리 자신이 인간의 진정한 본성 혹은 텔로스를 거스른 상태, 즉 인간의 기능 및 목적을 탁월하게 구현하지 못하는 상태에 있는지 평가해 볼 수 있는 셈이다.

장인 혹은 기술의 유비를 생각하면 인간의 현 상태에 대한 평가에 대한 설명과 그 논의를 확장할 수 있을 듯싶다. 예를 들어, 좋은 구두제화공이란 어떤 존재인지를 이해하고자 한다면, 구두제화공의 기능을 이해해야 한다. 여기에서 우리는 일정한 기준을 얻을 수 있다. 누스바움(Martha Nussbaum)이 말한 것처럼,

논리적으로, 좋은 구두제화공의 기능은 수금을 연주하는 것이 될 수 없다. 장인의 기능을 제대로 구현한다는 것은 그 본성에 맞는 것이어야만 한다. 같은 방식으로, 논리적으로 인간에게서 최선의 삶이란 개미에게 독특하게 해당하는 좋은 삶이 될 수 없다.[12]

따라서 장인의 기능과 목적에 대한 인식이 있어야만 특정한 형태의 삶에 대한 평가 또한 가능해진다. 더구나, 장인의 기능과 목적을 더 깊이 알면 알수록, 장인을 고용할 때 적용할 기준들을 더 많이 얻을 수 있다. 구두제화공에게서 핵심적인 목적은 신을 수 있는 구두를 만드는 것이라는 점에서, 매력적으로 보이기만 할 뿐 신을 수 없는 구두를 만드는 것은 좋

은 구두제화공이라 할 수 없다.

　장인의 비유를 통해 더 많은 것을 생각해 볼 수 있다. 장인의 비유 에서, 우리는 행위의 목표 혹은 목적을 알아야 할 뿐 아니라, 장인이란 어떤 사람인지를 지적으로 파악하고 성공적으로 찾아낼 수 있게 하는 능력, 성향, 이해관계, 그리고 기술들 또한 필요하다.[13]

　재즈 음악의 '장인'을 생각해 보자. 장인의 목표와 목적에 따라 기준을 정할 수 있다. 이 경우는 탁월할 음악을 연주하고 즐기는 자이어야 할 것이다. 재즈 음악가다운 재즈 음악가의 기능 혹은 목적은 몸싸움에서 이기거나 오믈렛을 요리하는 것이 아니다. 특정한 음악을 연주하고 즐겨야 할 것이다. 여기에 그치는 것이 아니다. 장인의 특성적 기능을 이해한다면, 그 행위를 잘 구현하는 데 본질적인 능력과 특성은 과연 무엇인지 결정할 수 있을 것이다. 재즈 음악가는 손놀림이 민첩해야 하고 일정 수준의 창의성이 있어야 하며, 상당한 수준의 '귀' 혹은 음색 및 속도와 리듬을 찾아내는 감각을 지녀야 할 것이다. 또한 음악의 흐름을 읽어내는 능력이 있어야 하며 음악적 전통에 대한 이해 또한 필요하다. 이처럼, 장인을 철두철미하게 이해하게 된다면, 장인을 고용할 때 적용할 수 있는 외적 기준들을 마련할 수 있으며 장인다운 행위에 적합한 것은 무엇인지를 판단할 기준을 얻게 된다. 민첩한 손놀림과 연주능력을 가지고 있는가에 따라 그를 적합한 장인으로 볼 것인가 혹은 덜 적합한 사람으로 볼 것인가 하는 문제가 결정된다. 장인의 경지에 오르게 되는 것은 거기에 부합하는 능력들을 숙달하고 함양시켰는가에 달려있다.

　장인의 비유 에서, 우리는 목적론적 덕 윤리의 삼중구조를 제대로 볼 수 있다. 완성되어야 할 존재로서의 인간과 추구해야 할 참된 본성 사이관계는 장인의 목적 혹은 텔로스와의 관계와 병행한다. 구두제화공의 목적, 텔로스 혹은 선은 구두제화공의 할 일을 잘 하는 것이다. 기능성이 있고 발에 잘 맞는 신을 멋들어지게 잘 만들어내는 것 말이다. 마찬가지로, 재즈 음악가의 목적, 텔로스 혹은 선은 재즈 음악가의 할 일을 잘 해내는 것이다. 구두를 만들거나 재즈를 연주하는 목표, 목적, 혹은 기능을 이해하는 것이 곧 목적, 텔로스 혹은 선에 대한 이해가 되는 셈이다.

완성되어야 할 존재로서의 인간의 모습을 장인의 비유 에 대입시키면, 현재 구현하고 있는 기술의 수준에 해당할 듯싶다. 구두를 만들고 재즈를 연주하는 등의 기술의 현재적 수준에 비교해 본다면, 텔로스는 기술 수준의 향상을 독려해주는 것이 되거나 현재의 기술수준을 대조하여 평가할 기준이 될 수 있겠다. 기술의 현재수준과 장인의 경지에 이르는 것 사이에는 더 크게 혹은 더 작게 간격이 생기게 마련이다. 색소폰으로 소리를 낸다고 해서, 그것이 곧 재즈의 목적 혹은 텔로스의 완성이 아닌 것과 같은 이치이다.

기술을 연마하는 자에게 현재의 기술수준에서 완전한 경지에 이르도록 권장하는 것은 당연하다. 솜씨가 뛰어난 사람은 특정한 행위나 습관 및 능력, 그리고 성향들이 자신의 솜씨를 발휘하게 하기도 하고 저해하기도 하기 때문에 그러한 요소들을 독려하기도 하고 금지시키기도 한다. 예를 들어, 리듬감을 키우기 위해서는 민첩한 손놀림을 발휘하게 하거나, 또는 특정 부분을 반복하여 청취하게 할 수 있을 것이다. 목적론적 덕 윤리 역시 마찬가지이다. 인간의 참된 본성 혹은 목적을 향하도록 이끌어주는 특정한 행위, 습관, 능력 및 성향은 적극 권장하고 독려하겠지만, 그렇지 못한 요인들은 절제하도록 권할 것이다.

이제까지 우리는 목적론적 특성을 지닌 덕 윤리를 살펴보았다. 목적론적 덕 윤리에는 삼중구조가 있다. ① 완성되기 이전의 존재로서의 인간, ② 완성될 수 있는 존재로서의 인간, ③ 완성되기 이전의 존재로서의 인간에서 완성될 수 있는 존재로서의 인간으로의 전환이 그것이다. 기능적 혹은 역할적 개념들 및 장인의 비유 를 잘 살펴보면, 인간의 선 혹은 텔로스가 무엇을 말하는 것인지 이해할 수 있다. 또한 인간의 선 혹은 텔로스가 능력, 이해관계 및 습관의 획득의 과정을 평가할 기준과 지침을 어떤 방식으로 제공하는지에 대해서도 인식할 수 있을 것이다.

인간의 텔로스　　　인간의 텔로스란 무엇인지 그 정확한 내용과 특질에 관심을 갖는 학자들 사이에 광범위한 동의가 이루어진 것은 아니지만, 다음 몇 가지에 대해서는 공감대가 형성되어 있다. 첫째, 인간의 선이란 다양한 덕목들의 실천 혹은 구현을 통해 이루어진다. 말하자면, 인간의 선 혹은 텔로스는 행위를 요구한다. 특히 덕을 구체적으로 구현하는 행위가 요구된다. 텔로스란 정체상태의 것도 아니며, 획득하기만 하면 계속 지닐 수 있는 소유물이라고도 할 수 없다. 오히려, 인간의 선은 특정한 삶의 방식 및 특정한 행동방식, 즉 다양한 덕목들에 의해 지탱되고 유지될 수 있는 행위들로 구성된다.[14]

둘째는 첫째와 밀접히 연계된 것으로서, 인간으로 하여금 텔로스를 추구하도록 이끌어주는 덕목들은 가장 바람직한 삶이란 무엇인지를 보여준다. 그 덕목들은 인간의 선을 위한 도구 혹은 수단이지만, 단지 수단인 것만은 아니며, 인간의 선을 구성하는 본질적인 요소들이다. 예를 들어, 정의, 용기, 관용 등의 덕목들은 인간의 선과 별개의 것일 수 없다. 덕목들을 '수단'이라고 말할 때, 그것은 별도의 목적 혹은 목적지에 이르게 하는 통로가 된다는 뜻이 아니라, 덕목들과 그에 따른 행위들이 텔로스의 광범위한 구성요소가 된다는 의미이다.

여기에서 유의할 것이 있다. 일부 학자들이 덕 윤리의 '목적론적' 특성을 인정하지 않으려는 것은 덕 윤리에 인간의 선이라는 개념이 필수적이라는 맥락 자체를 거부하는 것이 아니다. 오히려 '목적론적'이라는 표현이 덕목 이외의 별도의 목적이 있다고 말하는 것처럼 들리기 쉬울뿐더러, 결과적으로는 텔로스란 덕목들과 무관한 것이라는 오해를 불러일으킬 수 있다는 우려를 표현한 것이다. 아울러, 텔로스를 규정하는 과정에 덕목들이 핵심적인 역할을 한다는 점을 놓치지 말아야 한다. 이는 공리주의자들이 덕목들을 별도의 외재적인 목적을 설정해놓고 덕이란 이러한 별도의 목적달성을 위한 수단이라고 주장하는 것과는 분명히 다르다.[15] 목적론적 덕 윤리에서, 덕목들은 인간을 텔로스에 이르게 하는 것인 동시에 텔로스의 구성요소이기도 하다.

인간의 선 혹은 텔로스라는 개념에는 특정한 종류의 인격체가 되어야 한다는 뜻이 담겨 있다. 정의, 용기, 절제의 덕목들을 구현하는 자가 된다는 뜻인 셈이다. 덕목들이 목적을 향하게 하는 수단이 된다는 것은, 덕목들을 획득하지 못하면 그에 상응하는 인격체가 될 수 없다는 뜻으로 보아야 한다. 분명, 덕목들은 수단에 그치는 것만은 아니다. 덕목들은 목적 그 자체의 핵심요소가 된다.

인간의 선에 관해 형성된 공감대의 셋째 요소는 인간을 개인인 동시에 공동체적 존재로 인식한다는 점이다. 개인으로서의 인간에 대한 관심은 이제껏 말했던 것으로 충분하다. 개인들의 과제와 소망은 텔로스를 향하여 나아가는 것이며 인간의 진정한 본성을 구현하는 것이다. 하지만, 덕 윤리는 개인의 인격함양에 멈추지 않는다. 관계와 협력의 행위 또한 인간의 선을 구성하는 핵심요소가 된다.[16]

여기에 접근하는 방식은 다양한 수준에서 설명될 수 있다. 가장 기본적이고 도구적인 수준에서, 도덕교육은 타자의 존재를 인정하도록 이끌어준다. 도덕적 개선이란 부모의 교훈과 훈육, 역할모델, 그리고 친구들을 배제시킨 채 개인 홀로 진보를 이룬다는 뜻이 아니다. 어린이의 경우에서 분명하게 볼 수 있다. 물론 어린이에게만 해당하는 것은 아니다. 우리들 모두는 도덕적 성장을 위해 타자를 필요로 한다.

2차적이고 좀 더 심층적인 수준에서 생각해 보자. 인간의 선 그 자체에 있어서, 관계성은 핵심적이고 본질적이다. 인간의 텔로스는 공동의 기획, 공유된 행위, 그리고 친밀한 관계 속에서 드러난다. 우정, 효도, 그리고 보다 광범위한 정치적 유대관계와 같은 것들은 인간의 선을 구성하는 것인 동시에 본질적인 요소로서, 인간의 목적을 위해 추구되는 관계들이자 행위들이라 할 수 있다. 이러한 관계들에는 본래적 가치가 내재되어 있다. 덕 윤리의 관점에서 본다면, 이러한 상호연관성을 떼어놓고 인간의 선을 생각한다는 것은 있을 수 없다. 사회적 상호연관성은 그 제도가 주는 혜택들을 보아 가치를 매길 수 있다. 하지만 사회적 상호연관성이 지닌 가치는 수단적인 것들을 통해 얻을 수 있는 것보다 훨씬 더 심오하고 광범위하다. 인간의 선을 실현할 형식과 양태를 제공해주기 때문이다.

다른 사람들과의 동료애를 상실한 채 지내는 고립된 삶은 텔로스의 본질적인 요소들을 결여하고 있는 셈이다. 게임을 하거나 대화를 하거나 사랑을 하는 것 자체도 불가능해진다. 더구나, 사회적 연관성을 상실하게 되면 많은 덕목들이 그 목표와 목적을 상실하고 만다. 예를 들어, 용기, 정의 및 관용과 같은 덕목들이 다른 사람들의 복지에 대한 관심을 결여한 경우, 본질을 상실한 것과 다름이 없다. 고립된 삶은 곤충 혹은 신화의 신들의 경우에나 해당하는 것이며, 사회적 존재로서의 인간에게는 최선의 삶이라 할 수 없다.

이처럼 인간이 지닌 사회적 혹은 상호연관적 본성을 강조한다고 해서 개인들의 독립성이나 정체성을 부정하는 것은 아니다. 오히려 덕 윤리는 인간이란, 관계를 통해 자신의 모습을 제대로 구현할 수 있는 존재로 인식한다. 인간의 텔로스, 즉 인간을 위한 최선의 삶이란 다양한 종류의

가치 있는 관계성 안에서 완전한 개인으로 성숙하게 한다.[17]

요약하자면, 인간의 텔로스 그 자체에 대해서는 보편적인 동의가 이루어진 것은 아니지만, 세 가지 본질적인 요점들에 대해서는 공감대가 형성되어 있다. ① 인간의 선은 덕목들에 의해 구현될 수 있고 덕목들과 정합성을 지닌 행위들로 구성된다. ② 덕목들은 인간의 텔로스에 이르게 하는 수단인 동시에 텔로스의 구성요소이다. 그리고 ③ 텔로스에는 개인적 차원과 사회적 차원이 있다.

**텔로스의
확정성 문제와
삶의 다면성** 목적론적 덕 윤리를 거부하는 자들 중에는 이러한 제안을 곡해하는 경우도 있다. 특히, 텔로스란 인간이 추구해야 할 목적과 행위들을 특정 짓는 단일하고 고정되고 구체적인 개념으로 주어진다고 생각하는 사람들이 그렇다.[18]

하지만, 목적론적 덕 윤리를 이러한 방식으로 이해해야 할 이유는 전혀 없다. 목적론적 덕 윤리에 속하는 대부분의 학자들은 인간의 선 혹은 텔로스를 협소하게 규정짓거나 정확하고도 분명한 방식으로 설명할 수 있으리라고 생각하지 않는다. 인간의 선에 대해 광범위하고도 복합적이며 종합적이고 포괄적인 관점을 지니고 있기 때문이다. 덕목들이 다양하다고 말할 수 있는 것도, 삶이란 다양한 것이라고 말할 수 있는 것도, 그리고 사회적 역할을 수행하기 위해 상이한 방식으로 접근이 가능하다고 말할 수 있는 것도 바로 이러한 이유 때문이다. 텔로스는 덕목들의 획득을 위한 가이드를 주기에 충분할 만큼의 특수성을 지녀야 하겠지만, 삶의 방식을 몇 가지 유형으로만 제한할 필요는 없다.[19]

게임의 유비를 생각해보자. 체스나 야구와 같은 다양한 게임들은 다양한 형태의 플레이를 용납할 수 있을 만큼의 명쾌하게 규정된 목적 혹은 목표를 지니고 있다. 용납되지 않는 플레이들은 게임의 본성에 어긋난 것이기 때문이다. 야구경기를 하면서 다른 사람을 주먹으로 때려서는 안 되며 체스를 두는 사람은 제멋대로 말을 움직여서는 안 된다. 하지만, 이러한 경기들은 거의 무한정한 방식으로 다양한 경기내용을 용납하고 다양한 방식으로 그 목적을 달성할 수 있다. 야구경기나 체스게임에서 과연 다양한 플레이들을 구사하면서 경기의 목적을 달성할 수 있을지 염려하는 마음으로 시계를 들여다보아야 하는 경우들은 그리 많지 않다. 목적론적 덕 윤리와 인간의 선에 대한 설명에서는 더 분명하다. 인간이 추구해야 할 선이 있다는 점은 명확하게 규정되어 있지만, 이러한 목적의 구현방식에서는 거의 무한정의 가능성을 열어두고 있다.[20]

예를 들어, 오랜 기간의 신뢰에 의한 우정과 정의와 관용의 덕목을 강조하는 경우를 생각해보자. 이를 위해서는 성품을 함양하고 관계성을 증진시켜야 할 것이다. 또한 정의와 관용에 배치되는 특질과 행위들, 즉 두려움에 의한 행위와 폭력 등은 배제하게 될 것이다. 하지만 이것은 우정, 정의 및 관용이라는 선을 실현하는 데 헤아릴 수 없는 방식들이 있다는 사실을 부정하거나 그 가능성의 여지를 감소시키는 것은 아니다. 햇볕을 좋아하는 역도선수이건 재즈를 좋아하는 목사이건 간에 각각 다른 방식이기는 하지만 우정을 위해서라면 기꺼이 무엇이라도 할 수 있을 것이다. 모두에게는 각각 다른 친구들이 있고 정의와 관용을 베푸는 경우들 또한 각각 다를 것이며 성품이 함양되는 시기와 방식에 대해서도 각각 다른 관점을 가지고 있을 것이다. 하지만 역도선수와 목사 둘 다 인간의 선에 대한 광범위한 비전을 공유하고 있음은 틀림없다.

요컨대, 덕 윤리는 인간의 선에 대해 지나치게 협소하고 제한적인 이해를 가지고 있지 않다. 삶의 다양한 형태와 덕을 구현하는 방식들은 모두 인간의 텔로스와 양립가능한 것으로서, 인간의 선이란 상이한 직업, 사회적 역할, 문화, 그리고 이해관계를 통해 구현될 수 있다.

덕목들의 본성

덕목들의 본성에 대해서는 설명할 것이 좀 더 많다. 덕목들의 본성과 내용에 대한 동의는 거의 이루어지지 않고 있지만, 일반적으로 다섯 가지 정도는 관련된 학자들 사이에서 널리 수용되는 것이라 할 수 있겠다.

첫째, 덕목들은 인간의 선 혹은 텔로스와의 연관성에서 이해되어야 한다. 텔로스는 과연 어떤 것이 덕목으로 상정되어야 하며 그것은 어떤 관점에서 인식되어야 하는지를 일깨워준다. 텔로스를 통해 우리는 다음과 같은 것들을 깨달을 수 있다. 인간이 살아갈 최선의 삶을 하나의 그림으로 표현한다면, 그 삶에 기여하거나 혹은 배제되어야 할 특질, 성향, 그리고 능력들에 대해서도 검토해야 할 것이다. 마찬가지로, 덕목들이란 인간의 선을 구현하게 하거나 구현하도록 기여하는 성품의 상태들을 뜻한다. 그러한 선을 구현하지 못하도록 방해하거나 장애가 되는 것들은 악덕이라 할 수 있다.[21]

둘째, 다양한 덕목들 중에는 자아의 지성적 혹은 이성적 영역과 함께 감정적이고 욕구적인 것들이 포함된다. 때로 특정한 덕목은 지성적인 것인 동시에 감정적인 것인 경우도 있다. 더구나, 특정한 덕목들은 일차적으로 자아의 지성적이고 감성적인 부분들을 다루는 것들이라 할 수 있다. 중요한 것은, 덕목들이 지칭하는 대상들에는 인간의 느낌, 욕구, 사유, 그리고 반응의 전 영역이 망라된다는 점이다. 덕목들의 총합에는 지성은 물론이고 선택과 행위를 이끌어주는 의지까지도 포함된다.[22]

셋째, 덕목들은 하나의 그룹을 형성하고 있으며, 경향, 성향, 그리고 능력이 그 안에 포함된다. 이 설명은 두 번째 것과도 연관되는 대목이다. 덕목들에는 경향성이라는 요소가 포함된다. 덕목들은 유사하고도 상호연관된 조합체로서, 이에 대해 특정한 방식으로 반응하는 경향성 역시 덕목들의 구성요소이다. 이를테면, 서로 대조되는 덕목들 혹은 유사한 덕목들에 대해 개인이 보여주는 반응과 관심에 일정한 연속성이 나타난다. 덕목들에는 또한 성향이라는 요소도 포함된다. 여기에서 성향이란 각자에게 적절한 방식으로 특정한 목적과 행위들을 추구하려는 특성을 말한다. 예를 들어, 재화의 분배가 문제가 되는 경우, 정의로운 사람이라면 각자에게 각자의 몫을 주어야 한다고 주장할 것이다. 덕목들에는 또한 특정한 능력혹은 재능이라는 요소도 포함된다. 예를 들어, 수단과 목적을 추론할 수있는 능력 역시 덕목의 구성요소인 셈이다.[23]

여기에서 중요한 것은 개념 혹은 용어의 문제가 아니다. 성향, 기술, 인간의 탁월성 혹은 완전성 등 어느 용어를 선호하든 간에,[24] 중요한 것은 덕목들의 범위이다. 덕목들에는 우리가 행위하고 선택하는 방식에 영향을 미치는 성품의 상태 혹은 특성적 특질이 포함된다. 성품이란 행위와 관심의 연속성을 보증해주는 요소라는 점에서, 연관성이 있는 정황을 만나게 될 때 적절성을 제공해주는 요소라는 점에서, 인간의 텔로스에 맞도록 행위하게 하는 능력이 된다는 점에서 더욱 그렇다.

넷째, 덕목들은 변덕스러움이나 기분에 휩쓸리는 것들이 아니라, 안정성을 가진 것이어야 한다. 덕목들은 한 사람의 성품에 있어서 비교적 안정된 측면에 관계된다. 덕이란 하룻밤 사이에 혹은 어쩌다 한 번 행동을 잘했다고 해서 상실되거나 획득하거나 하는 것이 아니다. 어쩌다 한 번 행위하는 경우들은 '성품에서 나온 것이 아닌' 행위이거나 행위자의 성품과 일치하지 않는 경우들이다. 일반적으로, 인간은 자신의 덕과 악덕에 의해 행위하게 마련이며 성품이 급작스럽게 변경되어 다른 행위를 한다는 것은 일반적인 경우일 수 없다. 덕이란 갑작스럽게 획득하거나 상실되는 것이 아니다. 지속적으로 실천을 이어가거나 혹은 그 행위를 게을리 하는 것도 그렇고, 덕의 실천이 점차 증가하거나 감소하는 것 역시 도덕교육 혹은 도덕적 성장의 문제에 해당한다. 사람의 성품은 단계를 거쳐 함양된다. 그 단계들에 굴곡이 있기는 하지만, 덕목이 제대로 함양된다면 그 덕목과 연관된 정황들에 처할 때 갑작스럽게 덕스럽지 못한 사람이 되는 경우는 없을 것이다.[25]

덕목들의 안정성은 행위자의 행위에 연속성을 부여한다는 점에서도 의미가 있다. 여기에서 중요한 것은, 연속성 혹은 안정성에 대한 강조와 더불어 이것을 도덕교육 혹은 도덕적 성장과 연계시켜야 한다는 점이다. 덕목들은 시간이 지나고 실천을 반복함에 따라 획득되는 성품의 상태들을 말하여, 시간이 지나고 정황이 바뀌는 경우에도 쉽게 제거되기 어려운 상태로 성품이 안정되게 함양된 상태를 뜻한다.[26]

다섯째이자 마지막 요점은, 진정으로 덕스러운 행위들, 즉 덕목들에서 유래한 행위 혹은 덕목들의 영향을 받은 행위들이 텔로스를 위한 '도구'로 시행되어야 하는 경우도 있겠지만, '그 자체의 목적에 의해' 완성되는 것이어야 한다는 점이다. 예를 들어, 정의롭고 용감한 행위들은 그런 행위들을 발생시킨 목적 혹은 대상의 성취를 위한 것일 수 있다. 생존, 자존감, 그리고 타자에 대한 존중이라는 이유들에서 말이다. 그러나 이러한 행위들이 진정으로 덕스러운 행위가 되기 위해서는 그 자체의 목적에 따라 행위하는 것이어야만 한다. 즉 정의롭거나 용감한 행위라는 이유만으로 실천해야 한다는 뜻이다. 그것 자체가 목적이어야 하는 셈이다. 이러한 뜻에서, 덕목들은 목적을 성취하지 못하거나 예기치 못한 나쁜 결과를 초래한다고 하더라도 여전히 가치있는 행위로 평가되어야 한다. 덕목들에서 유래한 행위들은 덕목이 수단으로 간주되어 외재적인 목적을 추구하기 위한 것이라 할지라도, 보상을 받을 수 있는 행위들이다. 사실, 덕스러운 행위가 전혀 도구적 가치가 없다고 해도, 다른 덕목들과의 순응성이 있다는 점에서, 그리고 인간의 선의 일부분이 된다는 이유만으로 실천되어야 하는 경우도 있다.[27]

이에 대해 좀 더 살펴보면 그 자체의 목적을 따라 실천된 행위라는 개념은 낯설거나 생소한 것이 아니다. 도구적 가치가 없다고 생각되는 경우, 즉 단지 그 행위 이상의 다른 결과를 낳지 못하는 경우에도 그 가치를 평가하고 추구해야 하는 행위들이 있다. 예를 들어, 우리는 편리성을 증진시키는 것도 아니고 소유를 증대시키는 것도 아니며 수명을 연장시켜주지도 않고 사회적 지위를 강화시켜주지 않는 많은 행동들을 실행하고 있으며 심지어 그 행위들에 대해 가치를 부여하기도 한다. 아담스(Roberts Adams)가 말한 것처럼, 모든 인간 사회와 문화들은 '다른 이유에서가 아니라, 그 자체의 목적에 따르는 놀이, 대화, 제의와 예술의 행위들을 계발해왔다.'[28] 우리는 가치가 있다는 이유만으로 그것들을 실천에 옮겨왔다. 어떤 면에서 우리의 삶을 풍요롭게 하는 것인지 꼬집어 말하기는 어렵지만, 우리는 인간다운 삶을 이어가는데 꼭 필요한 행위들이 있다는 점을 잘 알고 있다.[29]

나아가, 정의롭고 용감하고 관용적인 행위들은 그 자체의 목적에 따라 시행되는 것인 동시에 인간의 텔로스를 위해 실천하는 것이라고 할 수 있다. 덕목들에서 우러나는 행위들이 그 자체를 위한 것인 동시에 인간의 선을 위한 것이라고 말한다고 해서 모순될 것은 전혀 없다. 포괄적으로 텔로스, 즉 인간다운 삶의 최선의 길에는 덕스러운 행위들이 포함되며 또한 텔로스는 바로 그러한 행위들로 구성된다. 정의로운 행위는 정의롭기 때문에 실천하는 것이지만 그 행위를 통해 인간의 선이 이루어질 수 있다는 점에서 실천하는 것이기도 하다. 음악을 즐기는 것은 그 자체의 목적에 따

라 즐기는 것인 동시에 그 사람의 인생을 위한 중요한 부분이라는 점에서
도 설명될 수 있다. 마찬가지로, 덕스러운 행위를 하는 것은 그 자체의 목
적에 따라 행하는 것이기도 하고 행위자의 텔로스를 구성하는 요소라는
점에서도 그 이유를 찾을 수 있다.[30]

덕 윤리는 '그 자체의 목적에 따라' 행한 행위들에 수반되는 만족감과
즐거움을 긍정한다. 사실, 덕스러운 사람은 덕목들을 따라 실천했다는 사
실만으로도 즐거움과 만족감을 느끼는 것이 일반적이다. 그러나 이것은
'즐거움' 혹은 '만족감'이 텔로스에 속하는 덕목들과 행위들을 이끌어주는
인간의 텔로스 그 자체에 호소하는 것보다 우선한다거나 기초적인 것이
라는 뜻은 아니다. 덕 윤리에 따르면, '즐거움' 또는 '만족감'은 특정한 행
위들에 그것이 있느냐 없느냐를 두고 행위의 옳고 그름을 판단하게 하는
기준일 수 없다. 예를 들어, 좋은 커피를 마시는 즐거움은 수영하는 즐거
움이나 어린이와 함께 놀 때 느끼는 즐거움과 비교대상이 되거나 대등한
것이 아니다. 다시 말해, 즐거움 혹은 쾌락은 그것들이 속해있는 행위들
과는 이질적인 것이자 독립적인 것이라 해야 할 것이다.[31]

더구나, 즐거움을 줄 수 있는 것에 대한 생각은 그가 어떤 종류의 인
격체인가에 따라 달라진다. 만일, 즐거움을 줄 수 있는 것에 대한 생각이
사람마다 다르다면, '즐거움' 자체에 대한 호소가 인간이 즐겨야 하는 것,
즉 인간의 탁월성에 속한 행위에 대한 설명이라 할 수 없다. 단지 현재 우
리가 즐기고 있는 것이 무엇인지를 말해줄 뿐이다. 이는 즐거움이라고 해
서 반드시 칭송을 받을 것들이라고 할 수 없다는 점을 살펴보면 더 분명해
진다. 퇴폐적이고 사악하며 잔혹한 행위들을 통해 즐거움을 찾는 사람도
있다는 점이 대표적인 경우이다.

나아가, 어떤 행위들을 그 자체의 목적에 따라 행위한다는 것은 행위
의 일차적인 목적이 즐거움이 아니라는 점을 암시해준다. 덕 윤리는 비록

즐거움을 주지 못하는 것이라 해도 반드시 실천해야 할 행위가 있다고 말한다. 이러한 주장의 타당성은 '덕스러운 사람이 되기 위하여, 친구를 돕기 위해 자신의 생명을 희생하고 현재와 미래의 즐거움을 포기한' 사람들의 경우에서 충분히 입증된다.[32] 덕 윤리에 따르면, 어떤 행위를 통해 얻는 즐거움 혹은 만족감으로 인간의 텔로스에 대한 관심 및 그에 따른 행위들을 대체할 수 없다.

요약하자면, 덕목들이란 인간의 선을 구현하는 데 기여할 오랜 기간에 걸쳐 획득된 성품의 상태를 뜻한다.[33] 덕목들에는 지성적인 것과 의지적인 것 모두가 포함되며 이성적인 것과 감정적인 것 모두가 해당된다. 덕목들에는 또한 경향성, 성향, 그리고 능력들이 포함된다. 덧붙여서, 덕목들이 종종 외재적인 목적들을 지니고 있으며 만족감 혹은 즐거움을 수반하기도 하지만, 궁극적으로는 그 자체의 목적에 따라 실천되는 것이어야 한다. 덕스러운 것이라는 이유에서 실천되어야 한다는 뜻이다.

**행위자와
도덕교육**

덕 윤리는 자아실현 및 결단을 내리는 행위자로서의 자아에 큰 관심을 갖는다. 행위자에 대한 이러한 관점에 행태주의 및 주의론(voluntarism)과 어느 정도는 맞아 떨어지는 구석이 있기는 하다. 우리가 알고 있듯이, 인간은 완전하게 결정되지 않은 상태에서 선택을 하고 행위 한다. 하지만 우리의 선택과 행위에 대한 이해는 욕구, 성품의 상태, 그리고 개인의 역사와 관련된 것이어야 한다. 덕 윤리는 인간이란 그 선택과 행위에 있어서 완전하게 결정된 존재도 아니고 완전하게 자유로운 존재도 아닌, 육체를 지닌 존재(em-bodied creature)임을 가정하고 있는 셈이다.[34] 우리의 관심사와 연계하여, 누스바움의 말에 유의할 필요가 있다.

아리스토텔레스는 철학에 두 가지 설명법이 있음을 깨달았다. … 그 하나는 너무도 '공통적'인 설명을 제안하는 것으로서, 의도적 행위 모두를 외부 신체적 자극에 대한 반응 및 무반응의 문제로 설명했다. 다른 하나는 너무도 '공통적'이지 않아서, 인간이 '다른 동물들'과 공유하는 것이 있다는 신념 자체를 거부하고, 인간의 행위에는 다른 그 어떤 요소들과 연계시킬 만한 것이 없다는 관점이었다.[35]

누스바움에 따르면, 아리스토텔레스는 한편으로는 행태주의, 다른 한편으로는 주의론 혹은 지성주의 사이에서 둘 중 하나를 선택해야 하는 상황에 직면했다. 행태주의는 인간의 행위 모두를 인격체의 외부에서 강요해오는 외재적 힘의 문제 혹은 최소한 인격체의 제어를 벗어난 것이 가하는 강요의 문제로 환원시킨다. 반면에, 주의론에서는 동물들과 공유하는 부분을 포함하여 인간이 육체를 지닌 존재라는 점 자체를 무시하고 신념, 계명, 그리고 현재의 행위를 설명해줄 선행행위들의 중요성을 과대평가한다.[36]

여기에서, 우리에게 필요한 것은 이 둘의 중간에 해당하는 설명법이다. 행위들이란 도덕적으로 유의미한 것이라는 점에서 외재적인 원인의 문제로 환원될 수 없다. 그러나 인간이 육체를 지닌 존재이자 역사적 존재라는 점을 제대로 고려한다면, 아리스토텔레스로서는 인간과 그 행위를 자아의 이면에 있는 것들이다. 행위보다 더 중요한 요소인 육체, 역사, 신념들과는 무관한 존재로 설명하려는 관점에 만족할 수 없었을 것이다.

아리스토텔레스에게는 아직 해결해야 할 문제가 남아있었다. 현대 덕 윤리에 필요한 것 혹은 최소한 전제해야 하는 것은 행태주의와 주의론의 중간지점에 안착할 수 있는 설명법, 즉 행위자로서의 인간에 대한 설명 방식이다. 현대 덕 윤리는 아리스토텔레스가 했던 것 그 이상의 관점을 지녀서는 안 된다. 즉 인간의 행위에 대해 외재적 원인을 탓하거나 자아에 대한 과대평가로 인해 육체와 역사 및 신념으로부터 자유로운 존재로 과대평가하는 관점에 기울어서는 안 된다는 뜻이다.[37]

다른 윤리이론에서도 행위자로서의 인간에 대한 설명이 필요하기는 하지만, 덕 윤리는 이 점에 각별한 관심을 가진다. 특히 도덕교육 혹은 도덕적 성장에 주목한다. 덕 윤리는 덕목들의 획득에 대한 설명법에 요구되는 행위자 이론을 전제한다. 덕목들에는 감정과 지성, 경향성, 성향, 그리고 능력 등이 포함된다. 하지만, 행위자란 성품 형성의 통로임을 인정하지 않으면 덕에 대한 논의가 불가능해진다. 더구나 성품의 조건들을 결단과 행위의 중요 구성요소로 간주하지 않는다면 덕을 논할 수 없다. 말하자면, 경향성, 성향, 능력의 형성에 관심을 가지지 않는 한 덕 윤리를 이해할수 없다. 역으로, 성품의 조건들은 선택과 행위의 과정에 연관되지 않는한 의미가 없다.

요컨대, 덕의 획득을 말하려면 인간이란 자아를 형성하고 결단을 내리는 행위자임을 인식해야만 한다. 덕 윤리에서는 인간이 덕을 획득하는것은 행위와 선택을 통해서 이루어진다고 본다. 습관화 및 훈련, 칭찬과비난, 타자에 대한 견책과 격려 등을 통해서 말이다. 덕은 나 자신과 타자의 선택 및 행위가 나 자신에게 영향을 미치고 되돌아오는 과정을 통해 점진적으로 획득된다. 지금, 올바르게 행위 하거나 관용적으로 행위 하는것은 결국 미래에도 그렇게 할 가능성을 높여줄 것이다. 스승의 훈육이 그렇다. 친구의 격려는 바른 경향성과 성향을 계발하도록 도움을 준다. 말하자면, 선택과 행위 및 상호행위를 통해 자신과 다른 사람들을 덕을 향하게 하기도 하고 덕에서 어긋나게 할 수도 있다.[38]

행태주의나 주의론으로는 덕의 획득 방식을 설명할 수 없다. 행태주의에서는 모든 것을 무의식적 행동조작으로 환원한다. 주의론은 인간의행위가 인간형성에 영향을 준다는 사실을 고려하지 않는다. 자아를 그 행위의 이면 혹은 그 이상의 존재로 과대평가함으로써, 자아란 행위들의 영향을 받지 않는 존재로 간주할 뿐이다. 또한 덕목들이 선택과 행위에 대해 아무 역할도 하지 않는다고 여겨 덕목들에 관심을 기울이지 않는다. 행태주의에서는 인간이 스스로의 성품형성에 관여할 수 없다고 생각하는 반면, 주의론은 인간의 성품과 관련될 것 자체가 없다고 생각한다.

이와는 달리, 덕 윤리는 인간이란 선택과 행위를 통해 자신의 경향성과 성향을 계발시키거나 영향을 주는 존재라고 말한다. 또한 경향성과 성향은 우리의 선택과 행위에 지침을 주거나 방향을 제시하기도 한다. 행태주의자들의 주장과는 반대로, 인간을 외적 제어에만 희망을 걸어야 할 존재라고 보지 않는다. 또한 주의론과 달리, 인간을 성품의 구성요소들로부터 독립된 존재로 생각하지 않는다. 과거의 선택과 행위들이 오늘날 우리들의 자아형성에 영향을 주었으며, 또한 선택과 행위를 통해 완성될 우리의 모습에도 영향을 준다.

우리는 선택하고 행위하는 존재이며, 우리의 선택과 행위는 우리 자신과 타자들의 성품함양에 핵심적인 역할을 한다. 또한 우리의 성품은 우리의 선택과 행위에 영향을 주고 방향을 이끌어준다. 이는 하나의 순환구조에 속하는 것이지만, 악순환은 아니다. 인간은 변화될 수 있지만, 그 변화에는 시간과 노력이 필요하다.

도덕 운(moral luck)

덕 윤리는 '도덕 운'에 관심을 가진다. 이는 행위자로서의 인간에 대한 이해와 밀접하게 연관되어 있다. 도덕 운이란 인간이 스스로 제어할 수 있는 것은 아니어도 도덕적으로는 의미가 있는 사건, 영향력, 그리고 정황들에 직면하는 것을 지칭한다. 이러한 사건, 영향력, 그리고 정황들은 덕목들의 획득, 실행, 그리고 유지에 영향을 줄 수 있다. 따라서 덕을 획득하고 인간다운 최선의 삶을 살아갈 수 있는 능력은 전적으로 개인의 제어에 속하는 것이라 할 수 없다.[39]

　덕을 함양할 사회적 관계가 결여된 채 성장한 사람이라면, 성년다운 덕목들을 구현할 수 없다. 이러한 결과가 생기는 것은 어린이 자신의 노력과는 거의 관계가 없다. 덕목들의 실천을 모범으로 보여주고 그렇게 실천하도록 독려해줄 부모, 동료, 교사 등이 없다면, 어린이 자신의 노력으로는 그러한 덕목들을 함양시킬 수 없을 듯싶다. 도덕적으로 관련된 정황이기는 하지만, 개인의 제어에 속하지 않는 것이라는 뜻에서 이 경우를 도덕 운이라고 할 수 있다.[40]

　도덕 운의 또 다른 예는 극단적인 비극에 직면한 사람에게서 볼 수 있다. 예를 들어, 용감한 사람이 너무도 혹독한 비극에 처하여 절망해버렸다고 생각해보자. 그는 사악해지거나 겁쟁이가 되고 말았을 것이다. 이 경우, 그가 덕을 다시 회복하려면 오랜 시간의 노력이 필요하다. 2차 대전과 유태인 학살의 예를 생각해 보라. 많은 사람들이 비극적인 정황 속에서도 바른 길을 걸었지만, 바르게 훈육되고 덕스러울 것처럼 보였던 다른 많은 사람들은 비극 앞에서 무너져 버려서 불친절하고 비겁하며 사악한 사람이 되어 버렸다. 다시는 회복되지 못한 경우가 많았다. 이 역시 도덕 운에 해당한다.[41]

　학자들에 따르면, 도덕 운이라는 실재를 인정하는 것이야말로 덕 윤리의 장점이다. 특별히, 누스바움은 도덕적 연관성을 지닌 위험과 우연성을 인정하는 것을 하나의 자산으로 간주한다. 누스바움의 경우만 그런 것은 아니다. 적절성을 지닌 도덕이론이 되려면 행위자가 제어할 수 없는 사건, 영향력, 그리고 정황 등의 위험과 우연성이 도덕적으로 중요한 요소가 된다는 점을 인정해야 한다고 보는 학자들이 많다.

도덕 운에 대해서는 설명할 것이 그리 많지 않다. 개념상으로는 명료하고도 직접 와 닿는 것이기는 하지만, 그 심층적 의의 혹은 함의는 여전히 불명료하다. 학자들은 도덕 운에 대한 관심이 필요하다고 말하면서도 그렇게 말하는 것 이상으로 우리에게 알려주는 것은 거의 없다. 예를 들어, 덕목들이 운에 비해 취약한 것인지, 운과 행운의 역동성을 다룰 때 가장 중요한 덕목들은 과연 어떤 것인가에 대해서는 분명한 설명법이 없다고 말하기도 한다.[42]

다만, 인간으로서의 최선의 삶을 살고자 하는 과정에 위험요소가 도사리고 있다는 것쯤으로 정리해두는 것이 좋을 듯싶다. 덕에 대한 바른 설명에는 행위자가 제어할 수 없는 사건, 영향력, 그리고 정황들이 포함된 도덕적 삶에 대한 것도 포함된다. 아마도 신학자보다는 철학자들이 '도덕 운'이 지닌 의의와 함의에 대해 더 많이 연구해 나아갈 듯싶다. 중요한 것은 덕 윤리가 도덕적 삶에 있어서 운과 우연성을 인정하고 있다는 사실이다.

존재의 우선성

덕 윤리에 대한 새로운 관심에 나타난 중요한 전환은 '존재'와 '행위'에 대한 덕 윤리의 관심에서 가장 분명하게 볼 수 있다. 요점을 말하자면, '존재'는 '행위'에 우선하지만, '행위'는 '존재'를 형성한다. 말하자면, 성품의 상태를 포함하여 우리의 자아가 우리의 선택과 행위에 선행하는 요인이 되며 그것들을 이끌어 간다. 그러나 우리의 선택과 행위는 우리의 자아를 형성하도록 도와주며 더 심층적인 선택과 행위를 할 수 있도록 이끌어준다.[43]

우리의 행위는 우리의 존재로부터 나온다. 정의를 향한 마음가짐과 성품을 지닌 자는 다른 사람들을 공정하게 대하게 될 것이다. 비겁한 마음가짐과 성품을 지닌 자는 두려움에 기초한 판단을 내리게 되고 그 결과 예기치 못하던 순간에 위험에 빠지게 될 것이다. 비겁한 선택과 행위는 비겁한 성품을 고착화시키며 용기 있는 성품에 이르지 못하게 한다. 이와 유사하게, 정의로운 선택과 행위는 정의로운 성품을 강화시키기도 하고 정의롭지 못한 선택과 행위는 정의를 행할 마음 자체를 약화시키기도 한다.

이렇게 본다면, 덕 윤리가 덕과 악덕에 관심을 갖는 것은 바른 행위란 무엇인가에 대한 관심이 부족해서가 아니다. 오히려 바른 행위, 바른 판단은 성품의 바른 형성과 밀접하게 연계되어 있음을 강조해준다. 사실, 바른 행위를 결단하고 실행에 옮기는 능력에는 그에 상응하는 성품이 먼저 전제되어야 한다.[44]

그러나 우리에게는 성품 중에서도 특정한 것이 우선이 되고 어떤 종류의 사람이 될 것인가에 대한 특별한 관심이 작용하기도 한다. 적절한 경향성, 성향, 그리고 능력이 결여되어 있다면, 바른 행위를 인식하고 실행할 가능성은 크게 감소되고 만다.[45] 그러므로 특정 행위에 대한 분석에 관심을 기울이기 이전에 바른 성품의 사람이 되어야 할 것이다.

만일 이것이 과장된 주장이라고 생각된다면, 몇 가지 예를 생각해보라. ① 도덕에 관한 조언을 듣기 위해 다른 사람에게 조언을 구하는 것만으로는 부족하다. 어린 아이들이나 정직하지 못한 자에게 조언을 구하는 것은 적절치 않다. 오히려 우리는 믿을만하고, 정직하며 용감한 사람을 찾아가 조언을 구해야 한다. 이러한 과정에서, 우리는 덕목들의 중요성을 인식하게 된다. 우리가 도덕적으로 성장한 사람을 찾아가는 것은 그들이 도덕적 조언을 주기에 가장 적합한 사람들이라는 점을 알고 있기 때문이다. 우리가 안고 있는 문제에 대해 가장 잘 조언해줄 사람이자 우리를 정직하게 대해줄 사람들을 찾아가야 할 것이다. 따라서 바른 행위란 무엇이며 어떻게 바른 행위를 지속할 수 있을까 하는 문제에서 성품은 중요한 요소가 된다.[46]

② 원치 않는 임신에 직면한 여성들 중 많은 수가 사회가 낙태를 개인적 선택의 문제라고 간주한다고 해도 결코 낙태를 결행하려 하지 않는다. 이 여성들은 태아를 출산하여 자신이 양육하거나 입양하기를 원한다. 자아에 대한 그들의 관점 및 세계관이 낙태문제의 전제가 되는 셈이다. 따라서 그들의 성품은 도덕적 문제 해결의 방식을 보여주는 것일 뿐 아니라, 그들이 직면한 도덕적 문제가 무엇인지를 보여주는 것이기도 하다.[47] 이러한 여성들에게, 낙태는 도덕적 난제도 아니고 선택의 문제도 아닌 셈이다.

③ 대부분의 경우, 몇몇 독특한 성품들은 실수를 저지르거나 최소한 그러한 한계를 지니고 있다. 강요적인 성격에 인내심이 부족하거나 성실성에 문제가 있는 사람도 있을 수 있다. 이 경우, 과연 무엇이 바른 것인지는 알지만, 그것을 실천에 옮기지 않는 문제가 발생할 수 있다. 절제, 인내, 혹은 성실이 결여된 사람은 종종 어떻게 행동해야 하는지를 알면서도 그렇게 하지 못하는 경우들이 있다. 성품의 상태는 바른 행위를 실천하는 데 지대한 영향을 주는 셈이다.

물론, 훈련과 관용, 충성도 혹은 여타의 덕목들을 결여한 사람들은 바른 것이 무엇인지를 정확하게 인식하지 못할 수 있다. 비겁한 사람은 자신의 도피를 도덕적으로 정당화하려 든다. 바람을 피우는 사람들은 자신들의 행위에 문제가 없다고 생각하기도 하며, 절제가 부족한 사람들은 자신들의 행위가 절제되지 못한 것이라고 생각하지 않고 어떤 원인, 이상, 혹은 욕구에 대한 온당한 반응이라고 생각하곤 한다. 따라서 행위에 대한 인식에서 도덕적으로 바른 과정이 어떤 것인지를 인지하는 것은 행위자의 덕목들에 의존한다고 할 수 있으며, 덕목들을 결여하는 경우에는 바른 행위에 이르지 못할 수 있다.

　　이러한 예들은 성품의 상태가 특정한 행위에 대해 특정한 우선성을 지닌다고 말하는 이유와 그 관점을 이해하는 데 도움을 준다. 앞서 말한 예들은 덕목들이 어떻게 적용되는지를 예증해 주는 것이라 하겠다. ①과 ③은 덕목들이 바른 것이란 무엇인지를 알게 해준다는 점을, ②의 경우, 덕목들이 도덕적인 문제들과 연관된다는 점을, 그리고 ③의 경우는 덕목들이 바른 행위를 강화시켜준다는 점을 각각 보여준다.

규칙과 결과의 문제, 그리고 분별의 문제　　앞서 우리는 존재의 우선성에 대해 살펴보았다. 그렇다면, 행위를 이끌어준다는 것은 무엇을 말하는가? 도덕적 난제에 대해 숙고한다는 것은 무엇인가? 덕 윤리는 행위와 선택을 위한 지침을 제시해줄 수 있는가? 혹은 실제적인 결단과 딜레마에 직면했을 때, 덕 윤리대로 하면 좌초되고 마는 것은 아닐까?[48]

　　이러한 질문들에 대한 간략한 답은 긍정 겸 부정이다. 도덕적 숙고에 대해서는 덕 윤리 내에서 많은 이야기를 할 수 있다. 하지만 행위에 대한 정밀하고도 수학적인 계산과 같은 완벽하고도 체계적인 숙고의 이론이 제시된 것도 아니며, 앞으로도 그럴 일은 없다.

　　이에 대해서는 다시 다루게 되겠지만, 덕 윤리가 모든 세부사항들을 이끌어 줄 정도로 도덕적 숙고에 대한 체계적인 설명을 완벽하게 내놓을 수는 없다는 정도의 공감대는 형성되어 있다. 사실, 덕 윤리는 그러한 종류의 설명법을 촉발시키는 것조차 시도해서는 안 된다. 예를 들어, 셔먼(Nancy Sherman)은 다음과 같이 제안한다.

아리스토텔레스가 윤리학을 실천적 학문(예: episteme, 1084b13-27, 1098a25ff)
으로 변형시키는 것에 대해 반복하여 방법론적 경고를 주었다는 점을 기억
해야 한다. 철학적 기질이 도덕적 삶에 대한 정밀하고도 체계적인 자료를
산출하도록 고취해줄 수 있기는 하지만, 이론이라는 것은 실천적 이성과 판
단을 정밀성에 따라 설명하고자 하면 호도되어 버린다. 이론이 할 수 있는
것은 최선의 삶에 포함되어야 할 선이란 어떤 것인지를 일반화하여 설명해
주는 것뿐이다.[49]

여기에서, 그리고 이와 유사한 언명들에서 유추할 수 있는 것은, 도
덕적 삶에 적합한 숙고와 실천적 지혜가 공식의 형태로 표현될 수는 없다
는 점이다. 윤곽을 스케치할 수는 있다. 나머지는 덕목들의 경험, 실행, 그
리고 획득으로 채워져야 한다. 이론으로는 좋은 도덕적 추론이 지닌 복합
성, 특수성, 그리고 결단적 특성을 담아낼 수 없다. 실천적 추론의 경험과
실행을 대신할 수도 없다. 이론은 개괄적인 설명만을 해줄 수 있다. 경험
을 통한 실행이 있어야만 한다.[50]

덕 윤리만이 이러한 한계들을 넘어설 수 있다. 네오-아리스토텔레
스주의 덕 윤리에 따르면, 도덕적 계산을 통해 선을 말할 수 있는 형태의
윤리이론이란 있을 수 없다. 의무론이건 결과론이건 간에, 정해진 계산법
에 따라 도덕원칙을 제공할 이론이란 없다. 이론으로는 좋은 도덕적 숙고
에 연관된 경이로움, 복합성, 맥락적 다양성, 그리고 정황적 특수성을 완
벽하게 담아낼 수 없다. 모든 것에 대한 설명(혹은 이것들이 도덕적으로 연관된 요소
들의 전부라고 하는 주장)이라고 주장하는 일체의 이론은 과도한 주장이라 할 수
있으며 근시안적인 관점일 뿐이다.[51]

덕 윤리는 도덕적 숙고에 관해 많은 것을 말해준다. 첫째, 좋은 도덕
적 판단에는 일종의 지각능력이 필요하다. 이는 종종 복합적 특성을 지닌
채 발생하는 여러 상황들의 특수하고도 맥락적인 특성들을 인정하고 그

상황들에 반응하는 능력을 말한다. 이러한 지각능력은 연역적 능력이나 추론적 능력이 아니다. 삶의 구체적인 특수성에 대한 민감성이라 할 수 있다. 또한 특수한 상황에 연관된 특정한 특성, 관계, 그리고 이슈들에 관심을 기울일 수 있는 가변성을 말하는 것이기도 하다.[52]

둘째, 특수한 덕목들과 동일시될 수 있는(감정과 욕구를 포함하여) 경향성과 성향들은 잘 선택하고 잘 행위하게 하는 구성요소가 된다. 예를 들어, 정의와 우정에 대한 관심을 내면화한 사람이 이러한 덕목과 관련된 상황에 직면하게 될 때, 정의와 우정에 대한 관심은 일종의 행위지침으로 작용하게 될 것이다. 이 덕목들은 정의와 우정이 관련된 문제상황이 도래할 때 그 배경을 인지할 수 있는 능력을 얻게 한다. 이 덕목들을 함양한 사람들은 재산분배 혹은 공격행위를 둘러싸고 문제가 되는 배경을 알아내려는 경향이 있다. 더구나, 정의와 우정이 문제가 되는 경우, 이 덕목들과 목적들을 실현하기 적합한 행위들을 추구하게 될 것이다. 따라서 경향성과 성향은 특정 행위의 배경에 민감한 관심을 갖게 하며, 어떤 목적을 가지고 행위해야 하는지를 깨닫게 해줄 것이다.[53]

셋째, 목적론적 덕 윤리는 규칙과 결과 모두에 대해 여지가 있기는 하지만, 결과론적인 것도 아니고 의무론적인 것도 아니다. 덕 윤리를 결과주의의 한 형태로 보는 것은 잘못이다. 덕 윤리에서, 텔로스는 덕목들의 실행에 관련되어 있으며 덕스러운 관계들에 이르게 한다. 하지만 결과론자들의 경우, 이것을 문제의 핵심으로 이해하는 경우가 거의 없다.[54] 결과론은 행복, 쾌락, 경제적 부요함과 같은 요소들 혹은 그중 하나를 선으로 간주하고 행위를 판단할 때도 그 행위가 어떤 결과를 어떻게 낳을지에 따라서만 평가하는 경향이 있다.

결과론이 지닌 문제점은 그들이 추구하는 목적이라는 것 자체가 인간의 완성에 이르게 하는 것이 아니라는 점이다. 또 다른 문제는, 이론상 그 어떤 행위도 바른 목적을 향한 결과를 산출하지 못하면 정당화될 수 없다고 생각하는 점이다. 그러나 덕 윤리에서는 덕스러운 삶과 덕스러운 관계에 절대적으로 어울리지 않는 행위들만을 금할 뿐, 행위들 자체를 결과론적으로 판단하지 않는다.[55]

결과론과의 또 다른 차이점은 덕 윤리가 덕스러운 행위에 수반되는 즐거움 혹은 쾌락을 행위에 첨가된 것으로 간주한다는 확산적 사고방식에서 볼 수 있다. 덕 윤리는 쾌락을 행위의 이질적인 요소로 간주하여 쾌락과는 무관한 행위를 독려하기도 한다. 이는 결과론 및 공리주의자들이 쾌락을 모든 행위에서 측정될 수 있는 공통적 가치라고 생각하는 것과는 첨예하게 대조되는 대목이다. 덕 윤리에서는 쾌락 혹은 다른 어떤 것이건 간에 다양한 삶의 선을 통약가능하게 하는 공통적 가치라는 것 자체를 용인하지 않는다. 덕 윤리는 삶의 행위, 선, 그리고 목적들 각각을 중요하게 생각하며 그것들의 균형을 추구한다. 그 이유는 인간의 선에 대한 복합적인 이해 혹은 인식에서 기인한다. 인간의 선에는 수많은 덕목들과 함께 '그 자체로 목적이 되는' 관계들이 포함되어 있어서 매우 다양하다고 할 수 있으며 엄격하지 않은 의미에서의 공약가능성을 지닌다는 것이다.[56] 덕 윤리의 이러한 관점이 결과론과 공리주의자들에게는 이상하게 느껴지는 것은 당연할 듯싶다.

덕 윤리가 결과에 관심을 가지는 것은 분명하다. 정의, 관용, 혹은 우정에 관심을 갖는 사람은 그 결과 혹은 산물에 대해 책임을 져야 한다. 내 행위가 상대방에게 끔직한 결과를 낳는 것에 대해 무관심하다면, 과연 나는 좋은 친구라고 할 수 있을까? 내 행위가 불의한 결과를 낳을 것에 대해 무관심하면서 과연 정의를 논할 자격이 있을까? 덕 윤리를 결과론이라 할 수는 없지만, 좋은 도덕적 숙고는 종종 결과들을 중요하게 여긴다.[57]

덕 윤리를 일종의 의무론인 듯 간주하는 것은 옳지 않다. 의무론은 미리 결정된 규칙 혹은 원칙의 조합에 관심을 갖거나 규칙중심적 결단의 과정에 초점을 맞추는 경향이 있다. 덕 윤리가 가장 분명하게 구분되는 점이 바로 이 대목이다. 의무론은 규칙 혹은 원칙에 초점을 맞추지만 덕 윤리는 특정한 종류의 인격체가 되는 것에 초점을 맞춘다.[58] 이와 유사하게, 대부분의 의무론은 행위의 특성을 평가할 때 인간의 덕 혹은 인간의 선에 대한 그 어떤 토론에 앞서 사전에 결정된 규칙이나 원칙에 따라 판단한다. 하지만, 목적론적 덕 윤리에서 행위의 특성은 텔로스와 그 구성요소가 되는 덕목들에 따르는 것인가 여부에 따라 평가된다.[59]

더구나 앞서 살펴본 것처럼, 덕 윤리는 '원칙상으로도, 실천적 선택은 하나의 보편적 규칙의 체계 안에 적절하고도 완전하게 담아낼 수 없다'고 본다.[60] 좋은 도덕적 판단은 인간의 상호작용에서 이제까지 단 한 번도 없었던 사건이나 정황들과 민감한 차이들, 그리고 배경이 되는 원인 및 사람들의 관계 혹은 이슈가 되는 것들에 대한 개인적 위탁에 대한 설명 등을 포함하는 것이어야 한다.[61] 따라서 덕 윤리는 의무론과 같은 것일 수 없다. 덕 윤리는 의무론이 좋은 도덕 판단의 모든 것을 아우를 능력을 구비했다고 생각하지 않는다.

물론, 덕 윤리가 여러 차원에서 의무론과 공유하는 요소도 있기는 하다. 먼저, 덕 윤리는 공동체와 사회가 최소규칙 혹은 법률들을 설정해야만 한다는 점을 인정한다.[62] 이는 텔로스의 공동체적 본성에 기초한 것이라 할 수 있다. 우리는 덕스러운 개인이 되기를 원할 뿐 아니라, 공동체 역시 덕스러운 것이기를 원하기도 한다. 따라서 공동선을 추구하는 공동체라면 개인의 행위가 어떤 경우에 공동체적 추구를 벗어난 것이 되는지를 규정해 둘 필요가 있다. 다시 말해, 공동목적을 추구하는 공동체는 배제되어야 할 행위들을 정확하게 규정해두어야 한다. 목적을 향한 공동체의 움직임에 어울리지 않을 것이기 때문이다. 도둑질이나 살인과 같은 행위들은 한눈에 보기에도 공동체적 삶과 양립할 수 없다. 따라서 공동체는 단체적으로 수용할 수 없는 행위에 대한 규칙과 법률들을 제정해 놓으려 할 것이다.

규칙에 대한 사회적 필요는 네오-아리스토텔레스 학파에서도 광범위하게 인정되고 있다. 덕 윤리의 틀에서 볼 때, 규칙들은 몇 가지 부가적인 차원에서 기능하기도 하다. 덕 윤리학자 중 극소수가 이 문제에 관심을 가지고 글을 쓰기는 했지만, 그들이 말하는 부가적 기능이라는 것은 특이한 사항에 해당하는 것이 아니라 보완적인 것들일 뿐이다. 예를 들어, 누스바움은 네오-아리스토텔레스적 틀 안에서 규칙들이 기능하는 방식이 몇 가지 있다고 보았다. 누스바움에 따르면,

> 규칙과 원칙들은 특정한 결단들의 요약판으로서, 특정한 경우에 드러나는 암묵적인 특성들을 간결하고 효과적으로 식별해내는 데 유용하다.··· 원칙들은 좋은 판단의 특성을 명쾌하게 요약해주는 것으로서, 어떤 것이 좋은 도덕 판단인지를 바르게 설명해주는 것인 경우에만 타당성을 지닌다.[63]

규칙들은 이제까지의 현명한 결단들의 요약판이다. 규칙들은 특별한 경우에 더 중요하게 작용하기도 하고 또 다른 특별한 경우에는 개정될 필요가 있는 것으로 내몰리기도 하지만, 규칙들은 이제까지의 좋은 판단들은 어떤 것이었는지를 보여주는 참고사항이 된다.[64]

또한 누스바움은 규칙들이 훈육적 기능도 있다고 말한다. 규칙들은 '도덕발달의 지침이다. 아직 실천적 지혜와 통찰을 지니지 못한 사람들은 다른 사람들의 현명한 판단이 집약되어 있는 규칙을 따라야 할 필요가 있기 때문이다.'[65] 규칙들이 도덕발달에서 어떻게 작용하는지 알고 싶다면, 부모들이 규칙을 활용하는 경우를 그 예로 생각해 보라. 부모들은 자녀들

의 훈육에 도움을 주고자 규칙을 활용한다. 이 경우의 규칙들은 길 건너기, 이 닦기, 공부할 시간 체크하기와 같은 일상적인 일들에 관한 것일 수 있다. 아이들이 일생동안 동일한 규칙을 따라 살도록 하려는 의도는 아니다. 아이들이 규칙의 준수를 통해 일정한 습관, 능력, 그리고 관심을 형성할 수 있기를 바라는 마음을 담고 있는 셈이다.

부모들은 아이들이 길거리에서 안전하게 지내고 개인위생을 지키며 지속적으로 공부하는 감각을 키워주기를 바라는 마음에서 규칙을 정한다. 규칙들은 아이들의 성품 형성에 있어서 가이드처럼 작동한다. 누스바움이 말한 것처럼, 우리는 규칙의 훈육적 기능이 아이들에게만 적용될 수 있는 것이라고 생각해서는 안 된다. 성인들에게도 더 나은 도덕발달을 위한 지침이 필요하다.[66]

누스바움은 또한 규칙들이 시간이 촉박하거나 과도한 압박을 받고 있는 상황에서 유익한 것이 될 수 있음을 지적한다.[67] 우리는 시간에 쫓겨 판단을 그릇되게 하기보다는 규칙과 원칙에 의존한다. 규칙은 때로 편견과 격분에 사로잡힌 우리의 감정에 균형을 맞춰주는 기능을 하기도 한다. 이 점에서, 규칙은 규범 혹은 도덕판단의 중심이 되는 것이 아니라, 좋은 판단을 내리지 못하도록 위협하는 정서적 격분상태와 편견 및 시간부족을 채워줄 자원이 되기도 한다.

덕 윤리와 관련하여 생각해 볼 것이 하나 있다. 규칙들은 덕목들의 필요성을 말해주거나 덕목들을 회상시켜주는 역할을 한다. 예를 들어, 핀코프스(Pincoffs)가 말한 것처럼, 규칙들은 '우리 자신의 길을 가기 위해 이겨내야만 하는 것이 무엇인지를 보여줄 만큼의 지침을 정확하게 주지는 않는다.'[68] 몇몇 학자들은 이러한 생각을 수용하여 그 주장에 어떤 암시효과가 있다고 생각하기도 한다.[69] 물론, 덕 윤리에서 규칙과 원칙들은 중요한 역할을 할 수 있다. '친절하고 관용적인 사람이 되라'와 같은 일반적인

규칙이든 '쿠키를 가지고 있다면 항상 나누어 먹어야 한다'는 식으로 좀
더 특수한 사항을 말해주는 것이든 간에, 규칙들은 일정한 종류의 인간이
되어야 한다는 사실을 일깨워준다. 이러한 명령들은 정확한 지침을 준다
기보다, 지향해야 할 목적지가 어디인지를 알려주는 기능을 한다.

　이러한 용법들 모두를 수용하든 안하든 간에, 덕 윤리에 규칙을 위한
여지가 있다는 것만은 분명하다. 중요한 것은 규칙들이 덕목들에 기여한
다는 점이다. 하지만 덕목들은 규칙들에 기여하지는 않는다. 규칙들과 원
칙들은 덕의 획득 및 실행과정에서 조력자가 된다. 덕목들은 규칙들에 종
속되지 않는다.[70]

　넷째로, 덕 윤리는 공동체에 대한 실천적 추론에 관심을 가진다. 특
히 목적론적 덕 윤리가 사회적 관계들을 강조하는 것은 도덕적 숙고란 결
국 개인의 문제가 아니라는 점을 분명하게 보여준다. 물론, 개인들은 개
인으로서 결단을 내린다. 그러나 우정, 멘토, 롤모델의 중요성에 관심을
기울인다는 점에서, 도덕적 삶은 일차적으로 독립된 결단을 내리는 개인
의 문제라고만 할 수는 없다. 개인들은 도덕적 지침, 견책, 격려 등을 포함
하는 관계적 맥락 안에서 도덕적 결단을 내리는 셈이다.[71]

　개인들의 도덕적 숙고에서 공동체적 자원을 배제해서는 안 된다. 예
를 들어, 친구들은 우리의 편견에 도전장을 던져주고 우리가 간과해온 상
황의 여러 차원들 혹은 측면들을 볼 수 있게 해준다. 아이들에게는 어려운
결단과정을 거쳐 자신들을 도와주며 도덕적으로 성장하도록 이끌어주는
부모가 있다.

　성년이 된 사람들의 경우에도 현명한 멘토와 인격자들을 알고 있으
며 어려운 선택과 결단에서 도덕적으로 조언해줄 사람들을 알고 있다. 우
리에게는 본받아야 할 롤모델, 모범, 그리고 '전문가'들이 있다. 더구나,
비록 현존하지 않는 인물이라도 현자들로부터 지혜를 얻을 수 있다. 다른

사람들이 우리가 처한 것과 유사하거나 유비적인 상황에서 어떻게 처신했는가를 살펴봄으로써, 과연 어떻게 판단을 내려야 할 것인지에 대한 통찰을 얻게 된다. 도덕적 모범과 사표가 되는 인물들에게 귀 기울이는 것은, 비록 구체적인 지침을 주지 않는다 해도 그들은 우리에게 텔로스를 향하도록 독려해주는 자극제가 되며 좀 더 성숙한 덕의 구현자가 되도록 이끌어준다. 요컨대, 공동체는 공동체의 규모와는 상관 없이 우리에게 도덕적 숙고를 위한 가장 중요한 자원을 제공해준다.[72]

덕 윤리가 모든 세부적인 사항들에 적용될 체계적인 도덕을 제공해주는 것은 아니다. 사실, 덕 윤리에 따르면, 그 어떤 이론도 그러한 설명을 줄 수는 없다. 물론, 덕 윤리는 도덕적 숙고와 좋은 실천적 판단을 내려야 할 순간에 우리에게 침묵하지 않을 것이지만 말이다.

완성주의적 특성

이제까지 말한 것을 분명하게 이해할 수 없다 해도, 놓치지 말아야 할 것이 있다. 목적론적 덕 윤리가 일종의 완성주의(* 역주: perfectionism, 사전적으로는 '완전주의'이지만, 덕 윤리가 인간의 완성을 지향한다는 뜻에서 '완성주의'라고 표현하기로 함)를 따르고 있다는 점이다. 이렇게 말하는 데에는 크게 두 가지 이유가 있다. ① 모든 자발적 행위는 도덕적 의미를 가진 것으로 간주된다는 점에서, ② 인간은 자신이 지닌 성품의 모든 측면을 지속적으로 함양시키도록 독려를 받는다는 점에서이다.[73]

노톤(David Norton)이 말한 것처럼, 많은 현대윤리이론가들은 직업선택, 우정의 함양, 독서하기 등의 주제는 도덕적인 것과는 무관한 것으로 간주하고 있다. 덕 윤리에서는 이러한 선택들을 '도덕과 관련된 선택'이라고 본다.… 직업선택, 여가활동, 우정, 독서선택 등은 도덕적 성품의 함양과 직접적인 연관이 있는 것들이기 때문이다.'[74] 사실, 인생에서 겪는 경험과 선택들 중 도덕적으로 무관한 것은 거의 없다. 심지어 '사소한 욕구, 선택, 그리고 행위들'에도 도덕적 의의가 있다. 이 모든 일은 '우리가 이루고자 하는 인격체가 되어가는 과정에, 아무리 하찮다 하더라도 일정한 영향을 주기 때문이다.'[75]

인간의 텔로스를 향한 움직임에 초점을 맞추고 있다는 점에서, 인간으로서의 최선의 삶을 지향하고 있다는 점에서, 덕 윤리는 선택 혹은 행위의 그 어떤 요소도 도덕적 관심에서 면제시키지 않는다. 우리의 선택은 우리의 인격적 성장에 영향을 미치는 것이기에, 모든 자발적인 행위들은 도덕적으로 연관된다고 할 수 있으며 도덕적 정밀조사의 대상들이라 할 수 있다. 사실, 도덕과 연관된 관심의 범위는 훨씬 더 광범위하다. 모든 제도와 인간의 실천적 전통들은 우리의 인격적 성장에 영향을 준다. 심지어 제도와 실천적 전통들이 도덕적 관심을 요청하기도 한다.[76]

이러한 관심은 성품의 함양과 관련된 모든 분야에서 지속적으로 필요하다. 우리는 더욱 정의롭게 일을 처리하도록 노력해야 하며 더욱 관용적으로 행위하고 더욱 분별력을 가지고 살아가야 한다. 분명, 우리가 언제나 성품의 모든 요소에 영향을 주는 행위만 하는 것은 아니다. 때로는 어느 한 측면을 함양하는 통에 다른 측면을 소홀히 하기도 한다. 우리는 항상 큰 변화이든 작은 변화이든 간에 도덕적 성장, 즉 텔로스를 향해 나아가고 있다.[77]

하지만, 덕 윤리는 긍정적인 평가를 받으려는 마음에서 이상을 반드시 구현해야한다는 '강박적인 완성주의'가 아니다.[78] 인간의 탁월성과 완성의 이상으로서의 텔로스는 결코 완전하게 현실 속에 구현될 수 없다. 이상이란 본래 그런 것이다. 우리 앞에는 항상 텔로스가 놓여 있으며, 텔로스는 인간의 선을 보다 완벽하게 실현하도록 우리를 독려한다. 하지만, 인간의 선을 완성시키려는 취지는 인격과 행위를 가치 있는 것이 되게 하려는 데 있음을 간과해서는 안 된다. 덕 윤리는 실현불가능한 이상을 요구하는 완성주의가 아니다. 덕 윤리를 완성주의라고 하는 것은 삶의 모든 측면들을 도덕적으로 연관 짓고 모든 사람을 삶의 모든 영역에서 지속적으로 성장시키려 하는 것이라는 의미에서이다.

요약

덕 윤리의 기본구조와 요소들에 대한 이제까지의 개괄을 토대로, 다음과 같이 간략하게 요약할 수 있겠다. 이 책에서 다루고 있는 덕 윤리는 목적론적인 것으로서, 삼중구조를 지닌다. 덕 윤리는 완성되기 이전의 존재로서의 인간에서 완성되어야 할 존재로서의 인간을 향하여 나아가게 한다. 인간의 선 혹은 텔로스는 덕목들에 의해 구현되는 동시에 덕목들에 상응하는 행위들로 구성된다. 이러한 행위들은 그 자체의 목적에 따라 실행되는 것인 동시에 인간의 선을 위한 것으로서 실행된다. 나아가, 텔로스 혹은 인간의 선은 개인 및 사회적 차원을 아우른다. 요컨대, 텔로스는 인간이 살아야 할 최선의 삶에 해당한다.

인간의 선을 부분적으로 확정지어 말하는 이러한 관점이 목적론적 덕 윤리에 필수적인 것이기는 하지만, 텔로스를 협소하고 엄격한 의미로 제한할 필요는 없다. 인간의 선에는 삶의 여러 형태들이 포함되며 덕을 구현하는 다양한 방식이 내포된다.

덕목들이란 인간의 선에 기여할 수 있도록 오랜 시간과 노력을 통해 획득된 성품의 상태 혹은 성품의 특질을 뜻한다. 덕목들에는 자아를 구성하는 요소로서의 지성적인 것과 의지적인 것, 이성적인 것과 감성적인 것들이 모두 포함된다. 이는 인간의 선, 즉 최선의 삶에 필요한 경향성, 성향, 그리고 능력들이라고 할 수 있다.

목적론적 덕 윤리에서는 자아를 스스로를 형성시키고 결정을 내리는 행위자로 인식한다. 인간은 자신의 성품을 형성하는 과정에 일정한 역할을 수행한다. 말하자면, 성품은 선택과 행위들을 이끌어준다. 다시 말해, '존재'가 선택과 행위를 이끌어준다. 여기에는 일종의 순환구조가 있기는 하지만 악순환은 아니다. 우리는 시간투자와 노력과 사회적 상호작용을 통해 우리의 텔로스를 향하여 나아갈 수 있다.

이는 도덕 전반이 행위자의 제어를 받는다는 뜻이 아니다. 덕 윤리에 따르면, 도덕적 삶은 사회적 상호작용에 크게 의존하고 있으며, 다양한 재난과 우연성 앞에 쉽게 변질될 수 있다. 다시 말해, 도덕적 삶에 나타나는 도덕 운을 인정해야 하고 맞서 싸워야 한다.

분별의 문제에 있어서, 덕 윤리는 특별한 행위 혹은 이슈들을 감당할 성품의 중요성을 강조하거나 우선시한다. 우리는 특별한 이슈와 행위들에 맞서기에 앞서 도덕적으로 바른 것을 찾아내고 결정하며 수행할 수 있도록 훈련되어야 한다. 덕 윤리는 또한 이론으로는 좋은 도덕적 추론을 완전히 담아낼 수 없다고 본다. 우리로 하여금 모든 종류의 정황들에 맞서게 할 공식이나 계산법은 있을 수 없다. 개괄이나 도움 또는 암시는 줄 수 있을지 모르나, 나머지 여백은 실천과 실행을 통해 채워가야 한다.

이론에는 한계가 있기는 하지만, 좋은 도덕적 추론에는 많은 요소들이 포함된다. 상황이 지닌 특수하고도 맥락적인 특성에 반응할 수 있는 능력, 덕목들에 의해 제시되는 경향성과 성향의 참조, 규칙과 결과의 활용, 중요한 관계들(특히 친구, 멘토, 롤모델 등)에 대한 개방성 등이 그것이다.

목적론적 덕 윤리는 일종의 완성주의를 채택하고 있다. 이는 삶의 모든 측면이 도덕과 연관되어 있다는 의미에서의 완성주의라 할 수 있으며, 인간을 삶의 모든 영역에서 성장하도록 이끌어준다는 뜻이다. 실현불가능한 이상을 실천하도록 요구한다는 뜻에서가 아니라, 텔로스가 항상 우리보다 앞서 있으며 인간으로 하여금 최선의 삶을 보다 완벽하게 구현하도록 독려한다는 의미이다.

덕 윤리를 지지하는 여러 학자들의 관점을 일반화할 수 있는 요소들이 그 외에도 많이 있다. 최근 수십 년간 여러 관점들, 여러 뉘앙스들, 그리고 확장된 내용들이 나타났고 불일치하는 요소들 또한 늘어나고 있음을 볼 수 있다.

'덕 윤리'의 기초적인 설명으로는 충분했을 듯싶다. 여기에서 사용한 '덕 윤리', '덕론', '목적론적 덕 윤리', '덕 윤리의 틀'이라는 표현들이 적절치 않다고 생각할 수도 있겠지만, 전반적인 개괄을 위해서는 충분한 표현들이었으리라 기대해 본다.

1 Sarah Conly, "Flourishing and the Ethics of Virtue," in *Midwest Studies in Philosophy XIII Ethical Theory: Character and Virtue*, ed. Peter A. French, Theodore E. Uehling, Jr., and Howard K, Wettstein (Notre Dame: University of Notre Dame Press, 1988), p. 84 (이후부터는 *Midwest Studies XIII.*로 표기한다.)

2 '덕 윤리'(virtue ethics)라는 표현은 다음 책들에서 볼 수 있다. John W. Crossin, *What Are They Saying About Virtue?* (New York: Paulist Press, 1985); Edward Leroy Long, Jr., *A survey of Recent Chrisitian Ethics* (New York: Oxford University Press, 1982), pp. 101-38; Alasdair MacIntyre, *After Virtue* 2nd ed. (Notre Dame: University of Notre Dame Press,1984), pp. 181-85; David Solomon, "Internal Objections to Virtue Ethics," in *Midwest Studies XIII*, pp. 428-29; Gregory Trianosky, "What Is Virtue Ethics all About?" *American Philosophical Quarterly* 27 (October 1990), pp. 335-44.

3 이 부분에서는 주로 다음 책들을 참고할 수 있겠다. *Midwest Studies XIII*; MacIntyre, *After Virtue*, 그리고 *Whose Justice? Which Rationality?* (Notre Dame: University of Notre Dame Press, 1988); Martha C, Nussbaum, *The Fragility of Goodness: Luck and Ethcis in Greek Tragedy and Philosophy* (Cambridge: Cambridge University Press, 1986); Daniel Mark Nelson, *The Priority of Prudence: Virtue and Natural Law in Thomas Aquinas and the Implications for Modern Ethics* (University Park: The Pennsylvania State University Press 1992): Nancy Sherman, *The Fabric of Character: Aristotle's Theory of Virtue* (Oxford: Clarendon Press, 1989). 다음 책도 자주 인용된다. Edmund L. Pincoffs, *Quandaries and Virtues: Against Reductivism in Ethics* (Lawrence: University Press of Kansas, 1986). 이들 자료, 특히 맥킨타이어, 누스바움, 넬슨, 그리고 셔먼 등의 자료에 초점을 맞추는 것은 넓은 의미에서, '네오-아리스토텔레스주의 덕 윤리'에 해당하는 것으로 볼 수 있기 때문이다. 각각의 학자들이 서로 상이하거나 양립할 수 없는 관점을 드러낸다는 사실을 부정하려는 것은 아니다. 그 예들은 이 책을 조금 더 읽어 내려가면 확인할 수 있다. 본질적인 것은, 이들 학자들이 목적론적 덕 윤리의 기본구조와 요소들에 공감대를 이루고 있으며 서로의 주장들이 상호보완적으로 연계되고 있다는 점이다.

4 예를 들면 다음 글을 참고할 수 있겠다. James F. Keenan, "Virtue Ethics: Making a Case as It Comes of Age," *Thought* 67(June 1992), pp. 120-23; Nelson, Priority of Prudence, pp. 32-33, 83; Daniel A. Putman, "Virtue and the Practice of Modern Medicine," *Journal of Medicine and Philosophy* 13 (November 1988), p. 441. 우리 책에서는 인간의 선, 목적, 텔로스를 동의어로 사용했다. 다만, 목적(end)이라는 말은 인간의 선이라는 말보다 더 깊은 뜻을 지닌다는 점을 참고할 필요가 있다.

5 MacIntyre, *After Virtue*, p. 52.

6 *Ibid.*, pp. 53-55; Solomon, "Internal Objections," pp. 429-32; David L. Norton, "Moral Minimalism and the Development of Moral Character," in *Midwest Studies XIII*, pp. 181-82.

7 이 부분에서는 주로 다음 책을 참고했다. MacIntyre, *After Virtue*, pp. 57-59, 그 외에

다음 자료들도 참고하라. Conly, "Flourishing," p. 86; Philippa Foot, *Virtue and Vices and Other Essays in Moral Philosophy* (Berkeley: University of California Press, 1978), pp. 133-40; Stanley Hauerwas, "On Being Temporally Happy," *Asbury Theological Journal* 45(1), pp. 11-12; Nelson, *Priority of Prudence*, p. 33.

8   물론, '시계' 혹은 '농부' 등의 개념은 오늘의 사회에서는 진정한 기능적 혹은 역할적 개념이라고 말하기에 너무 포괄적인 것이 사실이다. 예를 들어, '시계'는 단지 일종의 시간을 측정하는 도구이거나 혹은 보석을 입혀 그 예술적 가치를 표현한 것일 수 있다. 정확한 기능적 혹은 역할적 개념은 '스톱워치'와 '경작 농부'라고 해야 맞을 것이다.

9   각각의 기능에 대한 이해가 없다고 해도 '농부' 혹은 '시계'와 같은 기능적 혹은 역할적 개념을 사용할 수 있다. 농지경작이 무엇인지 모르는 아이도 조(Joe)가 농부라는 점을 정확하게 인식할 수 있을 것이다. 조가 트랙터를 몰고 전신작업복을 입고 일한다는 것을 알고 있기 때문이다. 하지만, 그 아이가 조를 농부라고 생각하는 것은 ①'농부'에 대한 흐릿한 개념에 기초한 것일 수 있다. 농부는 트랙터를 모는 것 외에도 여러 일을 하며 트랙터 모는 일이 농사짓는 일의 본질은 아니다. ②'농부'라는 단어에 대한 오해 혹은 잘못된 정보에 의한 인식일 수 있다. 트랙터를 몬다고 해서 전부 다 농부인 것은 아니며 모든 농부들이 트랙터를 몰지는 않는다. ③궁극적으로, '농부'라는 개념과 농지경작이라는 역할 사이의 본질적 연관성에 의존한다. 우리는 농부와 트랙터를 서로 연관된 것으로 이해하곤 한다. 트랙터는 곡물재배와 수확에 자주 이용되는 것이기 때문이다.

10   MacIntyre, *After Virtue*, p. 58.

11   *Ibid.*

12   Mussbaum, *Fragility of Goodness*, p. 293.

13   James D. Wallace, "Ethics and the Craft Analogy," in *Midwest Studies XIII*, p. 223.

14   이에 대해서는 다음 글을 참고하라. Robert Merrihew Adams, "Common Projects and Moral Virtue," *Midwest Studies XIII*, pp. 299-300; Hauerwas, "On Being Temporally Happy," pp. 11-13, 17n.4; "The Virtues of Happiness," *Asbury Theological Journal* 45(1), pp. 21-22; Robert B. Kruschwitz and Robert C. Roberts, eds., *The virtues: Contemporary Essays on Moral Character* (Belmont: Wadsworth, 1987), p. 10; MacIntyre, *After Virtue*, pp. 148-49; *Whose Justice?*, p. 109-13,132; Nelson, *Priority of Prudence*, pp. 36-38,71; Sherman, *Fabric of Character*, p. 77.

15   Trianosky, pp. 338-39,343n.2; Pamela Hall, "The Mysteriousness of the Good: Iris Murdoch and Virtue-Ethics," *American Philosophical Quarterly* 27 (October 1990), pp. 314-15.

16   이에 대해서는 다음 글을 참고하라. Adams, "Common Projects," pp. 300-301; G. Simon Harak, *Virtuous Passions: The Formation of Christian Character* (New York: Paulist Press, 1993), pp. 58-59; MacIntyre, *After Virtue*, pp. 174, 178, 220, 223, 229, 258, 263, *Whose Justice?*, pp. 121-123, 132-136; Nelson, *Priority of Prudence*, pp. 37-38; Nussbaum, *Fragility of Goodness*, pp. 344-66; Sherman, *Fabric of Character*, pp. 77,109-11, 124-33, 151-54; David B. Wong, "On Flourishing and

Finding One's Identity in Community," in *Midwest Studies XIII*, pp. 325-35. 이 부분
에서는 누스바움과 셔먼에게서 각별한 도움을 받았다.

17 예를 들어, 텔로스의 이러한 측면은 좋은 우정에서 그 예를 볼 수 있다. 우리가 친구들
을 각별히 생각하는 것은 다른 이유가 없고 그들이 우리 친구이기 때문에 그들을 소중
히 여기는 것이라고 할 수 있다. 진정한 친구라는 말은 마치 쉽게 마주칠 수 있는 사람
을 지칭하듯 일반적인 총칭이라기보다 그들을 특별하게 생각하고 감사하는 마음에서
우러난 명칭이라 할 수 있다. 마찬가지로, 진정한 우정은 행위자로서의 우리의 자아를
독점하지 않는다. 진정한 친구는 자신과 똑같은 사람이 되어달라고 요구하지도 않으
며 우리들 자신만을 위해 결단을 내리지 않는 자가 되게 한다. 진정한 친구들은 공통
점을 많이 가지고 있기는 하지만, 진정한 우정이 인간의 선과 개인의 자기이해를 공유
할 수 있다는 점에서 공통성과 차별성이 혼재하고 있다고 하겠다. 이에 관해서는 다음
자료를 참고하라. Stanley Hauerwas, "Companions on the Way: The Necessity of
Friendship", *Asbury Theological Journal* 45(1), p. 36, 39, 40; Sherman, *Fabric of
Character*, pp. 137-51; William Spohn, "The Return of Virtue Ethics", *Theological
Studies* 53(March 1992), p. 73, 75; Rose Mary Volbrect, "Friendship: Mutual
Apprenticeship in Moral Development", *Journal of Value Inquiry* 24(October
1990), pp. 304-9.

18 예를 들어, 다음 글들을 참고하라. Pincoffs, *Quandaries and Virtues*, pp. 6-7, 96-97,
107-11; Conly, "Flourishing," pp. 84, 86-89; Wallace, "Ethics and the Craft," pp.
226-31; cf. Volbrecht, "Friendship," pp. 310-11.

19 이에 관한 자료들은 다음과 같다. Robert M. Adams, "saints," in Kruschwitz and
Roberts, *The Virtues*, pp. 153-60; MacIntyre, *After Virtue*, pp. 161-63, 219, *Three
Rival Versions of Moral Enquiry* (Notre Dame: University of Notre Dame Press,
1990), p. 99, 62-66. David L. Norton, "Moral Minimalism and the Development of
Moral Character," *Midwest studies XIII*, p. 44; Sherman, *Fabric of Character*, pp.
76-80, 85-94, 특히, pp. 102-5, 119, 133, 141-43. 다음 책도 참고하라. L. Gregory
Jones, *Transformed Judgment: Toward a Trinitarian Account of the Moral Life*
(Notre Dame: University of Notre Dame Press, 1990), pp. 39-40. 167n.,43-44.

20 이와 유사하게, 이 책에서 소개하는 덕 윤리가 텔로스에 대한 원초적인, 특히 결정적
인 개념을 요구하기는 하지만, 덕목들과 텔로스에 대한 이해는 변화와 발전에 개방되
어 있다. 다음 자료를 참고하라. MacIntyre, *After Virtue*, p. 129; Nussbaum,
"Non-Relative Virtues", p. 45; Sherman, *Fabric of Character*, pp. 43-44, 89, 94.

21 Conly, "Flourishing and the Ethics of Virtue," p. 86; MacIntyre, "Sophrosune," p. 7;
Solomon, "Internal Objections," p. 429; cf. MacIntyre, *After Virtue*, pp. 202-3. 비록
콘리가 목적론적 덕 윤리라는 표현에는 동의하지 않았지만, 그 구조에 대해서는 정확
하게 이해하고 있다.

22 Harak, *Virtuous Passions*, pp. 66-68, 88-98; MacIntyre, *After Virtue*, pp. 149, 154,
161-62, *Whose Justice?*, pp. 109, 128, 130; Nussbaum, *Fragility of Goodness*, pp.
307-8, 383-84, "Non-Relative Virtues," p. 37; Sherman, *Fabric of Character*, pp. 2,
27, 38, 45-49, 63-64, 119-24, 166-71. 다음 자료도 참고하라. Foot, *Virtues and Vices*,

pp. 5-8; R. B. Brandt, "The Structure of Virtue," in *Midwest Studies XIII*, pp. 64-68; Pincoffs, *Quandaries and Virtues*, p. 81; Robert C. Roberts, "Aristotle on Virtues and Emotions," *Philosophical Studies* 56(July 1989), pp. 293-306, "Will power and the Virtues," in Kruschwitz and Roberts, *The Virtues*, p. 124.

23 Foot, *Virtues and Vices*, pp. 8-11; Pincoffs, *Quandaries and Virtues*, pp. 77-80, 88, 152; Solomon, "Internal Objections," p. 429; James D. Wallace, *Virtues and Vices* (Ithaca: Cornell University Press, 1978), p. 36-51.

24 James F. Keenan, *Goodness and Rightness in Thomas Aquinas's Summa Theologiae* (Washington: Georgetown University Press, 1992), pp. 93-99; MacIntyre, *After Virtue*, pp. 122, 148-49, 154, 191, 219, *Whose Justice?*, pp. 109-16; Nelson, *Priority of Prudence*, pp. 73-76; Nussbaum, *Fragility of Goodness*, pp. 296-97, 329, 332-33, 375-76; Roberts, "Aristotle on Virtues and Emotions," p. 293; Amelie O. Rorty, "Virtues and Their Vicissitudes," in *Midwest Studies XIII*, p. 136.

25 예를 들어, 다음 자료들을 참고하라. Nelson, *Priority of Prudence*, pp. 73, 76; Sherman, *Fabric of Character*, p. 1; Servais Pinckaers, "Virtue Is Not a Habit", *Cross Currents* 12(1962): 65-82. 핀코프스가 덕목의 안정성이란 일상적으로 사용하는 의미에서의 '습관'에 관한 것이 아니라고 지적한 것은 중요한 의의가 있다. '습관'이란 성찰과 결단, 인간의 이성과 의지를 생략한 채 자동적으로 행위하는 것을 두고 하는 말일 수 있다. 그러나 덕목들이란 실천이성과 의지가 잘 행하도록 보증하는 것으로서의 성품의 상태를 말한다. 다시 말해, 덕목들에는 인간의 이성과 의지가 작용하며 일상적인 의미에서의 '습관'과는 다른 차원에 해당한다. 이에 대해서는 다음 자료를 참고하라. Sherman, *Ibid.*, pp. 157-60, 177-79.

26 Brandt, "Structure of Virtue," pp. 64ff; Nelson, *Priority of Prudence*, pp. 99, 101, 143; Nussbaum, *Fragility of Goodness*, pp. 332-39, 346-47, 362-34; Sherman, *Fabric of Character*, pp. 39, 43, 191-98; Harak, *Virtuous Passions*, pp. 16, 31, 36, 39, 117. 종종 덕목들의 안정성과 도덕적 성장의 문제는 암묵적으로 다루어진다. 예를 들어 다음 자료들을 참고하라. MacIntyre, *After Virtue*, pp. 154, 191, 203, 219, *Three Rival Versions*, pp. 60-63; Norton, "Moral Minimalism," pp. 187-92.

27 MacIntyre, *Whose Justice?* pp. 111, 113, 132; Nussbaum, *Fragility of Goodness*, pp. 341, 349; A Chadwick Ray, "A Fact About the Virtues," *Thomist* 54 (July 1990): 438; Sherman, *Fabric of Character*, pp. 51, 114-16, 176.

28 Adams, "Common Projects," p. 300.

29 클래식 음악의 예를 들면 될 듯싶다. 우리는 음악을 감상하고 연주하는 행위를 통해 만족을 느낀다. 우리는 그 행위 자체의 특질에 대해 신경 쓰지는 않는다. 다시 말해, 음악의 한 부분이 연주되고 우리가 그 음조의 예민한 변화를 지각하는 행위 자체가 관심의 대상인 것은 아니다. 이러한 행위 자체에는 거의 도구적 가치조차도 없지만, 우리는 음악을 감상하고 연주하는 행위가 없다면 삶이 쇠락해버릴 것이라는 점을 잘 알고 있다.

30 MacIntyre, *Whose Justice?*, pp. 109, 111; Nussbaum, *Fragility of Goodness*, p. 297.

31 이 부분은 다음 자료들을 참고하라. Glenn A. Hartz, "Desire and Emotion in the

Virtue Tradition", *Philosophia* (July 1990): 147-49; MacIntyre, *After Virtue*, pp. 60-64, 160; Nussbaum, *Fragility of Goodness*, pp. 294-97; Sherman, *Fabric of Character*, pp. 77, 85-86, 114-16.

32   Nussbaum, *Ibid.*, p. 297.

33   유의할 것은 종합적인 덕의 목록을 제시하려는 것이 아니라는 점이다. 맥킨타이어나 누스바움 혹은 셔먼 역시 완벽한 목록을 제시하려는 시도를 하지 않았다. 다음 자료들을 참고하라. MacIntyre "Sophrosune", Robert C. Roberts "Virtues and Rules," *Philosophy and Phenomenological Research* 51 [June 1991]: pp. 336-37, 340), Rorty "Virtues and Their Vicissitudes," p. 145. 로티 역시 사려 깊음을 단일한 성향 혹은 능력으로 규정하지는 않았고 다만, 독립덕인 특질들에 대한 포괄개념(umbrella concepts) 정도로 생각한 듯싶다. 핀코프스는 *Quandaries and Virtues*, p. 85에서 65개의 덕목을 소개하면서도 이것이 과연 종합목록일지는 불분명하다고 말한 바 있다. 월레스는 "Ethics and the Craft Analogy," pp. 229-31에서 덕목들의 수가 많다는 것은 그만큼 덕목들의 범위가 광범위하고도 다양하며 전체를 구성하는 부분적인 것임을 보여준다는 의견을 제시했다.

34   이 대목은 특히 다음 자료들을 참고하라. Nussbaum, *Fragility of Goodness*, pp. 264-89. MacIntyre, *After Virtue*, pp. 154, 160-62, 204-20, Sherman, *Fabric of Character*, pp. 63-64, 157-99. 특히 pp. 176-83 또한 도움이 될 듯싶다. 다음 자료도 참고하라. MacIntyre, *Whose Justice?*, pp. 118, 124-30, 136-40; Nelson, *Priority of Prudence*, pp. 48-54, 62-68, 73-76, 99. Foot, *Virtues and Vices*, pp. 62-73, 148-52, 이 부분 역시 필자의 관점과 유사한 논의를 전개하고 있다.

35   Nussbaum, *Fragility of Goodness*, p. 273.

36   *Ibid.*, pp. 269-70.

37   비록 행위자로서의 인간에 대한 설명들은 철학서적에 잘 나타나지만,(주석 34번을 참고할 것) 특히 다음의 자료들을 참고할 필요가 있다. 책의 서문을 고쳐 쓴 것으로, Stanley Hauerwas, *Character and Christian Life: A Study in Theological Ethics*(San Antonio: Trinity University Press, 1985), pp. 25-29, 35-67, 83-113.

38   주석 34번에 수록한 자료들 외에도 다음 자료들을 참고하라. Crossin, *What Are They Saying about Virtue?*, p. 8; Harak, *Virtuous Passions*, 46-48; Keenan, "Virtue Ethics: Making a Case," pp. 116, 117; Hartz, "Desire and Emotion," p. 160; Pinckaers, "Virtue Is Not a Habit," 72-81.

39   이 대목은 다음 자료를 참고하라. MacIntyre, *After Virtue*, pp. 128-29; Nelson, *Priority of Prudence*, p. 37; Nussbaum, *Fragility of Goodness*, pp. 318-72, 특히 pp. 319, 340-41; Sherman, *Fabric of Character*, pp. 51, 130; Solomon, "Internal Objections," pp. 433, 439-41; Margaret Urban Walker, "Moral Luck and the Virtues of Impure Agency," *Metaphilosophy* 22 (January/ April 1991): 14-27. Bernard Williams, *Moral Luck: Philosophical Papers 1973-1980* (Cambridge: Cambridge University Press, 1981), pp. 20-39. 도덕 운이라는 개념은 주로 누스바움에게서 볼 수 있다.

40   MacIntyre, *Ibid.*, p. 258, *Whose Justice?*, pp. 121-23, 132-36; Sherman, *Ibid.*, pp.

153-56.

41 누스바움은 유클리드를 인용하여 이와 유사한 주장을 전개한다. Fragility of Good ness, pp. 397-421.

42 도덕 운의 문제를 다룰 때, 다음 두 가지 자료들을 참고할 필요가 있다. 각각 자극적이 면서도 서로 상이한 대답을 주고 있기 때문이다. Hauerwas, "On Being Temporally Happy", p. 16; Walker, "Moral Luck", pp. 19-21.

43 이 대목은 이미 다루었던 내용과 논리적으로 연관이 있다. 추가적으로, 다음 자료들을 참고할 수 있겠다. Joel Kupperman, "Character and Ethical Theory," in *Midwest Studies XIII*, pp. 115-25; Pincoffs, *Quandaries and Virtues*, pp. 4-5, 16, 30, 62, 65, 81-82, 145, 147, 169. Nussbaum, *Fragility of Goodness*, pp. 248-50, 306; Solomon, "Internal Objections," p. 437. 쿠퍼만은 네오-아리스토텔레스주의 덕 윤리에 속하지 않지만, 성품의 우선성을 다루는 그의 관점은 덕 윤리를 이해하는 데 유용할 듯싶다.

44 James F. Keenan, "Die erworbenen Tugenden als richtige (nichtgute) Lebens fuh-rung: Ein genauerer Ausdruck ethischer Beschreibung," in Ethische Theories Praktisch, ed. Franz Furger (Munster: Aschendorff, 1991), pp. 19-35.

45 Nelson, *Priority of Prudence*, pp. 44, 48, 82; Sherman, *Fabric of Character*, pp. 3-5, 13, 29.

46 Harold Alderman, "By Virtue of a Virtue", in Kruschwitz and Roberts, *The Virtues*, p. 61; Nussbaum, *Ibid.*, pp. 290, 300. 이 자료들은 내가 선택한 것이기는 하지만, 주석 34, 38, 그리고 43-45에서 인용된 저자들에게 중요한 이슈가 무엇이었는지를 제대로 보여준다.

47 Harak, *Virtuous Passions*, pp. 34-35.

48 로우덴(Robert B. Louden)은 "On Some Vices of Virtue Ethics", in Kruschwitz and Roberts, *The Virtues*, p. 70.에서 덕 윤리가 구체적인 행위와 선택에 대해서는 지침을 제공하지 못한다고 주장했지만, 최근에는 자신의 입장을 바꾸었다. 다음 자료를 참고하라. "Virtue Ethics and Anti-Theory", *Philosophia* July 1990: 101. 다음 자료도 참고하라. Solomon, "Internal Objections", p. 432; Trianosky, "What is Virtue Ethics All About", p. 341.

49 "Common Sense and Uncommon Virtue," in *Midwest Studies XIII*, p. 108.

50 Nussbaum, *Fragility of Goodness*, pp. 294-95, 312; Sherman, *Fabric of Character*, pp. 13, 39, 43, 191-98; Solomon, "Internal Objections," pp. 437-39.

51 Louden, "Virtue Ethics and Anti-Theory," pp. 95-97, 101-5; Nussbaum, *Ibid.*, pp. 302-4; Spohn, "The Return of Virtue Ethics," 66, 74; Solomon, *Ibid.*, Pincoffs, *Quandaries and Virtues*, pp. 14-36. Sherman, *Fabric of Character*, pp. 13-28, 85-86.

52 Nussbaum, *Fragility of Goodness*, p. 305, "Non-Relative Virtues," p. 44; Sherman, "Common Sense," pp. 100, 107; MacIntyre, *After Virtue*, p. 154; Nelson, *Priority of Prudence*, pp. 55, 57, 79-80, 82, 132-33. 상황의 연관성은 각각의 사례에 따라, 그리고 행위자의 경우마다 다를 수 있다. 예를 들어, 어떤 사람은 정의, 용기, 관용이라는

세 가지 모두가 중요한 것이라고 생각할 뿐 아니라, 이와 관련된 관계들의 특수성과 내용 및 행위자의 도덕적 성장까지도 고려해야 하는 것이라고 생각하기도 한다. 다음 자료들을 참고하라. MacIntyre, *Whose Justice?* pp. 124-26; Norton, "Moral Minimalism", p. 183; Pincoff, *Ibid.*, pp. 21-27.

53   Nussbaum, *Fragility of Goodness*, p. 306-8. MacIntyre, *After Virtue*, pp. 60, 154, 161-62, *Whose Justice?*, pp. 116, 124-26, 136; Sherman, *Fabric of Character*, pp. 44-50. Pincoffs, *Ibid.*, pp. 58-63, 69.

54   Solomon, "Internal Objections", pp. 429-30; Spohn, "The Return of Virtue Ethics", p. 65. 필자로서는 덕의 획득을 주요관심사로 생각하는 결과론이 과연 있는지 모르겠다. 오히려, 결과론은 일상적으로 덕을 도구적 역할로 환원하는 경향이 있다. 그들은 덕목들이란 또 다른 '도덕과 무관한' 결과 혹은 결실을 얻을 수 있도록 도와주는 성향 혹은 특질들이라고 생각하는 것 같다.

55   MacIntyre, *After Virtue*, pp. 150-51, "Plain Persons and Moral Philosophy: Rules, Virtues and Goods," *American Catholic Philosophical Quarterly* 66 (Winter 1992): 10; Nelson, *Priority of Prudence*, pp. 131-35; Sherman, *Fabric of Character*, p. 51.

56   주석 31번을 참고하라.

57   Pincoffs, *Quandaries and Virtues*, p. 71; Sherman, *Fabric of Character*, pp. 71, 87, 92, 114-15; Keenan, "Die erworbenen Tugenden als ricitige", pp. 19-20. 필자가 보기에, 결과에 대한 관심은 항상 추정되는 것이지만 네오-아리스토텔레스 덕 윤리에서는 거의 표현하지 않는 것 같다. 덕 윤리에 따르면, 하나의 이슈가 여러 행위들과 연관된 경우, 그 행위들은 단일한 덕목을 향하는 것이 되거나 덕목들로부터 빗나갈 수 있다. 이처럼 여러 행위의 관련된 이슈는 결과에 관심을 가지고 있는 것이 분명하지만, 학자들은 이들 결과들의 계산을 위한 필요성을 거의 느끼지 않는 것 같다. 마찬가지로, 덕 윤리가 우정에 주목하는 것은 결과에 대한 고려가 없이는 이해될 수 없는 것이지만, 이 사실이 표현되는 경우는 거의 없다.

58   Solomon, "Internal Objections," pp. 429-30; Trianosky, "What Is Virtue Ethics All About," p. 335.

59   MacIntyre, *After Virtue*, p. 60, 118-20.

60   Nussbaum, *Fragility of Goodness*, p. 302.

61   Nussbaum, *Ibid.*, pp. 302-5; Trianosky, "What Is Virtue Ethics All About," p. 342. 그리고 주석 50번에서 52번까지를 참고하라.

62   MacIntyre, *After Virtue*, pp. 150-52, 258; Sherman, "Common Sense," p. 98. Pincoff, *Quandaries and Virtues*, pp. 29, 31.

63   *Fragility of Goodness*, p. 299; "Non-Relative virtues," p. 44.

64   Nelson, *Priority of Prudence*, pp. 80, 102, 132, 138.

65   *Fragility of Goodness*, p. 304.

66   Nussbuam, *Ibid.*, MacIntyre, *After Virtue*, pp. 52-55, "Plain Persons and Moral Philosophy," p. 10; Pincoffs, *Quandaries and Virtues*, p. 173; Sherman, *Fabric of Character*, p. 181.

67   *Fragility of Goodness*, p. 25.

68   *Quandaries and Virtues*, p. 25.

69   MacIntyre, *After Virtue*, pp. 52-55.

70   대부분의 의무론은 일련의 규칙체계로부터 출발하여 덕이란 그 규칙에 따르는 성향 이라고 생각한다. 그 결과, 의무론자들은 거의 대부분의 경우에 덕을 하나의 도구적 이고 종속적인 역할을 하는 것처럼 간주한다. 예를 들어 다음 자료들을 참고하라. William K. Frankena, *Ethics*, 2nd ed. (Englewood Cliffs: Prentice-Hall, 1973), pp. 65, 67; John Rawls, A Theory of Justice (Cambridge: Harvard University Press, 1971), p. 192. 그러나 덕 윤리에서는 규칙과 원칙들이며 오히려 파생적인 것이라 할 수 있다. 앞서 소개한 다음 자료를 참고하라. Michael Davis, "Civic Virtue, Corruption, and the Structure of Moral Theories", in *Midwest Studies XIII*. p. 353. MacIntyre, *After Virtue*, pp. 232-33. Trianosky, "What is Virtue Ethics All About", p. 340; Walter Schaller, "Are Virtues No More than Dispositions to Obey Moral Rules?" *Philosiphia* (July 1990): 195-207.

71   주석 16번과 17번을 참고하라.

72   Sherman, *Fabric of Character*, pp. 30, 54, 133; Nelson, *Priority of Prudence*, pp. 52-53. 모범과 롤모델(전문가와 장인)을 강조하는 것은 학자마다 다르다. 하지만 덕 윤리 일반에 나타나는 특징이라 할 수 있다. 다음 자료들도 참고하라. Alderman, "By Virtue of a Virtue," p. 61; MacIntyre, *Three Rival Versions*, pp. 60-66; Nussbaum, *Fragility of Goodness*, pp. 248-50, 290, 300; Pincoffs, *Quandaries and Virtues*, pp. 165-66; Roberts, "Virtues and Rules," p. 328. A. Blum, "Moral Exemplars: Refletions on Schindler, Trocmes, and Others," in *Midwest studies XIII*, pp. 196-221.

73   필자는 완성주의가 목적론적 덕 윤리의 논리 속에 내재해 있다고 생각한다. 이 점을 설명해준 유용한 자료로 다음 글을 참고하라. David Norton, "Moral Minimalism", pp. 180-95. 다음 자료도 참고하라. Keenan, "Virtue Ethics: Making a Case", p. 123-24. Sherman, "Common Sense", pp. 101-102; Pincoffs, *Quandaries and Virtues*, pp. 103-14. 또한 pp. 13-52도 참고하라. 셔먼과 핀코프스는 약간 다른 문제를 다루 고 있지만, 그들의 토론은 상호연관성이 있는 것 같다.

74   Norton, *Ibid.*, p. 185.

75   *Ibid.*, p. 186.

76   *Ibid.*, p. 187.

77   *Ibid.*, p. 185; Putman, "Virtue and the Practice of Modern Medicine," p. 438.

78   Pincoffs, *Quandaries and Virtues*, pp. 107-9. Norton, *Moral Minimalism*, p. 185. 약 간은 다른 이슈들을 다루고 있기는 하지만, 다음 자료들도 참고하라. Adams, "Saints," pp. 153-60; Ray, "A Fact About the Virtues," pp. 436-37, 449-50; Sherman, *Fabric of Character*, p. 102-5.

최근, 덕과 성품의 문제가 재론되고 있으며 그 현상은 무시하지 못할 정도로 크게 나타나고 있다. 덕의 회복에 대한 관심은 이 문제를 열심하게 생각하고 있는 철학자들에게서도 볼 수 있고 시점가의 베스트셀러 목록에서도 확인할 수 있을 만큼, 여러 분야에서 광범위하게 나타나고 있다. 실제로, '덕'에의 복귀 문제가 《뉴스위크》의 표지로 등장하기도 했다. 비교적 최근의 시점인 1980년대 초반, 덕 윤리는 영미철학자들과 신학자들의 주제였다. 변화가 생긴 것은 분명하다 덕 윤리에 관한 출판이 급속한 증가 추세에 있으며 전문 학술지에도 덕 윤리에 관한 글들이 많아지고 있다. 그중에 단지 윤리의 최신 유행과 경향에 휩쓸리는 것도 있기는 하다. 학문의 영역에서 '덕' 윤리가 수치으로는 소수이지만 의미 있는 위치를 점하고 있다는 것만은 확실해 보인다. 과연, 덕 윤리란 무엇인가? 그리고 덕 윤리가 이렇게도 새로운 관심의 대상이 되는 이유는 무엇일까? 제2장에서는 그리스도인들이 수용할 네오-아리스토텔레스주의 덕 윤리의 기본요소와 구조를 개괄하고자 한다. 일반적으로 덕 윤리가 윤리적 성질의 핵심을 전환시켰다는 점은 분명한 것 같다. 18세기 이후의 윤리는 일반적으로 규칙, 원칙, 선의 개념분석, 그리고 도덕적 난제를 해결할 각각의 결단에 초점을 맞추어왔다. 그 결과 현대윤리학은 규칙, 원칙, 그리고 특정한 행위가 도덕적으로 어떤 의의를 지닌 것인지를 결정짓는 방식에 관심을 집중하고 있다. 이와는 반대로, 덕 윤리는 특정한 행위에 대한 분석보다는 행위자의 문제에 더 많은 관심을 기울인다. 덕 윤리는 윤리의 초점을 특정한 행위에서부터 그 행위의 '배경'으로 옮겨놓았다. 이를테면, 성품, 인격, 공동체의 전통, 그리고 인간의 탁월성을 드러내고 증진시키는 데 필요한 조건이 무엇인가에 관심을 가진다. 덕 윤리가 도덕의 초점을 전환시키고 있는 셈이다. '덕 윤리란 무엇인가'를 설명하는 것보다 이러한 전환의 요청이 무엇인지를 보여주는 것이 훨씬 더 수월할 듯싶다. 여기에는 몇 가지 원인이 있으며, 다양한 주제가 반영되어 있다. 비록 개괄적인 설명이기는 하지만, 이를 통해 덕 윤리의 주제들 중에서 몇 가지라도 이해할 수 있다면, 덕 윤리가 보여줄 '새로운' 것이 무엇인지에 대해서 뿐만 아니라 기존의 접근법이 지닌 특징에 대해서도 파악할 수 있을 것으로 기대한다. 덕 윤리의 새로운 접근법을 이해하기 위해 특별히 세 가지를 다루고자 한다. ① 현대사회가 도덕적 위기에 처해있다

는 사실을 인식하는 경향이 크다는 점, ② 역사성을 강조한다는 점, ③ 현대윤리학이 인간의 도덕적 삶에 대해 바람직한 설명을 제시하지 못하고 있다는 점 등이다. 1. 위기의 사회 덕 윤리에로의 복귀 혹은 덕에 대한 관심을 촉발시킨 요인 중 하나는 대부분이 동의할 수 있을 정도로 현대사회가 도덕적 위기에 처해 있다는 사실이다. 많은 사람들이 현대 서구사회가 도덕적 파산의 위기에 직면해 있으면서 사회제도들이 인간에게 선한 성품을 함양시켜주지 못했다고 말한다. 예를 들어, 《뉴스위크》에서는 미국성인의 76%가 '미국이 도덕적, 영적 쇠퇴기에 접어들었다'고 인식하는 것으로 나타났다. 이러한 도덕적 쇠퇴에 대한 인식은 학부모 모임에서, 신문 논평에서, 라디오 방송에서, 그리고 주일학교 분반공부에서도 확인된다. 또한 학교에서 기도를 재개해야 하고 성품교육이 필요하며 범죄에 대한 처벌을 강화해야 하고 텔레비전의 폭력성을 규제해야 한다는 요구들도 나타나고 있다. 이러한 관심과 논쟁들이 덕 윤리의 모습을 모두 다 보여줄 수 있는 것은 아니다. 하지만, 현대사회의 도덕적 쇠퇴에 대한 관심이 증대되고, 그것이 덕에 대한 회상 혹은 덕 윤리적 추론의 필요성을 강조하는 현상으로 이어지고 있다는 것은 고무적인 일이다. 예를 들어, 오늘날 전통적 가정의 와해 및 텔레비전의 폭력성에 대한 연설들은 이러한 인식을 반영해준다. 가정문제에 대한 토론은 어린아이들이 부모의 세심한 지도와 적절한 역할모델을 상실할 경우 건전하고 균형 있는 도덕적 행위자가 될 수 없음을 일깨워주고 있다. 또한, 텔레비전에 문제가 있다는 생각에는 사람들이 텔레비전의 명응을 모방하려는 경향이 있다는 우려와 함께 텔레비전 속 명웅들이 폭력적이거나 심지어 사악한 경우들이 많다는 인식이 반영되어 있다. 가정과 텔레비전에 대한 이러한 관심들은 덕 윤리의 주제들과 병행을 이룬다. 아리스토텔레스의 덕 윤리에서는 덕스러운 성품이란 책을 통해 배울 수 있는 것도 아니며 손쉽게 습득할 수 있는 것도 아니라고 말한다. 덕스럽게 되는 것은 실천을 통해서, 그리고 다른 사람들과의 우정을 통해서이다. 우리는 가치 있는 역할모델을 본받으며 덕스러운 가르침을 주는 자들과 친구들에게 귀를 기울이고 덕스러운 인물들에 관한 이야기를 들으며 덕스러운 행위들을 본받아 살아감으로써 덕을 배운다. 이처럼, 가정과 텔레비전 문제에 대한 관심은 덕 윤리와 직접적인 연관이 있다. 두 관심을 모두, 본받을만한 동료들과 역할모델이 되는 인물들이 덕스러운 성품의 계발에 결정적인 요소임을 인식한다는 점에서 더욱 그렇다. 중요한 것은 현대사회의 도덕적 빈곤에 관한 이러한 관심이 덕 윤리와 깊은 연관성을 가질 뿐 아니라 심지어 현대적 덕 윤리의 관심사와 맞아떨어진다는 점이다. 가정문제, 텔레비전 문제, 그리고 교육문제의 쟁점들이 덕 윤리와 긴밀하게 연관되고 있는 셈이다. 따지고 보면, 덕 윤리는 이러한 문제들의 심각성을 인식시켜준다. 우리가 관심을 전환하여 개별 행위들에 대한 관심으로부터 행위자의 맥락에 집중하게 되면, 덕스러운 동료 및 역할모델의 중요성을 새삼 깨닫게 될 것이며, 텔레비전의 폭력성에 영향을 받지 있 깨닫지에 이르게 될 것이다. 현대사회의 도덕적 파산의 위기에 대한 인식으로부터 덕 윤리에 대한 관심을 새롭게 가지게 된 것은 공적담론에 우연히게 출몰된 현상이 아니다. 신학자들과 철학자들이 덕 윤리를 재론하는 데에는 현대사회의 도덕적 위기에 대한 인식이 작용하고 있다. 예를 들어 필립스(Derek Philips)가 말한 것처럼, 현대사회는 과연 무엇이 이상적인 것인가에 대해 '침묵'해왔고 '각자의 느낌에 충실'해졌다. 하지만 이상적인 것에 대한 이러한 관점들을 사회가 용납해주지 않는다. 많은 사람들이 진솔해지는 것을 용납하지 못하거나 지탱해줄 수 없는 탓에, 길들여지지 않은 개인적 주장들과 욕구기 문제라고 생각해 버리고 만다. 쇠락해기는 사회를 구해내고자 한다면, 도덕원칙들을 내면화시키고 다양한 덕목들을 함양해야 할 것이다. 다시 말해, 건전한 사회는 덕스러운 시민성에 달렸다. 이러한 시민성이 없다면, 우리의 '싫은'점점 더 첨요글로 번져갈 것이며 야만의 상태로 치달게 될 것이다. 맥킨타이어(Alasdair MacIntyre)는 현대사회의 도덕적 파산의 위기를 감지하고 자신의 책 『덕의 상실』(After Virtue)에 그 문제의식을 담아냈다. 큰 영향력을 발휘하는 그의 관점들은 우리가 지금 다루는 문제, 즉 현대사회가 위기에 처해 있다는 인식에서 나온 것이었다. 특별히 도덕에 관한 담론이 단순한 언어적 분석에 치우쳐있다는 점, 그리고그 결과로서 인간을 타인에 대한 조직자에 불과한 존재로 간주하는 도덕개념에 고착되어버렸다는 것이 그의 문제의식이었다. 현대사회의 도덕에 대한 맥킨타이어의 이러한 문제제기는 아리스토텔레스적 덕의 전통을 회복해야 한다는 주장으로 이어진다. 맥킨타이어는 덕 윤리가 현대사회의 도덕적 무질서를 극복시켜줄 매력적인 대안이 될 수 있으리라 기대했다. 하지만, 왜 덕의 윤리이어야 하는가? 비록 현대의 도덕적 위기에 대한 맥킨타이어의 관점에 동의한다고 해도, 킨트의 관점이나 공리주의자들의 관점이 아니라 덕의 윤리이어야 하는 이유는 무엇인가? 맥킨타이어는 현대사회의 도덕적 무질서가 현대윤리학의 실패에 대한 강력한 증거가 된다고 보았다. 사실, 맥킨타이어는 현대윤리학이 도덕적 위기에 대한 처방으로는 실패작이라고 보았을 뿐 아니라, 현대윤리학이 추구한 내용들이 사회적이고 지적인 변화들과 뒤엉키어 오늘과 같은 문제를 야기한 것이라고 주장하기도 한다. 다른 말로 하자면, 현대윤리학은 해법이 아니라, 오히려 문제 거리가 되었다고 보는 셈이다. 현대사회가 광범위한 위기에 처해있다는 인식은 덕 윤리에의 복귀를 독려해준다. 필립스의 경우에서처럼, 어떤 이들은 덕에 관한 사유를 통해 현대사회의 위기를 바로잡을 수 있으리라 생각한다. 그런가하면, 맥킨타이어와 같은 사람들은 현대사회의 위기를 현대윤리학의 실패를 입증해주는 증거라고 생각하기도 한다. 두 경우 모두, 아리스토텔레스적 덕 전통을 이러한 예견들로부터 도출된 가장 적절한 해법으로 제시하고 있다. 2. 역사의식의 발흥 덕 윤리에 대한 관심을 새롭게 해준 또 다른 요소로 20세기 후반에 나뒤섰던 누군함 의미에서의 '역사의식'(historical consciousness)의 발흥을 들 수 있겠다. 도덕철학과 기독교윤리에서 인간이 역사적 본성과 연관성을 지닌다는 인식이 증대된 것이다. 인간이란 역사적 존재로서, 특정한 신념, 실천 및 소속과 연관된 특수한 역사적이고 문화적인 맥락 속에서 살아간다. 도덕적 지식까지도 예외 없이, 모든 지식은 역사적으로 근거 지워져 있으며, 어떤 의미에서는 일정한 맥락에 지배를 받는 측면이 있다. 역사적 연관성에 대한 인식이 증대됨에 따라 일반적으로 윤리이론은 적어도 두 가지 변화를 맞이하게 된다. ① 규칙의 역할과 지위를 제한하고, ② 행위자의 맥락에 더 많은 관심을 기울인다. 첫째, 역사적 연관성에 대한 관심

덕 윤리와 기독교의 연관성을 강조해줄만한 근거는 있는가? 혹은 덕 윤리 이외의 윤리들도 기독교의 도덕적 통찰을 제대로 반영할 수 있지 않을까? 덕 윤리는 기독교의 도덕과 완전하게 양립할 수 있을까? 덕 윤리를 지지하는 신학자들은 대체적으로 이 질문에 답을 주지 못하고 있다. 덕 윤리에 해당하는 기독교의 사례를 확연하게 보여주지 못하고 있는 셈이다.

덕 윤리가 기독교적 관심을 표현해줄 최선의 틀이 될 것인지를 두고 의구심을 품는 학자들은 쉽게 찾아볼 수 있다. 예를 들어, 프랑케나는 다음과 같이 말한다.

> 내가 보기에, 종교가 의무론보다 덕 윤리에 관심을 가져야 할 필요는 없다. 내가 받은 인상으로는, 유대-기독교 전통에서는 윤리를 하나님의 율법이라고 생각하는 관점이 덕 윤리에 대한 것보다는 더 널리 퍼져있는 개념일 것 같다.[1]

퀸(Philip Quinn)에 따르면, 기독교전통은 아리스토텔레스의 덕에 대한 관심보다 칸트의 의무론과 더 친숙하다. 그는 덕 윤리가 하나님의 은혜에 대한 기독교적 강조와 완전히 일치할 수 있는 것일지 의심스럽다고 문제를 제기하기도 한다. 퀸의 결론에 따르면, 아리스토텔레스의 덕 윤리를 향하여 관심을 전환시키는 것은 기독교의 핵심주장들을 포기할 우려가 있기 때문에 전환 자체를 시도하지 말아야 한다.[2]

덕 윤리를 지지하는 학자들 중에서도 기독교가 과연 어떤 부분에서 덕 윤리와 양립할 수 있을지에 대해 답하기를 주저하는 경우도 있다. 예를 들어, 메일랜더(Gilbert Meilaender)는 덕 윤리와 기독교적 신념 사이의 양립 가능성에 대한 염려를 반복적으로 표현하기도 한다.

사실, 기독교윤리학자들이 덕 윤리에 대해 일찌감치 빗장을 쳐버리기 전에는 성품에 대한 강조가 기독교적 신념의 기준에 잘 들어맞지 않는 것이었다는 사실을 기억하는 것이 중요하다.… 이러한 접근은 십자가에 못 박히신 하나님, 즉 자기실현이 아닌, 자기희생을 핵심가치로 삼는 기독교의 세계관과 부합하기 쉽지 않다.

이러한 단어들 자체가 기독교적 신념의 틀 안에서 덕에 대해 논의하고자 하는 사람들에게 어려움을 안겨준다.… 덕 윤리는 지나치게 자기중심적인 논의에 치우쳐있고 하나님과 이웃에 대한 관심에는 초점을 맞추지 않는 경향이 있다. 덕목들이란 행위자의 성품 안에 새겨진 행위의 습관들이라는 점에서, 덕목들의 획득 및 도덕적 삶을 위해 지속적인 은혜가 필요하다는 점과 어울리지 않는다.[3]

이처럼 덕 윤리는 자기중심적이고 자아도취적인 것이어서 하나님의 은혜에 대한 기독교적 관점과 양립할 수 없다는 생각은 마일랜더의 책에 자주 등장한다.[4]

테일러(Richard Taylor)는 이 문제를 단정적으로 말한다. 테일러에 따르면, 기독교와 덕 윤리는 안티테제의 관계이다. 테일러는 기독교윤리란 하나님의 요구에 대한 순종이어야 한다는 관점에서, 의무론을 대신하여 덕 윤리를 취하려 하는 것을 옳지 못하다고 비난한다. 나아가, 가난하고 억압받는 자들을 향한 기독교의 관심 및 겸손과 온유함과 같은 특질들을 극찬하는 기독교의 관점은 탁월함의 고양에 관심을 갖는 덕 윤리와는 반대되는 것이라고 주장한다. 테일러에게 있어서, 기독교와 덕 윤리는 화해될 수 없는 요소들이다.[5]

이쯤에서, 이 책의 목적을 말해주어야 할 듯싶다. 직설적으로 말하자면, 기독교적 덕 윤리를 시도하는 것은 덕 윤리가 도덕에 관한 기독교적 확신과 양립가능하며 기독교의 확신을 표현해줄 수 있다는 점을 입증하려는 취지이다. 하지만, 기독교의 도덕적 비전을 다루는 대부분의 학자들은, 덕 윤리가 기독교의 비전을 담아낼 수 없다면 덕 윤리를 수용하지 말아야 한다고 주장하고 있다. 이러한 흐름에 비추어 볼 때, 문제의 관건은 덕 윤리가 기독교적 확신과 양립가능하며 기독교적 확신을 표현해내는 데 도움이 된다는 점을 입증할 수 있는가에 달려있다.

필요성을 인정하지 않는 입장들에 대해

덕 윤리를 선호하는 기독교윤리학자들 사이에 기독교적 관심과 덕 윤리 사이의 양립 가능성과 연속성 문제에 관심을 기울이지 않는 태도가 널리 퍼져있다. 하우어워스의 예는 가히 충격적이다. 그는 덕 윤리를 수용한 학자로 정평이 나 있으며, 그의 책『성품과 그리스도인의 삶』(Character and the Christian Life)은 기독교적 확신과 덕 윤리를 명백하게 연계시키고 있다.6 그는 이 책에서 덕 혹은 성품의 윤리가 '성화의 교리에 연계된 일차적인 통찰들 중 일부를' 설명해주기도 하고 이해가능 하도록 도와준다고 주장한다.7 하우어워스는 이러한 관점을 주로 칼뱅과 웨슬리, 그리고(다소 강도가 떨어지기는 하지만) 조나단 에드워즈의 성화개념을 다룸으로써 입증하고자 했으며 그들의 관점이 덕 혹은 성품의 윤리를 제안할 뿐만 아니라 덕 윤리를 차용하고 있음을 말하고자 했다. 이들 신학자들의 '인격' 및 '도덕적 성장'에 대한 이해가 덕 윤리와 어떻게 연계되고 있는지에 관한 하우어워스의 설명이 그 예가 되겠다.8

덕 윤리와 성화 사이를 연계시킨 하우어워스의 관점은 대단히 유용하다. 문제는 성화에 대한 하우어워스의 관점이 매우 제한적이고 단지 그 둘 사이의 연계에만 초점을 맞추어 전개되었다는 데 있다. 존스(L. Gregory Jones)의 견해에 따르면, '하우어워스의 논의는 여전히 지나치게 이중언어적인 경향이 있다. 어느 곳에서는 성품과 덕에 관해 언급하고 다른 곳에서는 죄와 은혜와 제자도와 예수에 대해 언급하기도 한다. 이들 개념들이 과연 서로 연관이 있는 것인지, 있다면 어떤 방식으로 연관되는지에 대해 주의 깊게 살펴보는 과정은 생략되어 버리고 말았다.'[9]

하우어워스는 도덕적 삶에 관한 신학적 논의가 덕과 성품에 대한 관심과 아무 어려움 없이 자명하게 연계된다고 생각한 듯싶다. 하지만 이러한 연계가 그의 책들에서 분명하게 드러나는 것은 아니다. 제자도, 예수 중심성, 교회의 역할 등에 관한 신학적 관심에서 특정한 덕목들이 언급되기도 하지만 덕 윤리가 현저하게 드러나는 것은 아니다.[10] 더욱 놀라운 것은, 하우어워스가 성품과 덕에 관한 논의를 전개하면서 신학적 관점을 상실해버린 경우도 있다는 점이다.[11] 하우어워스는 덕 윤리가 기독교적 확신과 연계되는 방식 및 기독교적 확신을 표현해주는 방식에 대해 제대로 입증해주지 못한 셈이다.[12]

하우어워스가 성화와 덕 윤리를 연계시키기 시작했다는 것은 방향을 제대로 잡은 것이라고 할 수 있다. 하지만 성화란 그리스도인들이 신앙을 이해하거나 도덕적으로 살아가는 방식에 대해 말할 때에만 사용하는 범주가 아니다. 하우어워스의 경우, 성화에 대한 좀 더 깊이있는 설명과 함께 기독교적 확신이 덕 윤리와 어떻게 연관되는지에 관해 더 많은 설명을 제시해주었더라면 그 설득력이 더 커졌을 듯싶다. 하우어워스의『성품과 그리스도인의 삶』은 중요한 책이기는 해도, 보완되어야 할 부분이 많은 책이라 하겠다.

이러한 예는 하우어워스에게만 해당하는 것이 아니다. 덕 윤리에 대한 대부분의 논의에서 덕 윤리가 기독교의 신학적이고 성경적인 위탁에 적합한 것인지 여부에 대한 성찰이 간과되고 있다. 대표적으로 『종교윤리 저널』(Journal of Religious Ethics) 1973년부터 1976년 판에 나타난 덕 윤리와 의무론 사이의 토론을 예로 들 수 있겠다. '종교윤리'를 집중적으로 다룬 부분에서, 덕 윤리에 대한 신학적이고 성경적인 설명은 거의 찾아볼 수 없다. 덕과 의무에 관한 많은 논문들에서, 기독교적 확신과의 연관성에 대한 언급은 거의 등장하지 않는다.[13] 신학적이고 성경적인 논의들 대부분은 의무론의 중요성을 강조했던 대목에 적용되었고 덕에 대해서는 거의 적용되지 않았다.[14] 예외가 있다면,

카니(Frederick Carney)가 프랑케나를 논박한 것 정도이다. 비록 카니가 덕 윤리를 다룬 것은 아니었지만, 그는 도덕과 의무에 대한 프랑케나의 관점이 기독교적 도덕개념과 양립할 수 없는 것이라고 주장했다. 또한 일반적인 도덕이론들을 기독교의 배경이 되는 신념, 위탁, 그리고 판단에 비추어 검증되어야 한다고 보았다.[15]

기독교적 확신이라는 광범위한 배경에 대한 검증이야말로 덕 윤리 옹호론자들이 놓치고 있는 요소이다. 우리는 덕에 관한 새로운 관심에서 신학적이고 성경적인 논의들을 거의 가지고 있지 못하다. 덕 윤리에로의 복귀가 적절한 것이라는 생각을 갖게 된 분명한 기독교적 이유들을 거의 제시해주지 못하고 있는 셈이다.[16]

소홀히 했던 이유들에 대한 변명

덕 윤리에 관심을 가진 학자들이 기독교적 확신과의 양립 가능성 및 연계성에 대하여 소홀히 했던 이유는 무엇인가?[17] 덕 윤리에 대한 글을 쓰는 사람들의 개인적인 이해관계 혹은 기질의 문제를 포함하여, 대략 두 가

지 정도의 답을 줄 수 있을 듯하다. ① 덕 윤리와 기독교적 확신 사이의 연계성이 자명하다고 가정했거나, ② 기독교인 및 비기독교인 모두에게 덕 윤리를 수용하는 것이 당연하다고 생각했던 탓일 수 있다. 어떤 경우이든 간에, 연계성과 양립 가능성을 거의 언급하지 않은 이유들에 대한 답이 될 수 있을 것 같다. 연계성이 자명하다고 생각하는 경우, 양립 가능성 문제 자체를 인지하지 못했을 가능성이 있으며 이 문제를 심각하게 생각하지 않았을 것이다. 모두가 덕 윤리를 따라야 한다고 생각한 경우, 덕 윤리에 대한 기독교적 관심이 특별한 것은 아니라고 생각했을 것 같다. 그 대신, 보다 일반적 혹은 중립적 관점에서 덕 윤리를 다루고자 했을 듯싶다.

연계성이 분명하다는 입장에 대해　이러한 첫 번째 관점의 대표적인 예가 하우어워스이다. 하우어워스가 신학적 용어와 덕 윤리의 용어를 분리시킨 것은, 그가 덕 윤리와 기독교 사이의 자명한 연계성을 가정했거나 양자의 정확한 관계를 잘 몰랐던 것 둘 중 하나였을 것이다. 어느 경우가 됐든 간에, 그의 저술에서는 일종의 분리적 특성이 나타나기 때문에 과연 덕 윤리와 기독교적 확신 사이의 연계성이 실제로 자명한 것인지 아닌지에 대해 의구심이 들 수 있다.

양자의 연계성이 자명하다고 가정했던 또 다른 예는 맥클랜돈의 『신학으로서의 자서전』(Biography as Theology)에서 볼 수 있다.[18] '공동체 안에서의 성품'의 윤리라고 부르기를 선호했던 덕 윤리의 특성을 개괄하면서, 맥클랜돈은 기독교윤리의 초점을 결단의 문제에서 성품과 덕의 문제로 옮겨야 한다고 말한다.[19] 하지만 그가 이러한 전환의 신학적 혹은 성경적 정당화를 다룬 흔적은 거의 찾아 볼 수 없다. 그의 언급 중에 이러한 기독교적 정당화에 크게 신경 쓰지 않았음을 보여주는 대목이 있다.

'성품의 윤리'란 무엇인가에 대해서는 아무런 의구심도 들지 않는다. 성품의 윤리는 기독교라는 표현으로 어느 시대나 광범위하게 이해되어온 기독교의 도덕과 양립가능한 특징들을 많이 가지고 있다. 신약시대로부터 기독교는 성품에 대해 깊은 관심을 가져왔다. 다만, 자연적 혹은 인격적 성취로서의 성품보다 그리스도에 의해 구원받은 것으로서의 성품이라는 말이 더 정확할 것이다.…. (예수의) 성품은 그리스도인의 삶에 있어서 모퉁이돌이다. (빌2:5)[20]

맥클랜돈은 덕 윤리와 기독교적 확신 사이의 양립 가능성 혹은 표현 가능성에 대해 논의할 필요를 느끼지 않았다. 그가 보기에 자명했기 때문이다. 맥클랜돈에게 있어서, 덕 윤리는 기독교를 성경적인 것으로 말하든지 혹은 교리적인 것으로 말하든지 간에 기독교의 관심에 대한 자연스러운 표현방식이다. 그러나 덕 윤리와 기독교적 확신 사이의 연계성이 모두에게 자명한 것은 아니다. 사실, 많은 사람들은 양립 가능성에 '거의 의심할 것이 없다'는 제안에 놀라움을 가지기도 한다.[21]

양립 가능성에 대한 더 심층적인 예는 케사리오(Romanus Cessario)의 『도덕적 덕과 신학적 윤리』(The Moral Virtues and Theological Ethics)에서 볼 수 있다.[22] 케사리오의 책은 대부분의 현대 덕 윤리학자들보다 성경에 더 많은 주의를 기울인다.[23] 그럼에도 불구하고, 케사리오 자신이 입증한 것보다 더 많이 덕 윤리와 성경 사이의 연계성을 확신하고 있다는 인상을 준다. 첫 머리에서, 그는 '복음서와 사도들의 서신을 읽기만 해도 기독교가 덕을 무척이나 강조하고 있음을 알 수 있다'고 말한다.[24] 이러한 기조가 책 전체에 흐르고 있으며, 책의 대부분은 이 사실을 입증하는 내용들로 가득하다. 그는 성경 본문에 대한 설득력 있는 주해와 덕 윤리 사이의 양립 가능성을 보여주기보다는 주기적으로 덕에 대한 토론에 성경 구절을 인용하여 덧붙인다. 성경구절이 그의 관점과 잘 맞아떨어지는 경우가 없지는 않지만, 그가 언급한 대부분의 경우는 억지스러움이 묻어난다.

예를 들어, 케사리오는 갈4:19를 회심 이후의 지속적인 도덕적 성장의 필요성을 보여주는 구절로 간주했고, 롬8:22-23이 그리스도 안에 있는 우리의 새로운 자아가 지속적으로 도덕적 성장을 이루어야 한다는 긴장 관계를 보여준다고 생각했다.[25] 하지만 이 본문들은 전형적인 바울의 관심을 보여주는 것들로서, 케사리오가 인용한 갈4:19은 일차적으로 갈라디아인들이 그리스도 안에 있는 진리에서 벗어나고 있거나 이미 어긋나 있음을 보여주는 구절이다. 회심 이후의 도덕적 성장의 과정에 대한 설명이 그 본문의 일차적인 목적은 아니라는 뜻이다. 마찬가지로, 롬8:22-23은 성령의 약속에 기초하여 모든 피조물의 구원에 대한 기다림을 다루고 있다. 이 본문의 핵심은 도덕적 성장이 아니라, 그리스도와 성령 안에서 주어진 하나님의 약속에 대한 소망이다.

케사리오가 성경구절을 인용한 것은 덕 윤리와 기독교적 확신 사이의 연계성을 철저하게 입증하려는 목적에서였다. 문제는, 그가 선택한 본문들이 그가 말하고자 하는 요점에 적절하지 못한 것들이라는 데 있다. 책머리에서 성경과 덕 윤리 사이의 자명한 연관성을 가정한 것은 이러한 성경본문 선택의 기사도적 영웅심과 무계획성으로 이어지고 말았다. 어쨌든, 덕 윤리와 성경 사이의 연계성 문제는 미제로 남아있다. 맥클랜돈의 '의심의 여지가 거의 없다'는 생각이나 케사리오의 지나친 관점들이 수정 보완 되어야 하는 것 또한 분명하다.[26]

기독교적 확신과 덕 윤리 사이의 양립 가능성과 연계성을 입증하지 않고 당연한 것으로 생각하는 관점이 지닌 한계는, 다른 사람들이 동의해 주지 않는 관점이라는데 있다. 덕 윤리와 신학 및 성경이 얼마나 조화가 될 수 있을지에 대해서는 질문의 여지가 많다. 어쨌든, 모두에게 자명한 정도는 아니어도 덕 윤리와 기독교적 확신 사이에는 일정한 유사성과 접점이 있다는 정도로 말하는 것이 나을 듯싶다.[27]

그 외에, 대부분의 기독교윤리학자들은 자신들이 채택한 윤리이론에 대해 이와 유사한 가정을 가지고 있을 듯싶다. 비례주의(proportionalism), 의무론, 신명령론, 혹은 상황윤리 등 각각의 윤리를 지지하는 윤리학자들 대부분은 기독교적 확신이 자신들의 선택지에 적합하다고 믿고 있다. 자신들의 관점을 입증하려는 경우도 있기는 하지만, 대부분은 단지 그럴 것이라고 가정해버리고 만다. 자신들의 관점이 주목할 만큼 명확한 것이라 믿고 있지만, 각각의 이론들이 기독교의 도덕적 확신을 표현하기에 충분한 것인지에 대해서는 모두가 그렇게 생각하지 않는다는 데 문제가 있다.[28] 그렇다면, 왜 덕 윤리의 충분성이 자명하다고 하는 것일까? 양립 가능성과 연계성에 대한 주장들을 입증하고 강화시키고자 한다면, 덕 윤리의 기독교적 수용의 사례들을 살펴보아야 할 것이다.

모두가 덕 윤리를 수용해야 한다는 입장에 대해 덕 윤리와 기독교적 확신 사이의 양립 가능성에 대한 탐구를 소홀히 하게 하는 또 다른 원인으로, 모두가 덕 윤리를 수용해야 한다는 관점을 들 수 있겠다. 만일 모든 사람이(자신의 종교적, 문화적, 혹은 철학적 전통과는 무관하게) 덕 윤리를 수용해야 한다면, 특별히 기독교의 관점에 호소해야 할 필요는 전혀 없을 것이다.

이 대목에서도 맥클랜돈의 예를 들 수 있겠다. 그는 성품의 윤리에 관한 논의의 초반부에서 하나의 아젠더를 설정한다. '나는 윤리의 희망을 말하고자 한다. 세속윤리와 기독교윤리 모두에 해당하는 것으로서, 그 희망은 성품의 윤리를 회복하는 데 있다.'[29] 이 주장은 그리스도인에게만 해당하는 것, 혹은 그 어떤 것이든 간에 종교인에게만 해당하는 것이 아니라 윤리에 관심을 가진 모두에게 적용된다. 이러한 아젠더를 정한 이후부터, 맥클랜돈의 기독교적 확신에 대한 주의집중이 느슨하게 풀어졌다는 점은 거의 의심의 여지가 없다. 왜 그랬을까? 만일 '윤리의 희망'이 덕 윤리에 있다면, 그리스도인들은 다른 사람들처럼 덕 윤리를 어떻게든 수용해야만 할 것이다.[30]

왜, 덕의 윤리를 수용해야 한다고 가정하는 것일까? 이에 대해서는 다양한 이유와 가정들이 가능하지만, 그 모든 것은 문제투성이다. 예를 들어, 우리는 덕 윤리가 비판해 마지않는 다른 윤리들의 유일한 대안이라고 생각하기 쉽다. 맥킨타이어의 『덕의 상실』(After Virtue)에도 이와 유사한 흔적을 볼 수 있다. 맥킨타이어는 현대사회를 '니체 혹은 아리스토텔레스' 둘 중 하나에 해당하는 삶의 선택만 있는 것으로 묘사한다.[31] 대부분의 독자들은 아마도 니체적 관점이 주는 결과들을 수용하지 않고 네오-아리스토텔레스주의에 대한 갈망을 가지게 될 것으로 예상하고 있는 셈이다.

맥킨타이어는 덕 윤리만이 유일한 선택지라고 믿는 것 같다. 혹은 우리로 하여금 그렇게 믿게 하려던 것인 듯싶다. 이렇게 되면, 덕 윤리가 기독교의 도덕적 확신(혹은 불교, 힌두교, 이슬람교, 혹은 마르크스주의)과 양립할 수 있는지 여부는 물을 필요조차 없게 된다. 문제는 맥킨타이어를 포함하여 그 누구도 덕 윤리가 유일한 대안이 된다는 점을 입증해주지 않았다는 점이다.[32] 이를 입증하기 위해서는 다양한 공동체와 전통들에 대한 지지자들과의 광범위한 대화가 필요하다. 이러한 대화는 아직 시작조차 되지 않았다.

서양문화 안에서 윤리적 사유의 다양성이 다 소진해버리지는 않은 것 같다. 서양문화에 익숙한 사람들로서는 서양적 사유 이외의 것에서 가능성을 찾아내려 하기가 쉽지는 않다. 싱기(Nripinder Singh)가 말한 것처럼,

서양윤리학자들은 서양 이외의 윤리를 상대적으로 소홀히 해왔던 것 같

다. 다수의 사회 인류학자들의 관점과는 달리, 인류문명의 종교전통들 안에서 전개되어온 도덕적 주장들은 관심사가 되지 못한다. 그 전통의 외부인의 경우에는 더욱 그렇다.[33]

서구 사회가 근대서양철학의 윤리적 자원들을 탕진했다는 것에 대해서는 의심의 여지가 없다. 비록 우리의 처지가 그렇다 해도, 다른 전통들에서는 우리가 이제껏 탐구하지 않았던 도덕적 삶을 보여줄 방법들이 있을 것이다. 따라서 덕 윤리만 수용해야 하는 것은 아니다. 덕 윤리가 다른 이론들을 거부하면서까지 수용할 유일한 대안은 아니기 때문이다.

모두가 덕 윤리를 수용해야 한다는 관점을 지지해주는 또 다른 요인은 덕 윤리가 전통에 대해 중립적인 것이라고 생각하는 데 있다. 말하자면, 덕 윤리가 인간의 도덕에 대해 공정한 설명을 제공해줄 것이기 때문에 각각의 차이에도 불구하고 모든 전통들에 적용할 수 있다는 관점이다.[34] 결국, 덕 윤리가 참된 것이라면 모두를 위해 참된 것이라는 생각이다.

여기에서의 난점은 전통에 대한 중립적 윤리이론이라는 생각 그 자체에 있다. 과연 특정집단의 역사와 언어, 관행을 반영하지 않는 윤리이론을 전개할 수 있을까? 더구나, 진정으로 중립적인 이론이라는 것을 과연 어떻게 판단할 것인가? 비트겐슈타인, 셀라스, 퀸, 쿤, 그리고 베르거와 같은 학자들에 따르면, 경쟁적 관행 및 도덕이론들 사이에서 판단의 기준이 되는 아르키메데스적 점이란 있을 수 없다.[35] 따라서 모든 인간 공동체와 그들의 위탁에 선험적으로 적용될 수 있다고 판단할 수 있는 윤리이론이 전개될 수 있을 것인가 하는 점은 불분명하다. 이러한 한계는 다른 윤리에서와 마찬가지로, 덕 윤리에도 해당된다.

모든 편견으로부터 자유롭고 모든 의미 있는 인류공동체에 적용가능하다고 안심하고 추정할 수 있는 실체적 윤리이론을 전개할 수 있는 명확한 방법이란 없다. 사실, 중립성을 주장하는 이론들은 실제로 도덕에 관한 특정한 역사적 이해에서 출발한다. 중립적이라고 주장하는 윤리이론들조차도 본질적으로는 이런 특징을 지니고 있는 셈이다. 덕 윤리라고 해서 다를 것은 없다. 덕 윤리의 도덕관 역시 불편부당한 것이 아니며, 그럴 수도 없다.

만일 윤리이론이 중립적이지 않다면, 즉 아르키메데스적 점이 없다면, 그 이론들은 인간의 다양한 전통과 현실적인 확신들에 비추어 검증되어야 할 것이다. 이론들은 공동체들마다, 전통들마다 비추어 검증되어야 한다. 이론들은 그것들이 적용될 특정한 전통 혹은 전통들이 지닌 확신과 관행에 연관될 수 있는 것인지 검증받아야 한다. 우리는 이 책에서 덕 윤리가 기독교의 도덕적 전통과 양립가능하며 도움을 줄 수 있다는 점을 논하고 있다. 어떤 이론이 다른 전통들에 대해 유익을 줄 수 있는 것인지 여부는 이러한 전통들의 구성원들 사이에서 진행되는 대화를 들어보면 확인할 수 있을 것이다.[36]

덕 윤리가 모두에게 적용가능한 것이라고 생각하는 이유 중 세 번째 것은 각각의 상이한 전통들이 윤리에 대한 기초적 지평에서 공통점을 지닌다고 생각하기 때문이다. 이러한 생각은 전통에 대해 중립적인 사고방식의 한 요소로서, 이론의 중립성을 말하는 것이라기보다는 전통들을 동등하게 대우한다는 점을 강조하는 것이라 하겠다. 예를 들어, 그리스도인, 무슬림, 시크교도, 불교인들 각각이 기본적으로 동일한 것을 말하고 있는 것이라고 가정하는 경우가 그렇다(최소한, 어떻게 살아야 하는가의 문제에 관해서 그렇다는 말이다). 이 경우에는 동일한 윤리이론이 모두에게 적용될 수 있을 것이다. 모두가 동일한 과제에 관여하고 있기 때문이다.[37]

힉(John Hick)은 종종 다양한 종교전통을 동일한 경험과 목적에 대해 서로 다른 표현법과 관행을 통해 말해주는 것으로 간주하는 듯 보인다.[38]

유사하게, 앨더만(Harold Alderman)의 덕 윤리 또는 성품의 윤리에 대한 논의는 좋은 성품이란 문화를 초월하여 인정되는 것이라는 주장을 기초로 삼는다. 앨더만에 따르면, 그리스도, 공자, 그리고 소크라테스와 같은 모범적인 개인들 사이에 '해소할 수 없는 갈등'이란 없으며, 그들 모두는 특질과 행위의 '공통된 핵심'을 제시해준 인물들이라는 것이다.[39]

이러한 생각의 문제점은 그것을 압도할만한 반대증거들이 있다는 점이다. 플래쳐(William Placher)에 따르면, '위대한 세계종교들은 인격신의 존재(유일신이든 다신론이든 간에)에 대해, 신의 계시방식과 장소에 대해, 사후세계에 관해, 삶을 살아가는 방식 등등에 대해 전혀 다른 관점을 가지고 있다.'[40] 예를 들어, 소승불교의 목표와 실천의 전통은 그리스도인들의 그것과 같을 수 없다. 불교인들은 그리스도 안에서의 구원을 추구하지 않으며 열반에 이르고자 한다. 반면, 그리스도인들은 열반을 추구하지 않고 구원을 위해 그리스도를 바라본다.[41]

기독교와 불교의 경우처럼, 상이한 종교적 전통들은 실재에 대한 인식에서뿐만 아니라 삶의 방식에 대한 인식에서도 다른 설명법을 지니고 있다. 이러한 뜻에서, 서로 다른 각각의 종교적 전통들에서 승인되는 각각의 윤리체계나 윤리이론은 서로 같은 것일 수 없으며, 심지어 양립불가능한 것이기도 하다. 다양한 전통들의 목표와 관행과 확신들 역시 서로 상이하다. 전통들은 도덕에 관해 각각 상이한 설명을 제시한다. 그렇지 않다면, 세상에 대한 기본적인 확신들이 무시되어 버리고 말 것이다.[42]

예를 들어, 대부분의 무슬림들이 과연 덕 윤리를 자신들의 도덕적 비전을 표현하는 데 유용하다고 생각할지 확신할 수 없다. 이슬람의 윤리적 자기이해는 굴복, 순종, 권리, 의무, 그리고 율법이라는 개념들에 광범위하게 연관되어 있다. 이러한 개념들은 덕 윤리에서 두드러진 것들이라 할 수 없다. 따라서 덕 윤리와 그 관심들이 이슬람 및 그 도덕적 관심들과 화해될 수 있는 것인가의 문제는 여전히 미결의 상태로 남아있는 셈이다. 이슬람에서는 덕 윤리와는 다르면서도, 어떤 점에서는 양립불가능하기도 한 윤리이론을 전개할 가능성이 있다.[43] 이슬람의 윤리적 자기이해는 코란에 나타난 알라의 계시에 기초해있으며, 이와는 달리 인격적이고 계시적인 신 관념을 결여한 전통들에서는 이슬람과는 다른 윤리이론을 수용하게 될 것이다.

기본적인 종교적 신념들이 상대적으로 더 매력적이거나 덜 매력적인 윤리이론을 만들어낸다면, 특히 덕 윤리가 다른 전통들(예를 들어, 이슬람)과 양립가능한 것인지에 대해 의구심이 제기되어 왔다면, 덕 윤리를 기독교와 연관시키려는 이유는 도대체 무엇인가? 이와 관련하여, 우리는 덕 윤리가 기독교적 확신과 잘 들어맞는 것인지 여부를 검증해야 할 것이다. 앞서 살펴보았듯이, 덕 윤리와 이슬람과의 조화를 무리하게 가정하는 방식대로 덕 윤리와 기독교 사이의 조화를 가정해야 할 필요는 없다.[44] 덕 윤리와 기독교적 확신이라는 양자 사이의 직접적인 적합성을 가정하기보다는, 오히려 덕 윤리에 기독교적 확신과 잘 들어맞는 요소들이 있다는 점을 살펴볼 필요가 있다.

인식론적 이슈들과 진리의 문제

우리가 기독교적 확신에 초점을 맞추려는 시도에 대해 일부에서는 근본적인 인식론적 상대주의 또는 일종의 소종파적 퇴거를 말하는 것처럼 시비를 걸어올 가능성이 있다. 특히 종교적 전통들은 서로 서로 다를 뿐 아니라, 실체적으로 상이한 윤리이론을 제시할 것이라는 주장은 인식론적 문제를 안고 있는 것처럼 보일 수 있다. 마치 덕 윤리가 도덕의 바벨

탑 사건을 재현하는 것인 양 색안경을 끼고 볼 여지가 있다는 뜻이다.

하지만 이 책에서 말하고자 하는 것은, 근본적 상대주의도 아니고 그리스도인들을 다른 사람들로부터 고립시키려는 것도 아니다. 오히려, '진리'의 주장과 '정당화'에 관한 주장 사이의 차이가 있다는 점을 인정해야 한다는 취지로 보아야 할 것이다.[45]

간략하게 말하자면, 필자로서는 역사적으로 특정한 환경 및 전통을 배제한 신념, 관행 혹은 이론을 말하는 것 자체가 불가능함을 강조하고 싶은 셈이다. 일반적으로, 어떤 주장의 정당화는 항상 맥락에 의존한다. 하지만, 진리의 주장은 다르다. 필자가 보기에, 진리란 특정한 시간과 공간의 사람들을 위한 것이 아니라 언제 어디서나 모두를 위한 것이다. 노예제를 잘못이라고 하는 것은 20세기 서양사회에서만 적용되는 것이 아니라, 언제 어디에서라도 잘못된 제도이기 때문이다. 우주가 사랑의 하나님의 피조물이라는 사실은 모든 피조물에게도 적용된다. 이것이 진리인 것은 유일신종교를 따르는 자들에게만 진리인 것이 아니다. 유일신 종교를 아는 사람이건 모르는 사람이건 간에 모두에게 진리이다. 이처럼, 노예제 및 하나님께 대한 주장들을 정당화함에 있어서 각자의 전통을 떠나서 설득력 있는 주장을 펼칠 길은 없다. 오히려, 이러한 주장들은 각각 상이한 공동체와 전통들 사이의 대화 안에서 정당화되고 논증되어야 할 것이다.

이처럼 '대화'에 호소하는 것은 가다머(Hans-Georg Gadamer)와 맥킨타이어의 저술에서 제안된 개념들을 반영한 것이라 할 수 있다.[46] 그 기초는 진리의 추구(이 경우, 행위의 옳고 그름과 윤리이론과 같은 것들에 대한 진리)란 우리의 기존의 신념 및 위탁들을 중단시킨 상태에서 시작하는 것도 아니며 모든 입장들을 객관적으로 판단할 아르키메데스의 점에서 시작하는 것이 아니라는데 있다. 오히려, 진리의 추구에는 대화의 파트너들 사이의 대화, 토론, 혹은 논쟁이 포함된다. 이러한 대화는 이들 특정한 파트너들 사이의 공동의 근거로부터 시작된다. 그것이 어떤 것이든 간에 대화의 시점은 공동의 근거에 있는 셈이다. 공동의 근거를 찾아내고 나면, 이 근거는 서로 다른 입장을 가진 아젠더들을 위한 토론과 논증의 기초가 될 수 있다. 참여자들 사이의 공동의 근거는 그것이 특정한 인식론적 지위가 있는 것인가를 두고 논쟁하는 추가적인 판단의 과정 없이도 충분히 수용될 수 있다. 하나의 토론에서 공동의 근거가 되는 것이 있다면 그것은 또 다른 토론에서도 공동의 근거가 될 수 있다. 대화를 시작하기 위해서는 공동의 근거가 있어야 하는 셈이다.

그렇다고 해서, 가다머와 맥킨타이어가 다룬 인식론적이고 해석학적인 복합적 이슈들을 정당화해줄 만한 정도가 되는 것은 아니다. 하지만 '정당화' 및 '대화' 등의 개념은 우리의 논의에 유용한 통찰을 준다. 우리가 지금 다루고 있는 것은, 기독교전통을 공유하는 사람들 중에 덕 윤리가 기독교의 도덕적 확신을 표현하기에 유용한 틀이 된다는 사실을 받아들이는 사람들이 있을 것이라는 점이다. 말하자면, 이 책은 기독교 전통 내부의 대화 가운데 하나라 할 수 있겠다. 기독교전통에 대한 대화의 일부라고 말하는 것은 진리에 대한 기독교적 이해의 분석이 더 광범위한 토론에 필수적인 구성요소가 된다는 뜻이다.

여기에는 그리스도인들 사이의 공동의 근거란 다름 아닌 기독교에 대한 보편적인 신념 및 성경에 대한 광범위한 호소라는 뜻이 담겨 있다. 이러한 신념들을 굳이 여기에서 변증하고 싶지는 않다. 그 대신, 기독교적 전통에서 신학의 기본범주와 성경적 확신들을 가리켜 진리라고 부른다는 점을 확인하는 것으로 만족하고자 한다. 이것이 바로 기독교적 덕 윤리의 전개에 필수적인 공동의 근거라 할 수 있겠다. 신학적 기본주제와 성경적 확신들은 특정한 주제에 관한 기독교적 토론에서 공동의 근거가 되는 것으로서, 이러한 공동의 근거는 또 다른 주제를 두고 벌이는 대화에도 적용될 수 있을 것이다.

유사한 종류의 가정들이 덕 윤리에 대해서도 적용될 수 있다. 덕 윤리의 어느 측면은 어떤 특정한 맥락에서 누군가에 의해 도전받을 수 있다. 2장에서 본 것처럼, 덕 윤리 중 어떤 종류의 것은 인간의 텔로스 개념에 기초하고 있다. 즉 인간에게 본질적인 본성, 목적, 그리고 기능이 있다는 것이다. 그러나 인간의 텔로스라는 개념 자체가 논쟁거리이다. 인간에게 텔로스가 있다는 점에 동의하지 않는 철학적, 종교적 전통이 있을 수 있다. 반면, 인간의 목적 혹은 선이라는 기본개념을 수용하는 자들 사이에서는 그 본성 및 그것을 구성하는 요소들에 대한 논의가 어렵지 않게 진행될 수 있을 것이다. 이 문제를 이 책에서 샅샅이 다룰 수는 없다. 그 대신, 인간의 텔로스 개념을 포함하여, 덕 윤리가 기독교적 조망에 유익을 준다는 사실을 집중적으로 살펴보고자 한다.

기독교적 덕 윤리를 향하어

이 책에서, 우리는 기독교 전통에도 여러 관점들이 있다는 점에 대해 아무 언급도 하지 않은 채, '기독교적 확신'이라는 말을 사용해 왔다. 우리가 간과하지 말아야 할 것은 기독교 전통들에도 다양성이 존재한다는 점이다. 사실, 단일한 기독교신앙이란 없으며 다만 몇 가지의 중요한 차이가 드러나는 기독교신앙이 있을 뿐이라고 생각하는 사람들도 있을 듯싶다. 이러한 맥락으로 보자면, 필자의 주장은 실패한 것처럼 보일 수 있다. 덕 윤리가 상대주의적 특성을 지녔다는 점에서가 아니라, 기독교의 여러 교단들 사이의 차이점들을 심각하게 고려하지 않았다는 점에서 말이다.[47]

기독교 전통들 사이에 중요한 차이들이 있기는 하지만, 그럼에도 불구하고, 필자는 교단들 사이의 구분 혹은 소종파적 구분들에 초점을 맞추지는 않을 것이다. 오히려, 덕 윤리가 성경과 고전적 교리들에서 발견되는 기본적인 기독교적 여정을 표현하는 데 도움이 된다는 점에 집중하고자 한다.

기독교 안에 많은 차이들이 있는 것은 분명한 사실이다. 루터교와 메노나이트 사이에는 분명한 차이가 있고, 개신교의 그 어떤 교단도 가톨릭과 동일한 것일 수 없다. 물론, 정교회와 가톨릭, 그리고 기독교(종교개혁의 '근본적' 목적을 따르는 부류를 포함하여)가 공유하고 있는 부분이 없지는 않다. 하지만 이는 기독교 전통이라는 것이 그 한계를 정하기 어려운 것임을 인식시켜줄 따름이다. '로마 가톨릭' 혹은 '루터교'라는 부가적인 수식어를 사용하지 않으면 기독교 전통을 말하는 것 자체가 어려울 정도이다. '교회사사전' 혹은 '기독교신학사전'이 필요한 이유가 바로 여기에 있다. 사전의 내용 중 동의할 수 없는 부분도 있기는 하지만, 대부분의 내용들은 동의할 수 있는 것들로 구성되어 있다.

필자는 교단적 구분에 주목하기보다 기독교 전통들 사이에 광범위하게 공유되어 있는 확신들에 초점을 맞추고자 한다. 신학의 범주들을 다룰 때, 유사한 입장을 가진 기독교 전통들의 관점들을 간추려 그중 대표적인 것들을 다루어 볼 생각이다. 이렇게 함으로써, 신학의 범주에 관심을 갖는 것이 특정한 교단을 배경으로 하는 특정한 기독교 전통에 초점을 맞추는 것보다 훨씬 더 많은 것을 읽어낼 수 있을 것이다. 또한 신약성경에 대한 주해에 큰 관심을 가지고 살펴볼 생각이다. 교회 전체가 신약성경을 정경으로 받아들이고 있기 때문에, 신약성경의 본문들에 대한 읽기는 교단이라는 구획을 넘어설만한 중요한 내용들을 제공해줄 것으로 기대된다.

물론, 모든 해석에는 반론이 따르게 마련이다. 가장 원초적인 기독론 혹은 성화의 개념에 집중하려는 시도 역시 신학적 논쟁을 야기할 수 있다.

성경본문에 대해서도 마찬가지이다. 각각의 문제에 대한 각각의 기독교 전통의 다양성까지 고려하려면, 답을 찾을 수 없을 것 같다. 필자는 주요 기독교 전통들에서 수용할 수 있을만한 성경읽기와 신학의 범주에 관심을 집중하고자 한다. 사실, 기독교적 덕 윤리를 제안하려는 필자의 관점은 신학의 범주 중 어느 특정한 영역들이나 또는 성경에 대한 특정한 이해에만 의존하는 것이 아니다. 오히려 조직신학 및 신약학과 관련된 몇 가지 상이한 관점들을 살펴보고자 한다. 독자들이 기독론이나 인간론 등의 어느 한 분야에서 다루는 주제들에 대해 납득이 되지 않는 경우에, 구원론이나 성화의 개념과 같은 다른 분야의 관점들을 통해서 우리의 주제를 좀 더 쉽게 이해할 수 있도록 돕기 위한 장치라 하겠다.

유의할 것이 있다. 이 책을 통해 단일하고도 종합적이며 세부사항들을 완벽하게 섭렵한 기독교 덕 윤리를 추구하려는 것이 아니다. 이론상의 세부사항과 특수사항은 기독교 공동체마다 달라질 수 있다. 루터교의 특징을 반영하는 덕 윤리는 정교회의 그것과 같지 않으며, 이 둘은 또한 메노나이트의 덕 윤리와 같은 것일 수 없다. 우리가 논하려는 것은 모든 기독교 공동체가 완전하게 수긍하는 덕 윤리의 완결종합편에 대한 것이 아니다. 기독교 안에 중요한 차이들이 상존하는 것처럼, 덕 윤리에 대한 이해 역시 기독교의 모든 전통들에 정확하게 들어맞을 수는 없다. 또한, 신학적 관점의 차이들을 접어둔다손 치더라도, 기독교가 구현되는 맥락과 문화는 실로 다양하다는 점을 간과해서는 안 된다. 이러한 다양성에 조금도 좌우되지 않는 윤리가 가능하리라는 생각은 적절치 못하다.

덕 윤리는 성경 및 고전적 기독교의 교리에서 발견되는 그리스도인들의 기본 여정을 설명하는 데 유용하다. 이 점에서는 각각의 상이한 기독교 공동체들이 덕 윤리 일반에 대한 인식에 이를 수 있을 듯싶다. 각각의 공동체가 지닌 도덕적 확신들을 표현하기에 유익한 기본적인 틀을 제공해준다는 뜻에서 말이다. 하나의 윤리가 각각 다른 전통들의 세부적인 주장들까지 빠짐없이 들어맞을 수 있으리라고는 생각하지 않는 것이 좋겠다. 각각의 공동체들은 여러 특수사항들에 따라 차이를 보이게 마련이다.[48]

우리가 다루고자 하는 것은 덕 윤리가 기독교에 대해 적합성을 지닌다는 것이지, 모든 기독교 공동체가 정확하게 동일한 덕 윤리를 가져야 한다는 뜻이 아니다. 혹은 그리스도인들이(2장에서 말한) 덕 윤리를 아무 변경도 없이 수용해야 한다는 것이 아니다. 덕 윤리의 여러 관점들은 기독교적으로 적절하게 변경될 필요가 있다.

이 책을 통해(특히 4장과 5장에서), 덕 윤리에서 변경되어야 할 부분은 어떤 것들인지에 대해서도 살펴보고자 한다. 예를 들어, 용서와 화해라는 주제는 성경에서 중요한 것이지만, 대부분의 덕 윤리에서는 그 설명을 찾아 볼 수 없다. 덕 윤리가 진정으로 기독교적인 것이 되려면, 용서와 화해라는 요소를 다룰 수 있어야 할 것이다. 기독교가 말하는 인간의 목적은 현세를 초월하는 중요성을 지닌 것이라는 점 또한 다루어야 할 것이다. '하나님과의 연합', '하나님 나라' '죽은 자의 부활' 혹은 '하늘나라'라고 말하는 것들에 대해서 살펴보아야 한다는 뜻이다. 덕 윤리가 진정으로 기독교적인 것이 되려면, 덕 윤리는 이 세상을 초월해야만 도달할 수 있는 이러한 목적을 표현해줄 수 있게끔 변경되어야 할 것이다. 덕 윤리가 진정으로 기독교적인 것이 되려면, 덕 윤리는 기독교적 내용들로 가득차야 하며 기독교적 세계관에 적합한 것으로 변경되어야 할 것이다.

1   "Conversations with Carney and Hauerwas," *Journal of Religious Ethics* 3(Spring 1975): 53. 다음 자료도 참고하라. David Schenck, Jr., "Recasting the 'Ethics of Virtue/ Ethics of Duty' Debate," *Journal of Religious Ethics* 4(Fall 1976), p. 284. 앤스콤(G.E.M. Anscombe)은 "Modern Moral Philosophy," *Philosophy* 33[1958], pp. 1~19에서 기독교윤리를 하나님의 율법의 윤리라고 보았으며, 기독교윤리에 대한 일반적인 인식에 머물고 있다.

2   Philip L. Quinn, "Is Athens Revived Jerusalem Denied?" *Asbury Theological Journal* 45(1), pp. 49-57. Oliver O'Donovan, *Resurrection and Moral Order: An Outline for Outline for Evangelical Ethics* (Grand Rapids: Wm. B. Eerdmans, 1986) 이 책 역시 덕 윤리가 기독교와 양립할 수 없다고 주장한다. 예를 들어 204-25면을 참고하라.

3   Gilbert C. Meilaender, *The Theory and Practice of Virtue* (Notre Dame: University of Notre Dame Press, 1984), pp. x, 36.

4   *Ibid.*, pp. 13-17, 100-126, Gilbert C. *Meilaender, Faith and Faithfulness: Basic Themes in Christian Ethics* (Notre Dame: University of Notre Dame Press, 1991), pp. 73-88; Don H. Zinger, "Are Grace and virtue Compatible," *Lutheran Forum* 23(February 1989), pp. 12-13.

5   Richard Taylor, *Ethics, Faith, and Reason* (Englewood Cliffs: Prentice-Hall, 1985), pp. 22-25,77-87. 이 책은 제목을 바꾸어 출판되었다. *Virtue Ethics: An Introduction* (Interlaken: Linden Books, 1991)

6   Stanley Hauerwas, *Character and the Christian Life: A Study in Theological Ethics with new introduction* (San Antonio: Trinity University Press, 1985)

7   *Ibid.*, p. 179, p. 10.

8   *Ibid.*, pp. 179-228, 특히 pp. 195-226. 초반부는 성품의 윤리에 대한 관심을 보여준다.(pp. 35-128) 그리고 바르트와 불트만이 성품의 윤리를 반대했던 것에 대해 의견을 개진한다.(pp. 129-78).

9   L. Gregory Jones, *Transformed Judgment: Toward a Trinitarian Account of the Moral Life* (Notre Dame: University of Notre Dame Press, 1990), p. 17. 존스는 다음 부분에서 이에 대한 간략한 설명을 덧붙였다. pp. 15-18.

10   예를 들어, 다음 책을 참고하라. Stanley Hauerwas, *A Community of Character: Toward a Constructive Christian Social Ethic* (Notre Dame: University of Notre Dame Press, 1981), pp. 36-52, 53-71.

11   예를 들어, 다음 자료를 참고하라. Stanley Hauerwas, "Virtue," in *Powers That Make Us Human: The Foundations of Medical Ethics*, ed. K. Vaux (Urbana: University of Illinois Press, 1985), pp. 117-40, *Vision and Virtue* (Notre Dame: Fides Publishers, 1974), pp. 48-67, *Dispatches from the Front: Theological Engagements with the Secular* (Durham: Duke University Press, 1994), pp. 31-57; Stanley Hauerwas with Richard Bondi and David B. Burrell, *Truthfulness and Tragedy: Further Investigations into Christian Ethics* (Notre Dame: University of Notre Dame Press,

1977), pp. 40-56. 다음 자료에서도 유사한 내용을 볼 수 있다. Richard Bondi, "The Elements of Character," *Journal of Religious Ethics* 12 (Fall 1984), pp. 201-18.

12 하우어워스가 *The Asbury Theological Journal* 45(1):5-8에 게재한 글들은 이 부분을 일부 수정한 것이다. 이 글들을 통해, 하우어워스는 아리스토텔레스의 행복, 덕, 우정의 문제를 다루었다. 그리고 각각의 글에 그리스도인들이 이들 주제에 대해 어떻게 적절하게 접근할 수 있을지를 보여주는 신학적 후기를 덧붙였다. 흥미롭기는 하지만, 이 글들은 그야말로 제안에 가깝다. 존스의 용어를 사용하자면, 여전히 '이중언어적'이며 선언적인 접근에 그치고 있다.

13 주해 1번을 참고하라. 그리고 *Journal of Religious Ethics*에 실린 다음 자료들도 참고하라. Frederick S. Carney, "The Virtue-Obligation Controversy," 1 (Spring 1973): 5-19, "On Frankena and Religious Ethics," 3 (Spring 1975): 7-25; Arthur J. Dyck, "A Unified Theory of Virtue and Obligation," 1 (Spring 1973): 37-52; William K. Frankena, "The Ethics of Love Conceived as an Ethic of Virtue," 1 (Spring 1973): 21-36; Stanley Hauerwas, "Obligation and Virtue Once More," 3 (Spring 1975) 이 글은 다음 책에도 실렸다. *Truthfulness and Tragedy*, pp. 40-56; Thomas W. Ogletree, "Values, Obligations, and Virtues: Approaches to Bio-Medical Ethics," 4 (Spring 1976): 105-30; J. Wesley Robbins, "Professor Frankena on distinguishing an Ethic of Virtue from an Ethic of Duty," 4 (Spring 1976): 57-62.

14 예를 들어, 다음 자료들을 참고하라. Dyck, "Unified Theory". p. 43-46; Ogletree, "Values, Obligations, and Virtues", p. 115. 딕의 글은 흥미롭지만 일부 문제가 되는 측면이 있다. 그는 특정한 덕목들을 함양하고자 하는 의무를 입증하기 위해 성경적이고 신학적인 개념들에 호소한다. 따라서 덕목들은 일종의 의무감으로부터 함양되는 것이지 그 반대측 요소로부터 함양되는 것이 아니게 되고 만다. 딕은 성경적이고 신학적인 호소가 자신의 논증에서 본질적인 것이라고 생각하지는 않았다. 그는 의무와 덕의 관계를 종교적 확신 혹은 유산과는 아무 연관이 없는 것으로 확신했다.

15 Carney, "On Frankena," pp. 13-14, 16-17, 23.

16 이러한 실패에 대한 이야기를 다음 자료에서 볼 수 있다. Eliert Herms, "Virtue: A Neglected Concept in Protestant Ethics", *Scottish Journal of Theology* 35(6): 481-95. 헤름스가 개신교 신학자들에게 덕에 대한 새로운 관심을 촉구한 것은 그 어떤 신학적 혹은 성경적 근거도 제시하지 못했다고 보았기 때문이다. 그가 가장 가까이 도달한 것은 행위자의 적절한 개념에는 덕에 대한 주목이 필요하다는 것, 어쩌면 덕 윤리에 적절한 신학적 인간론이 필수적이라는 뜻을 담고 있을 것 같은 제안에서 볼 수 있다. 하지만, 이러한 제안 그 이상의 것에 대해 아무 말도 하지 않았고 그 무엇도 입증해 보여주지 않았다. 비교적 최근의 예를 들자면, 도나휴(James A. Donahue)의 글, "The Use of Virtue and Character in Applied Ethics", *Horizons* 17(2): 228-43을 들 수 있겠다. 도나휴는 덕 윤리 혹은 성품의 윤리가 간과한 것이 무엇인지를 지적해주었고, 이러한 관점을 위한 몇 가지 규범들을 제안해주었다. 하지만, 다른 학자들처럼, 도나휴 역시 이러한 윤리를 정당화시켜줄만한 공통된 기독교적 확신 혹은 성경적 근거에 직접적으로 호소하지 않았다. 덧붙여서, 도나휴는 결과적으로 자신이 덕 윤리를 옹호하는지 혹은 원칙의 윤리를 옹호하는지, 분간할 수 없을 정도로 규범들을 다루는 데 너무 많은 시간을 사용해버렸다. 신학적이고 성경적인 이슈들에 대한 동의가 이루어지

지 않는 것은 포터(Jean Porter)의 경우도 마찬가지이다. 그의 책, *The Recovery of Virtue: The Relevance of Aquinas for Christian Ethics* (Louisville: Westerminster/ John Knox Press, 1990)에서 포터는 분명한 신학적 성찰도 성경본문과의 상호연관성에 대한 성찰도 거의 진행하지 않았다. 이 책에서는 신학에 대한 직접적 호소, 특별히 신학적 인간론과 신론에 대한 호소는 덕 윤리의 온전한 정당화를 위해 결정적인 것이라는 사실을 보여주었을 뿐이다. 하지만 포터는 그 신학적 연관성을 여전히 다루지 않고 있다. 포터의 책, pp. 56, 175-79와 함께 그의 다음 글도 참고하라. "Basic Goods and the Human Good in Recent Catholic Moral Theology", *Thomist* 57(January 1993): 48-49.

17 대체로 이 문제를 소홀히 취급해 왔지만, 예외적으로 다음 책은 참고할만하다. Paul Wadell, *Friendship and the Moral Life* (Notre Dame: University of Notre Dame Press, 1989). 와델은 덕의 맥락에서 이해된 우정이 기독교적 확신과 양립가능한 것일지를 질문하면서 과연 어떻게 하는 것이 우정에 대한 이해를 솔직하게 기독교적인 것으로 만들 수 있는 것인지를 보여준다. 와델의 큰 기여를 통해, 필자는 우정과 기독교적 확신의 잠재적 연관성을 다루는 과정에서 다른 추가적인 준비가 필요 없을 정도로 큰 도움을 받았다.

18 James Wm. McClendon, Jr., *Biography as Theology: How Life Stories Can Remake Today's Theology* (Nashville: Abingdon Press, 1974).

19 *Ibid.*, pp. 29, 32.

20 *Ibid.*, p. 33. 이를 뒷받침하기 위해 맥클랜돈이 인용한 성경은 다음과 같다. 롬12:1-2, 갈5:19-24; 롬1:28-31; 엡5:3-5, 6:14-20, 빌4:8; and Col 3:5-15. *Ibid.*, p. 33nn. 26-27.

21 필자의 주장과 맥클랜돈의 최근 저서 *Systematic Theology: Ethics*(Nashville: Abingdon Press, 1986) 사이의 관계는 다소 복잡적이다. 맥클랜돈은 자신의 책에서 철저히 성경에 주목하려 하고 있으며 항상 이중적인 질문을 염두에 두고 있다. 즉 '과연 무엇이 기독교윤리를 윤리되게끔 하는 것이며, 또한 무엇이 윤리를 기독교적인 것이게 하는가?' 하지만 그의 책은 덕 윤리를 다루지 않고 더 광범위한 질문을 제기한다. 필자가 덕 윤리는 기준들을 만족시킬 수 있을 것이라고 말하는 곳들 모두 맥클랜돈의 관점과 연관이 있다. 이 부분은 필자의 글, "An Appeal for a Christian Virtue Ethics", *Thought* 67(June 1992):176-78을 참고하라. 말하자면, 필자의 주장은 맥클랜돈의 책에 반론을 제기하거나 도전하는 것이 아니라, 그 책을 보완해주거나 혹은 그 책의 당연한 귀결이라고 하겠다.

22 Romanus Cessario, *The Moral Virtues and Theological Ethics* (Notre Dame: University of Notre Dame Press, 1991.)

23 이와 관련된 중요한 책이 또 있다. Stephen E. Fowl and L. Gregory Jones, *Reading in Communion: Scripture and Ethics in Christian Life* (Grand Rapids: Wm. B. Eerdmans, 1991). 필자의 의견은 주해 44번을 참고하라.

24 Cessario, *The Moral Virtues*, p. 1.

25 *ibid.*, pp. 24와 30을 각별히 참고하라.

26 케사리오의 성경 사용은 덕 윤리에 대한 자신의 논의가 설득력이 없음을 입증해준다. 더구나, 케사리오가 실제로 우선순위를 둔 것은 도덕적 덕목들을 담아내는 윤리가 아

니었기에, 그는 도덕적 덕목들의 획득에 대해 거의 관심이 없었다. 그는 또한 인간의 공동체적 측면에 대해서도 거의 관심이 없었다. 따라서 덕 윤리의 핵심이 되는 요소들, 즉 덕의 획득 및 공동체적 존재라는 요소들이 케사리오에게서 적절하게 다루어질 수 없었다. 또한 아무 고민도 없이 교도권을 도덕적 권위로 간주한다.(pp. 90, 133, 153) 그리고 동성애 문제에 대해서도 깊은 성찰이 부족해 보인다.(p. 143) 그가 말하는 빈약한 언명들은 그의 윤리에 별 도움이 되지 못한다. 요컨대, 케사리오의 책은 기독교적 덕 윤리에 대한 참고자료로 사용하기에는 많은 난제들을 안고 있다.

27 참고로, 맥킨타이어는 덕 윤리가 기독교, 유대교, 이슬람의 신학과 양립할 수 있다고 말하기를 주저한다. 맥킨타이어는 유신론적 도덕에 대한 토론에서, 덕 윤리가 기독교… 유대교… 이슬람의 어느 경우이든 유신론적 틀에 정위될 때 복합적이고 부가적인 것이며 그 본질이 변경되는 것은 아니라고 주장한다.(After Virtue, p. 53)

28 필자는 6장에서 덕 윤리가 아닌 윤리이론들이 기독교의 도덕적 확신이 지닌 온전한 풍요로움을 표현해주기에는 부족하다는 사실을 다루고자 한다.

29 McClendon, *Biography as Theology*, p. 14; pp. 35-36.

30 모두가 덕 윤리를 수용해야 한다는 주장은 맥클랜돈의 가정일 뿐, 정확한 논증인 것은 아니다. 그는 '윤리의 희망'이 덕 윤리 혹은 성품의 윤리에 있다는 제안에 대해 그 어떤 개념적 혹은 역사적 정당화를 제시해주지 않았다. 사실, 맥클랜돈은 훗날 그가 말한 것은 다른 윤리에 대한 논박이 아니라 도덕적 사유의 지배적인 방식은 성품 혹은 덕에 관한 것이어야 함을 제안했던 것이라고 말했다.(*Ibid.*, p. 27)

31 MacIntyre, *After Virtue*, pp. 109ff, 256ff.

32 맥킨타이어는 인간이 딜레마에 사로잡혀 있다는 것을 입증할 역사적 논증을 하나 제시해 주었다. 니체와 아리스토텔레스에 대한 대안을 찾기에 실패한 몇 가지 시도들을 추적하면서 맥킨타이어는 우리가 그 둘 중 하나를 선택해야만 하는 상황에 있음을 강조한다. 하지만, 맥킨타이어는 역사에 대해 넓은 시야로 접근하지 않았다. 맥킨타이어의 주장은 서양지성사의 일부분에만 해당한다. 그는 자신이 선택한 것과 다른 방식으로 역사를 다루게 되면 니체와 아리스토텔레스 사이의 진정한 대안이 가능할 것인지 여부에 대해서는 다루지 않았다.

33 Nripinder Singh, *The Sikh Moral Tradition* (Columbia, MO: South Asia Publications, 1990), p. 9.

34 다음 자료를 참고하라. Paul Nelson, *Narrative and Morality: A Theological Inquiry* (University Park: The Pennsylvania State University Press, 1987), pp. 54-61. 넬슨은 맥킨타이어가 다양한 도덕적 전통들에 공통된 덕의 개념을 개발하려고 시도했던 것이라고 보았다. 그러나 넬슨이 지적한 것처럼, 이러한 시도는 맥킨타이어의 역사주의와 충돌한다. 넬슨은 맥킨타이어가 결국 문제에 굴복한 것이라고 본다. 즉 전통 중립적인 덕 윤리 혹은 다양한 전통들을 동일한 윤리를 지닌 전통들로 보고 말았다는 것이다.

35 저명한 자료들 중에서 다음 글들을 참고하라. Ludwig Wittgenstein, *Philosophical Investigations*, 3rd ed. trans. G.E.M. Anscombe (New York: Macmillan Publishing, 1953); Wilfred Sellars, *Science, Perception and Reality* (New York: Humanities Press, 1963); Willard Van Orman Quine, *From a Logical Point of View*, 2nd ed.

(New York: Harper and Row, 1963); Thomas S. Kuhn, *The Structure of Scientific Revolutions*, 2nd ed. (Chicago: University of Chicago Press, 1970); Peter L. Berger, *The Sacred Canopy: Elements of a Sociological Theory of Religion* (Garden City: Anchor Books Edition, 1969). 루시드의 주장에 대해서는 다음 자료를 참고하라. William C. Placher, *Unapologetic Theology: A Christian Voice in a Pluralisitc Conversation* (Louisville: Westminster/John Knox Press, 1989).

36   필자는 도덕이란 보편적인 것이라는 형식적 특성을 부정하지 않는다. 예를 들어, 인간의 사회적 실존의 필수조건에 대한 분석이 가능한 것도 있을 수 있다. 예를 들어, 진실을 말해야 한다는 것이 그렇다. 진실을 말하는 것임을 인정할 개념 혹은 행위를 전제하지 않고서는 그 어떤 공동체에서도 시대를 초월하는 진리를 말한다는 것은 불가능하다. 그러나 이것을 인정한다고 해서, 논의의 강도가 약화되는 것은 아니다. 다양한 공동체의 진실말하기 관행들 사이에 형식적 유사성이 있다는 것을 인정하는 것은 이들 관행들에 대한 실체적 묘사를 제공하는 것은 아니다. 누가 진실을 말해야 하는지, 진실이란 무엇이며 진실을 말해야 하는 정황은 어떤 것인지 등등 공동체마다 다른 요소들이 있을 수 있다. 모든 공동체가 공유해야하는 형식적 측면을 포함하여 공동체의 도덕에 대한 실체적 기술에 이를 수 있는 유일한 길은 관찰과 대화를 통하는 것뿐이다. 더구나 공동체 사이의 형식적 유사성이 의미 있는 윤리이론에 이를 것 같지는 않다. 의무론, 결과론, 비례주의는 진실말하기의 여지를 가지고 있으나, 진실말하기가 그 이론이 옳다는 것을 입증해주는 것은 아니다. 덧붙여서, 형식상의 유사성이 특정한 도덕에 대한 자기규정에 핵심요소가 되는지에 대해서는 의구심이 든다. 다시 말해, 공동체들이 진실말하기라는 형식상의 특성을 지니고 있다고 해서 그것이 곧 진실말하기를 그들의 도덕적 자기이해의 고정적인 요소가 되는 것은 아니다. 요컨대, 도덕의 일정한 보편적 특성들이 모든 공동체에 적용가능할 것으로 추정되는 실체적 윤리이론을 전개할 수 있게 하는 요소는 아니다. 이에 대해서는 다음의 자료들을 참고하라. Nelson, *Narrative and Morality*, pp. 122-30. 특히, pp. 128-29. Stanley Hauerwas, "The Difference of Virtue and thr Difference It Makes: Courage Examplified", *Modern Theology* 9(July 1993): 249-64.

37   이 부분의 초점은 종교적 전통과 공동체이다. 하지만, 이들 논의의 대부분은 세상에 관한 기초적이고 근본적인 확신들, 예를 들어, 정치 및 경제시스템과 종교공동체 등에 적용될 수 있을 것이다.

38   John Hick, *Problems of Religious Pluralism* (New York: St. Martin's Press, 1985), p. 102, "The Outcome: Dialogue Into Truth," in *Truth and Dialogue in World Religions: Conflicting Truth-claims, ed. John Hick* (Philadelphia: Westminster Press, 1974), p. 151.

39   Harold Alderman, "By Virtue of a Virtue," in *The Virtues: Contemporary Essays on Moral Character*, ed. Robert B. Kruschwitz and Robert C. Roberts (Belmont: Wadsworth, 1987), pp. 52-54. 또한 주해 14번을 참고하라.

40   Placher, *Unapologetic Theology*, p. 17.

41   참고로, *Ibid.*, p. 145를 보라.

42   종교적 확신과 윤리 사이의 연계는 두 방향으로 다룰 수 있다. 기초적인 종교적 확신

들 혹은 신념들은 다른 것들보다 다소 매력적인 이론을 구성해낼 수 있다. 하나의 윤리에 위탁하는 자는 그 이론에 들어맞는 종교적 확신을 형성해낼 수 있다. 필자가 윤리이론보다 기독교적 확신을 강조하는 이유는 많은 종교적 확신들이 윤리이론들보다는 신념의 전통적 체계에 대해 더 기초적이고 근본적이라는 생각 때문이다. 말하자면, 윤리이론들은 2차적 관념이기 쉽다. 종교적 확신들은 핵심에 더 가까이 다가서는 경향이 있다. 다시 말해, 특정한 종교적 신념과 윤리이론 사이의 화해할 수 없는 갈등이 있다고 생각하는 경우, 그 종교는 윤리 이론을 거부해 버리고 말 것이다. 예를 들어, 예수를 그리스도로 믿는 신앙을 거부할 것인가, 혹은 덕 윤리를 거부할 것인가 하는 선택에 직면하게 된다면, 아마도 필자는 윤리를 거부하게 될 것 같다. 이러한 종류의 직접적인 충돌은 거의 드러나지 않는다는 점을 인정하더라도, 그것 자체가 중요한 것은 아니다. 중요한 것은 어떤 확신이 핵심적인 것인가, 혹은 기초적인 것인가 하는 점이다. 필자가 제안한 것처럼, 종교적 확신이 윤리보다 더 기본적이라고 한다면, 윤리이론들은 종교적 확신과 연관지어 정당화될 수 있어야 할 것이다. 종교적 확신은 윤리에 대해 권위를 가지고 있지만, 윤리가 종교적 확신에 대해 권위를 가진 것은 아니라는 점을 인식하는 것이 중요하다.

43   이러한 판단은 필자의 무슬림 친구와의 대화 및 다음 자료들을 통해 얻은 것이다. John L. Esposito, *Islam: The Straight Path*, expanded ed. (New York: Oxford University press, 1991), pp. 25-33, 74-76, 88, 94-101; Shaikh Shaukat Hussain, *Human Rights in Islam* (New Delhi: Kitab Bhavan, 1990); Mahmud Shaltout, "Islamic Beliefs and Code Of Laws," in *Islam: The Straight Path*, ed. Kenneth W. Morgan (Delhi: Motilal Banarsidass, 1987), pp. 87-143.

44   이러한 가정은 다음과 같은 자료들에 대해서조차 문제가 될 수 있다.(혹은 한계가 있다.) L. Gregory Jones, *Transformed Judgement*, Stephen E. Fowl and L. Gregory Jones, *Reading in Communion*. 이 책들은 전적으로 기독교적이고자 하는 책들로서, 덕 윤리를 기독교적 내용들로 채워넣고 특별히 기독교의 신념과 관행들에 주목하려는 책들이다. 하지만 두 책 모두 여전히 너무 많은 것을 가정하고 있다. 존스는 특별히 삼위일체론적 덕 윤리를 전개하고자 애쓰고 있기 때문에 덕 윤리가 기독교의 도덕에 실제로 잘 들어맞는 것인지의 문제에 대해서는 일반적으로 별로 성공적이지 못하다. 마찬가지로, 파월과 존스의 공저 역시 덕 윤리에 도움이 될만한 성경본문을 제시하는 경우는 드물다. 그 대신, 그들은 덕 윤리가 본질적으로 옳으며, 성경의 윤리에 대한 이해를 가지고 있다고 가정한다. 두 권의 책 모두 온전한 의미에서의 기독교적 덕 윤리는 어떤 것이어야 하는지를 깨닫게 해준다. 그러나 그들의 논증은 누군가에게 이미 각인된 덕 윤리적 전제와 그것이 기독교적 적합성을 지닐 것이라는 생각에 의존하고 있다.

45   이러한 구분과 이후의 토론에 대해서는 다음 자료를 참고하라. Pacher, *Unapologetic Theology*, pp. 123-24, Stout, *Ethics After Babel*, pp. 23-28., Porter, *Recovery of Virtue*, pp. 57, 175.

46   특히 다음 자료들을 참고하라. Hans-Georg Gadamer, *Truth and Method*, 2nd revised ed., trans. revised by Joel Weinsheimer and Donald G. Marshall. (New York: Crossroad, 1989); and Alasdair MacIntyre, *Whose Justice? Which Rationality?* (Notre Dame: University of Notre Dame Press, 1988). Placer, *Unapologetic Theology*, pp.

55-73, 105-53 이 책은 간편하고도 매우 유용하다. 다음 자료들도 참고하라. Joseph Dunne, *Back to the Rough Ground: "Phronesis" and "Techne" in Modern Philosophy and in Aristotle* (Notre Dame: University of notre Dame Press, 1993), pp. 106-23, 132-44, 150. 다른 관점에서 다음 자료도 참고하라. Fowl and Jones, *Reading in Communion*, pp. 110-34, 이 책에서는 기독교의 고유한 확신들과 다른 전통들과의 대화에 대해 다루고 있다.

47 참고로, 다음 자료를 참고하라. *Christian Bioethics: Non-Ecumenical Studies in Medical Morality.*(1995) 이 저널은 기독교공동체들 사이의 차이점을 출발점으로 삼아 이렇게 말한다. '그리스도인들은 구분된 자들이기 때문에, 하나의 공동체나 하나의 세례에 매어있지 않다. 따라서 우리의 저널, 〈기독교생명윤리〉는 상이한 결과를 낳을 수밖에 없다. 단지 동의하는 내용만 있는 것은 아니다. 〈기독교생명윤리〉라는 저널은 그리스도인들 사이의 차이점에 주목하고 있으며 각각 상이한 도덕적 관점들이 있음을 인정하고 있는 셈이다. 우리는 차이점들을 감소시키기보다는 갈래갈래 분절되어 버린 그리스도인의 생각과 그것들 사이를 연계시키는 일에 무게를 두고자 한다.(H. Tristram Engelhardt, Jr., "Toward a Christian Bioethics", *Christian Bioethics* 1(1): 1-2.

48 서구사회의 맥락으로부터 멀어지면 멀어질수록, 필자가 할 수 있는 말은 줄어들 수밖에 없다. 덕 윤리는 아프리카, 아시아, 혹은 남미에 그다지 도움이 될 것 같지 않다. 사실, 이 세계의 다른 부분에 사는 그리스도인들은 덕 윤리보다 더 유용하게 기독교적 확신을 표현해줄 수 있는 윤리를 가지고 있을 것이다. 우리는 이러한 가능성에 대해 충분히 문화교차적인 논의를 진행하지 못했다. 따라서 필자의 주장들은 서구의 기독교 안에서라야 가장 잘 이해될 수 있는 것들이겠다. 좀 더 광범위한 기독교적 전통들과의 대화에서는 부차적인 것에 지나지 않을 것이다.

, 덕과 성품의 문제가 재론되고 있으며 그 현상은 무시하지 못할 정도로 크게 나타나고 있다. 덕의 회복에 대한 관심은 이 문제를 면밀하게 성찰하고 있는 철학자들에게서도 볼 수 있고 서점가의 베스트셀러 목록에서도 확인할 수 있을 만큼, 여러 분야에서 광범위하게 나타나고 있다. 실제로, '덕·애의 복귀 문제가 《뉴스위크》의 표지로 등장하기도 했다. 비교적 최근의 시점인 1980년대 초반, 덕 윤리는 영미철학자들과 신학자들의 주제였다. 변화가 생긴 것은 분명하다. 덕 윤리에 관한 출판이 급속한 증가추세에 있으며 전문 학술지에도 덕 윤리에 관한 글들이 많아지고 있다. 그중에 단지 윤리의 최신 유행과 경향에 휩쓸리는 것도 있기는 하다. 학문의 영역에서 '덕' 윤리가 수적으로는 소수이지만 의미 있는 위치를 점하고 있다는 것만은 확실해 보인다. 과연, 덕 윤리란 무엇인가? 그리고 덕 윤리가 이렇게도 새로운 관심의 대상이 되는 이유는 무엇일까? 제2장에서는 그리스도인들이 수용할 네오-아리스토텔레스주의 덕 윤리의 기본요소와 구조를 개괄하고자 한다. 일반적으로, 덕 윤리가 윤리적 성찰의 핵심들 전환시켰다는 점은 분명한 것 같다. 18세기 이후의 윤리는 일반적으로 규칙, 원칙, 선의 개념분석, 그리고 도덕적 난제를 해결할 각각의 결단에 초점을 맞추어왔다. 그 결과, 현대윤리학은 규칙, 원칙, 그리고 특정한 행위가 도덕적으로 어떤 의의를 지닌 것인지를 결정짓는 방식에 관심을 집중하고 있다. 이와는 반대로, 덕 윤리는 특정한 행위에 대한 분석보다는 행위자의 문제에 더 많은 관심을 기울인다. 덕 윤리는 윤리의 초점을 특정한 행위에서부터 그 행위의 '배경'으로 옮겨놓았다. 이를테면, 성품, 인격, 공동체의 진통, 그리고 인간의 탁월성을 드러내고 증진시키는 데 필요한 조건이 무엇인가에 관심을 가진다. 덕 윤리가 도덕의 초점을 전환시키고 있는 셈이다. '덕 윤리란 무엇인가'를 설명하는 것보다 이러한 전환의 요점이 무엇인지를 보여주는 것이 훨씬더 수월할 듯싶다. 여기에는 몇 가지 원인이 있으며, 다양한 주제가 반영되어 있다. 비록 개괄적인 설명이긴 하지만 이를 통해 덕 윤리의 주체들 중에서 몇 가지라도 이해할 수 있다면, 덕 윤리가 보여줄 '새로운' 것이 무엇인지에 대해서 뿐만 아니라 기존의 접근법이 지난 특징에 대해서도 파악할 수 있을 것으로 기대된다. 덕 윤리의 새로운 접근법을 이해하기 위해 특별히 세 가지를 다루고자 한다. ① 현대사회가 도덕적 위기에 처해있다는 사실을 인식하는 경향이 크다는 점. ② 역사성을 강조한다는 점. ③ 현대윤리학이 인간의 도덕적 삶에 대해 바람직한 설명을 제시하지 못하고 있다는 점 등이다. 1. 위기의 사회와 윤리이론의 복귀 혹은 덕에 대한 관심을 촉발시킨 중요 원인 하나는 대부분이 동의할 수 있을 정도로 현대사회가 도덕적 위기에 처해 있다는 사실이다. 많은 사람들이 현대 서구사회가 도덕적 파산의 위기에 직면하고 있으며 사회제도들이 인간에게 선한 성품을 함양시켜주지 못했다고 말한다. 예를 들어, 《뉴스위크》에서는 미국성인의 76%가 '미국이 도덕적, 윤리적 쇠퇴기에 접어들었다'고 인식하는 것으로 나타났다. 이러한 도덕적 쇠퇴에 대한 인식은 학부모 모임에서, 신문 논평에서, 라디오 방송에서, 그리고 주일학교 분반공부에서도 확인된다. 또한 학교에서 기도를 재개해야 하고 성품교육이 필요하며 범죄에 대한 처벌을 강화해야 하고 텔레비전의 폭력성을 규제해야 한다는 요구들도 나타나고 있다. 이러한 관심과 논쟁들이 덕 윤리의 모습을 모두 다 보여줄 수 있는 것은 아니다. 하지만, 현대사회의

4장
신학에 나타난 그리스도인의 덕 윤리

도덕적 쇠퇴에 대한 관심이 증대되고, 그것이 덕에 대한 회상 혹은 덕 윤리적 추론의 필요성을 강조하는 현상으로 이어지고 있다는 것은 고무적인 일이다. 예를 들어, 오늘날 '전통적' 가정의 와해 및 텔레비전의 폭력성에 대한 연설들은 이러한 인식을 반영해준다. 가정문제에 대한 토론은 어린이들이 부모의 세심한 지도와 적절한 역할모델을 상실할 경우 건전하고 균형 있는 도덕적 행위자가 될 수 없음을 알게끔되고 있다. 또한, 텔레비전에 문제가 있다는 생각에는 사람들이 텔레비전의 영웅을 모방하려는 경향이 있다는 우려와 함께 텔레비전 속 영웅들이 폭력적이거나 심지어 사악한 경우들이 많다는 인식이 반영되어 있다. 가정과 텔레비전에 대한 이러한 관심들은 덕 윤리의 주제들과 병행을 이룬다. 아리스토텔레스의 덕 윤리에서는 덕스러운 성품이란 책을 통해 배울 수 있는 것도 아니며 손쉽게 습득될 수 있는 것도 아니라고 말한다. 덕스럽게 되는 것은 실천을 통해서, 그리고 다른 사람들과의 우정을 통해서이다. 우리는 가치 있는 역할모델을 본받으며 덕스러운 가르침을 주는 자들과 친구들에게 귀를 기울이고 덕스러운 인물들에 관한 이야기를 들으며 덕스러운 행위들을 본받아 살아감으로써 덕을 배운다. 이처럼, 가정과 텔레비전 문제에 대한 관심은 덕 윤리와 직접적인 연관이 있다. 두 관심들 모두, 본받을만한 동료들과 역할모델이 되는 인물들이 덕스러운 성품의 개발에 결정적인 요소임을 인식하고 있다는 점에서 더욱 그렇다. 중요한 것은 현대사회의 도덕적 빈곤에 관한 이러한 관심이 덕 윤리와 깊은 연관성을 가질 뿐 아니라 심지어 현대적 덕 윤리의 관심사와 맞아떨어진다는 점이다. 가정문제, 텔레비전 문제 그리고 교육문제의 쟁점들이 덕 윤리와 긴밀하게 연관되고 있는 셈이다. 따지고 보면, 덕 윤리는 이러한 문제들의 심각성을 인식시켜준다. 우리가 관심을 전환하여 개별 행위들에 대한 관심으로부터 행위자와 맥락에 집중하게 되면, 덕스러운 동료 및 역할모델의 중요성을 새삼 깨닫게 될 것이며, 텔레비전의 폭력성에 영향을 받지 않는 경지에 가르게 될 것이다. 현대사회의 도덕적 파산의 위기에 대한 인식으로부터 덕 윤리에 대한 관심을 새롭게 가지게 된 것은 공적담론에 우연하의 돌출된 현상이 아니다. 신학자들과 철학자들이 덕 윤리를 재론하는 데에는 현대사회의 도덕적 위기에 대한 인식이 작용하고 있다. 예를 들어 필립스(Derek Phillips)가 말한 것처럼, 현대사회는 과연 무엇이 이상적인 것인가에 대해 '진술' 해왔고 '각자의 느낌에 충실' 해왔다. 하지만 이상적인 것에 대한 이러한 관점들을 사회가 용납해주지 않는다. 많은 사람들이 '친절' 해지는 것을 용납하지 못하거나 지탱해줄 수 없는 탓에, 길들여지지 않은 개인적 주장들과 욕구가 문제라고 생각해 버리고 만다. 쇠락해가는 사회를 구해내고자 한다면, 도덕원칙들을 내면화시키고 다양한 덕목들을 함양해야 할 것이다. 다시 말해, 건전한 사회는 덕스러운 시민성에 달렸다. 이러한 시민성이 없다면, 우리의 '삶은 점점 더 정글로 변해갈 것이며 야만의 상태로 치닫게 될 것이다.' 맥킨타이어(Alasdair MacIntyre)는 현대사회의 도덕적 파산의 위기를 감지하고 자신의 책, 『덕의 상실』(After Virtue)에 그 문제의식을 담아냈다. 큰 영향력을 발휘하는 그의 관점들은 우리가 지금 다루는 문제, 즉 현대사회가 위기에 처해 있다는 인식에서 나온 것이라는다. 특별히 도덕에 관한 담론이 단순한 언어적 분석에 치우쳐있다는 점, 그리고(결과적으로 인간을) 타인에 대한 조작자에 불과한 존재로 간주하는 도덕개념에 고착되어버렸다는 것이 그의 문제의식이다. 현대사회의 도덕에 대한 맥킨타이어의 이러한 문제제기는 아리스토텔레스적 덕의 전통을 회복해야 한다는 주장으로 이어진다. 맥킨타이어는 덕 윤리가 현대사회의 도덕적 무질서를 극복시켜줄 매력적인 대안이 될 수 있으리라 기대했다. 하지만, 왜 덕의 윤리이어야 하는가? 비록 현대의 도덕적 위기에 대한 맥킨타이어의 관점에 동의한다고 해도, 칸트의 관점이나 공리주의자들의 관점이 아니라 덕의 윤리이어야 하는 이유는 무엇인가? 맥킨타이어는 현대사회의 도덕적 무질서가 현대윤리학의 실패에 대한 강력한 증거가 된다고 보았다. 사실, 맥킨타이어는 현대윤리학이 도덕적 위기에 대한 처방으로는 실패작이라고 보았을 뿐 아니라, 현대윤리학이 추구한 내용들이 사회적이고 지적인 변화들과 뒤엉키어 오늘과 같은 문제를 야기한 것이라고 주장하기도 한다. 다른 말로 하면, 현대윤리학은 해법이 아니라, 오히려 문제 거리가 되었다고 보는 셈이다. 현대사회가 광범위한 위기에 처해있다는 인식은 덕 윤리에의 복귀를 돌격해준다. 필립스의 경우에서처럼, 어떤 이들은 덕에 관한 사유를 통해 현대사회의 위기를 바로잡을 수 있으리라 생각한다. 그런가하면, 맥킨타이어와 같은 사람들은 현대사회의 위기를 현대윤리학의 실패를 입증해주는 증거라고 생각하기도 한다. 두 경우 두 아리스토텔레스주의적 덕의 전통을 이러한 예견들로부터 도출된 가장 적절한 처방으로 제시하고 있다. 2. 역사의식의 발흥 덕 윤리에 대한 관심을 새롭게 해줄 또 다른 요소로 20세기 후반에 나타났던 느슨한 의미에서의 '역사의식' (historical consciousness)의 발흥을 들 수 있겠다. 도덕철학과 기독교윤리에서 인간이 역사적 본성과 연관성을 지닌다는 인식이 증대된 것이다. 인간이란 역사적 존재로서, 특정한 신념, 실천 및 소속과 연관된 특수한 역사적이고 문화적인 맥락 속에서 살아간다. 도덕적 지식까지도 예외 없이, 모든 지식은 역사적으로 근거 지어져 있으며, 어떤 의미에서는 일정한 맥락에 지배를 받는 측면이 있다. 역사적 연관성에 대한 인식이 증대됨에 따라, 일반적 윤리이론은 적어도 두 가지 변화를 맞이하게 된다. ① 규칙의 역할과 지위를 제한하고, ② 행위자의 맥락에 더 많은 관심을 기울인다. 첫째, 역사적 연관성에 대한 관심

이 장에서는 덕 윤리와 현대조직신학 사이의 유사성, 접촉점, 그리고 상호연관성을 살펴보고자 한다. 덕 윤리와 기독교적 확신 사이에는 수많은 잠재적 연계와 병행요소들이 있으며, 또한 덕 윤리가 기독교에 적절한 것이 되기 위해 변경되고 채워지고 조정되어야 할 영역들이 있다.

이를 위해 세 가지 주제를 살펴보고자 한다. 첫째, 성화와 인격 혹은 개인의 종말에 관한 것이다. 이 부분은 자아의 변화를 포함하는 동시에 근본적으로 하나님의 은혜에 기초하는 목적론적 과정으로서의 성화에 관해 초점을 맞춘다. 둘째, 기독론이다. 이 부분의 주요논점은 바른 기독론에는 나사렛 예수께서 인간의 텔로스 혹은 목적을 구현하셨다는 내용이 포함되어야 한다는 것이다. 셋째, 기독교 인간론을 간략하게 살펴보게 될 것이다. 이 부분에서는 기독교 인간론이 덕 윤리에서 다루는 행위자로서의 인간, 그리고 공동체적 본성을 지닌 존재로서의 인간, 이 두 가지와 유사성이 있다는 사실을 집중적으로 살펴보고자 한다.

여기에서 다루는 세 분야가 신학의 모든 분야를 대표하는 것이라고는 할 수 없다. 더구나 필자의 목적은 기독론을 완전하게 혹은 최소한의 충분성을 만족하는 형태로 전문적인 제안을 하려는 것이 아니다. 다만, 덕 윤리와 충분히 연계될 수 있거나 혹은 덕 윤리를 바르게 변경시켜 줄 기독론의 특정 부분(과 성화 및 인간론)에 초점을 맞추게 될 것이다.

성화론, 기독론, 인간론과 관련하여 살펴보게 될 신학자들의 선정기준과 관련하여, 그들이 여러 신학적 관점 및 학파들을 아우를만한 대표주자라는 확신을 가지고 선정한 것은 아니다. 몇몇 신학자들을 선정하여 다루게 되는 데에는, 그들의 신학적 탁월성이라는 관점보다는 이 책의 고유한 목적과 관련하여 타당성을 인정받을만한 학자들이라는 이유가 작용했다. 성화론, 기독론, 인간론이 우리의 논의에 통찰력을 준다는 점을 확인하고 싶다면, 혹은 상당한 근거가 있으리라 생각한다면, 이와 관련하여 살퍼볼 학자들을 선택하는 것 역시 타당성 내지는 최소한의 기준에 부합하는 학자들을 선택하도록 노력하는 과정이 필요할 듯싶다.

어쨌든, 특정한 학자들을 선택한 것과 관련하여 나름대로 세 가지 이야기를 해두고 싶다. 첫째, 특정한 교단적 전통에만 호소하는 것보다 여러 전통들에 속하는 각각의 신학자들의 관점을 살펴보는 것이 훨씬 더 유익할 수 있다는 점이다. 이는 덕 윤리와 신학의 상호연관성을 다루는 과정 자체가 특정한 교단적 전통에 국한된 것이 아니라, 여러 교단들을 아우르는 신학적 성찰과 연관된 것이라는 점에서 확인할 수 있다. 덕 윤리가 특정한 기독교전통, 가령 메노나이트 교단의 관점과 양립가능하다는 점만 입증하려는 것은 바람직하지 못하다. 오히려, 덕 윤리가 기독교의 여러 교단들이 광범위하게 공유하고 있는 확신들을 표현하는 데 유익을 주고 또한 양립가능하다는 점을 보여주어야 할 것이다.

둘째, 이 책에서 신학의 세 분과 각각에 서로 다른 신학자들을 인용하려는 데에도 나름의 이유가 있다.[1] 독자들의 관심이 서로 다르다는 점에서 특정한 한 사람만 살펴보는 것보다는 서로 다른 학자들을 살펴보는 것이 유익할 듯싶다. 바라기는, 각각의 신학 분과에서 적어도 한 사람 정도는 도움이 될 만한 학자를 살펴보는 기회가 되었으면 한다. 게다가, 독자들이 어느 한 분과를 살펴보는 과정에서 거기에 속한 학자들 중 아무도 마음에 들지 않는 경우, 다른 분과의 학자를 통해서라도 유익한 통찰을 얻을 수 있기를 기대해 본다.

셋째, 더 큰 기독교 전통에서도 수용될 만한 신학적 성찰이 될 수 있도록 노력은 하겠지만, 어쩔 수 없이 필자가 이 책에서 다루는 학자들에 대한 관점들은 필자 나름의 해석 혹은 '편견'으로부터 자유로울 수 없을 것이다. 필자의 신학적 관점은 아마도 기독론 분야에서 살펴볼 신학자들 (C. 노먼, 크라우스, 핸드리쿠스 베르코프, 그리고 에드워즈 스킬러벡스 등)을 다루는 부분에서 가장 잘 드러날 듯하다. 개괄하자면, 이들은 예수 그리스도에 대한 신약의 증언을 기독론의 근거와 핵심으로 삼는 학자들이다. 기독론에 대한 이러한 관점은 에큐메니칼 신조와 교회의 여러 선언문에 적시된 것들에 집중하는 학자들의 관점과는 다소간 차이가 있을 수 있다.[2]

하지만, 기독론에서 필자가 다룰 신학자들 모두가 동일한 주장을 하고 있다거나 방법론적 동일성을 지니고 있다는 뜻은 아니다. 각자의 기독론은 접근방식과 내용에 있어서 서로서로 중요한 차이를 보이고 있다. 다만, 필자의 관점이 기독론 분야에서 드러날 것이라는 점을 이렇게 표현한 것일 따름이다. 어쨌든, 기독론에 관한 여러 신학자들의 관점에는 일종의 '가족 유사성'이 있다는 정도로 이해하는 것이 좋을 듯싶다.[3]

성화론과 인간론에 대한 논의에서는 필자 나름의 목소리가 조금은 덜하다. 성화론에서 살펴볼 베르코프, 에릭슨, 그리고 존 맥쿼리 등은 신학적 영향력 및 방법론에서 사뭇 다르다. 그럼에도 불구하고 이들을 선택한 이유는 필자의 성화론을 하우어워스가 『성품과 그리스도인의 삶』(Character and the Christian Life)에서 말했던 것과 구분하는 데 도움을 주리라는 생각에서였다.

하우어워스의 성화론은 칼뱅과 웨슬리에 비해볼 때, 협소한 관점이라 해석할 수 있다.[4] 이러한 탓에, 이 책에서는 현대신학의 인간론에 나타난 경향과 방향성을 다루기 위해 인간론에서 자주 등장하는 신학자 토마스 핑거(N. finger)와 존 삭스(R. Sachs)의 관점을 참고했다. 이들의 주장을 통해 성화론과 인간론에 대한 필자의 관점이 보완될 수 있으리라 기대된다. 이들의 관점을 통해 필자의 설명법만으로는 부족할 수 있는 요소들이 보완될 것이다.

물론, 이 책 전체가 하나의 조망 혹은 편견에 물들어 있다는 점은 부인할 수 없는 사실이다. 특히, 덕 윤리에 대한 관심이 책 전체의 기획에 영향을 주었을 뿐 아니라, 필자가 제기하는 문제들과 강조하고자 하는 주제들에까지 영향을 미치고 있다. 하지만, 이렇게 '편견' 혹은 '선입견'을 들먹인다고 해서 책 전체를 스스로 폄훼하려는 것으로 보아서는 안 된다. 편견 그 자체는 어떤 텍스트나 토론에서도 불가피한 요소이다. 던(Joseph Dunne)이 말한 것처럼, '자신이 편견을 지니고 있음을 모르거나 지나친 자랑으로 이어지는 경우, 혹은 너무도 뻔뻔하여 그 누구의 수정의견도 받지 않으려 하는 경우가 아니라면, 평판을 잃게 되지는 않을 것이다.'[5] 바라기는, 이 책에 대해 다른 학자들이(근대적인 방식이든 혹은 고대의 방식이든 간에) 필자에게 '수정의견들을 제기해 주었으면' 한다. 이를 통해 이 책의 기획이 조정되고 보완될 계기가 되리라 생각된다.[6]

성화와 개인의 종말

하우어워스가 덕 윤리와 성화의 개념을 연계시키기 시작한 것은 『성품과 그리스도인의 삶』(Character and the Christian Life)에서부터이다. 여기에서 새삼스럽게 그의 책을 마치 복사본이라도 되는 것처럼 인용하여 소개할 필요는 없을 것 같다. 혹은 하우어워스가 기여한 것들이 무엇인지를 세부적으로 살펴보는 것도 그리 큰 의미는 없을 것 같다. 우리의 관심에 비추어 볼 때, 문제가 되는 것은 하우어워스가 어떤 말을 했는가 하는 것이 아니라, 그가 말하지 않고 남겨둔 것이 무엇인가 하는 점이다. 성화의 개념은 하우어워스가 광범위하게 설명하지 않은 채 남겨둔 주제로서, 덕 윤리와의 연계점인 동시에 덕 윤리를 바로잡아주는 개념이다. 우리가 관심을 가져야 할 것은 성화의 개념을 사용하되, 하우어워스가 덕 윤리와의 연계 혹은 변경이라는 부분에서 간과하거나 생략했던 것들을 찾아내는 것이다.

그렇다고 해서, 이 논의가 '성화' 개념에만 집착하려는 것은 아니다. 혹은 종말론과 관련하여 개인적 차원, 즉 죽음 이후에 개인에게 일어날 사건들을 세부적으로 다루려는 것도 아니다. 여기에서는 성화와 개인의 종말을 함께 다루고자 한다. 개인의 종말이 성화의 독려와 연관되어 있기 때문이다. 이 부분은 논의과정을 통해 분명해질 것으로 기대된다.

성화와 개인의 종말에 대해서는 화란 개신교의 핸드리쿠스 베르코프 (Hendrikus Berkhof), 침례교의 에릭슨(Millard J. Erickson), 그리고 영국성공회의 맥쿼리(John Macquarrie)등 서로 다른 배경을 가진 세 명의 신학자들에게 초점을 맞추고자 한다.[7] 이들 신학자들은 다양한 기독교 전통들을 반영할 뿐 아니라, 서로 상이한 신학방법론을 사용하고 있지만, 성화와 종말론의 핵심요점에 대해서는 동의하고 있다.[8]

목적론적 개념   이들 세 명의 신학자들은 성화가 목적론적 개념이라는 데 동의한다.[9] 말하자면, 성화에는 인간의 선 혹은 목적에 대한 분명한 설명을 위하여, 자아와 그 성품의 성장 및 변화의 개념이 포함된다.[10]

베르코프에 따르면, 회개, 칭의, 그리고 신앙에서 출발하는 이 과정은 '그리스도께 대한 순종'이라는 목적을 향하고 있다. 성화의 목적을 묘사하는 방식에는 여러 가지가 있다. 칼뱅은 '하나님의 종'이 되는 것이라고, 루터는 '하나님의 자녀'가 되는 것이라고 보았으며, 웨슬리는 '그리스도의 장성한 분량에 이르는 것'이라고 했다. 베르코프는 '그리스도에 대한 순종이라는 개념이 다른 모든 주장들을 포용하고 정당화시켜줄 수 있다'고 생각했다.[11]

베르코프가 말한 것처럼, 인간을 향한 하나님의 목적에는 인간과 하나님 사이의 만남과 언약관계가 포함된다. 하지만 이러한 만남을 위해, 인간은 언약의 진정한 파트너이신 그리스도의 형상으로 변화되어야 한다. 그리스도의 형상을 입는 것이 성화의 목적 혹은 목표인 셈이다.[12]

베르코프에 따르면, 성화의 과정은 불가피한 유기적 과정으로 인식될 것이 아니라 하나의 '훈육 학교의 과정'으로 이해되어야 한다. 자아의 내적 싸움을 비롯하여 자아 외부의 권력과 사회구조에 대한 싸움과 하나님의 은혜로운 용서에 대한 의존이 필요하다. 그럼에도 불구하고, '그리스도인의 삶에는 목표가 필요하고 그것을 향해 성숙하여 앞으로 나아가야 한다.' 여기에는 '앞에 있는 푯대를 향한 성장, 전진, 집중, 곧장 달려감'이 포함된다. 그리스도께 더욱 더 순종하는 삶이 되어야 한다는 것이다.[13]

목적 혹은 텔로스에 대한 베르코프의 이해에는 특정한 종류의 인격이 되어야 한다는 내용이 담겨있다. 그리스도에 대한 유비를 통해본다면, 하나님을 향한 사랑, 헌신, 신뢰, 복종의 인간이 되어야 한다는 뜻이다. 여기에는 파괴적인 관습과 관행으로부터의 자유, 세상과 이웃을 향한 것으로 사랑을 변형시킬 자유 또한 포함된다. 나아가 자신을 위한 이기적인 관심을 버리고 신앙의 행위를 실천하며 자발적으로 사랑을 실천하는 인격체가 되어야 한다. 또한 자기검증의 과정이 필요하다. 만일 인간이 목적을 향하여 신앙의 진보를 이루고자 한다면, 자유와 사랑 안에서 행하며 성장하고 있는지를 되물어야 한다는 뜻이다.[14]

에릭슨 역시 성화의 목적이 그리스도라고 한다. 에릭슨에 따르면, 성화의 과정은 회개, 회심, 신앙, 그리고 거듭남에서 시작하여 '그의 일생을 통해 지속된다.'[15] 이 과정의 목적 혹은 목표는 다양한 용어로 표현된다. '거듭남'에서 시작하는 과정은 인간의 본래적 선, 즉 타락 이전의 상태를 목표로 삼는 변화와 회복을 위한 것이다.[16] '성화'에 대한 설명에서, 에릭슨은 '하나님의 형상'이 목적이라고 말하지만 그 주된 관점은 '그리스도의

형상'이다.[17]

에릭슨에 따르면, 이것은 외형적이거나 가식적인 유사성을 말하는 것이 아니다. 그리스도와 같이 된다는 것은 '본래적인 것이 되도록 이끌어 주는 일련의 특성 혹은 특질 전체'를 포함한다.[18] 성화는 일생에 걸쳐 이루어지며, 성품의 변화와 특정한 덕목들의 함양을 포함한다. 그 덕목들의 예로, 에릭슨의 목록에는 성령의 아홉 가지 열매, 즉 사랑과 희락과 화평과 인내와 자비와 양선과 충성과 온유와 절제가 포함된다.[19]

성화에 대한 맥쿼리의 설명은 베르코프와 에릭슨의 관점과 유사하다. 사실, 맥쿼리가 그리스도인의 성장에 대해 언급한 것은 베르코프나 에릭슨이 말한 것으로도 설명할 수 있다.

> 죄에 대한 확신, 회개, 선택, 칭의에서 시작한 과정은 점진적인 성화를 거친다. 이 과정에서 성령께서 더욱 더 우리를 그리스도께 순종하게 하시며 믿음과 소망과 사랑을 깊게 하며 확장시키신다.[20]

'그리스도께 대한 순종'이 성화의 목적에서 주된 이미지가 되며,[21] 성화는 다시 인생 전체에 걸친 과정으로 설명된다.[22] 성화는 인간의 성품의 변화와 특별한 덕목들의 함양을 필요로 하는 과정이다.[23]

맥쿼리는 믿음, 소망, 사랑이라는 전통적인 삼분법을 사용하여 이와 관련된 덕목들을 설명한다. 믿음은 하나님께 대한 순종에 관한 것으로서, 그리스도께서 보여주신 자발적인 순종을 본받아 살아가는 것이며, (비참한 상태로부터의,… 그리고 죄에 직면한 삶의 좌절과 무의미함으로부터의) 자유는 이러한 순종을 통해 얻어진다.[24] 소망은 하나님의 지속적인 창조와 화해의 역사를 기대하는 것이다. 사랑은 우리들 서로가 서로를 도와 각자의 잠재능력을 발휘하게 하는 공동체를 이루도록 이끌어준다.[25]

분명한 것은 성화에 대한 이들 신학자들의 설명이 덕 윤리와 닮아있다는 점이다. 성화란 자아의 변화 및 성품의 특질 혹은 덕목들의 함양을 포함한 목적론적 과정인 셈이다. 성화의 목적 혹은 목표는 다양하게 표현될 수 있지만, 그리스도를 닮아감 혹은 그리스도께 대한 순종이라는 용어로 사용되곤 한다. '그리스도께 대한 순종'이 성화의 목적이라는 점이 중요하다. 성화란 또한 시간이 필요한 과정으로서, 일생에 걸쳐 이어진다. 성화란(회심, 칭의, 그리고 신앙으로 시작되어) 있는 그대로의 인격으로부터 하나님께서 변화시키실 인격으로 나아가는 과정이다.[26]

은혜 의존적 관점 성화의 개념이 덕 윤리와 매우 유사한 반면에, 성화에 대한 기독교적 신념에는 덕 윤리가 언급하지 않는 중요한 요소가 담겨있다. 하나님의 은혜에 대한 의존이 그것이다. 성화의 시작과 그 여정의 지속 혹은 과정 자체는 하나님의 주도권과 사랑의 용서에 달려있다. 도덕적 변화의 노력을 적당히 타협하게 만들어 주는 것이 아니라, 도덕적 변화의 원동력 자체가 하나님의 선행적이고 지속적인 역사에 의존하는 것이라는 뜻이다.

베르코프는 성화는 칭의를 기초로 삼는다고 분명하게 말한다.[27] 베르코프에 따르면, 인간이 하나님을 만나 하나님의 사랑을 체험하게 되는 회개의 사건에서, 인간은 자신이 죄로 가득한 과거를 지닌 존재임을 스스로 인정하게 되며 변화가 필요하다는 사실을 깨닫게 된다.[28] 하지만 이는 인간에게 새로운 미래와 새로운 방향을 향할 수 있는 자유를 주시는 하나님께서 우리를 받아들이시고 의롭게 하시는 은혜를 주셔야만 가능하다. 하나님께서는 우리를 잃어버린 자녀처럼 안타까이 여기시는 분이시기에, 인간을 과거의 죄에 얽매인 존재가 되도록 버려두시지 않는다. 하나님께서 우리를 용납하신다는 말씀을 듣는 순간, '우리는 해방, 기쁨, 석방, 그리고 안전의 느낌을 누리게 된다.' 하나님의 사랑에서 나오는 용서를 통해, '우리는 죄에 항거할 힘을 얻으며 인내하며 섬길 능력을 얻게 된다.'[29] 요컨대, 칭의는 성화를 독려한다.

성화의 과정은 칭의에서 시작되어 앞으로 나아간다. '우리 생명의 절대적 근거이신 하나님께서 끊임없이 은혜를 주시기 때문이다.'[30] 우리가 격렬한 싸움을 겪으면서도 무너지지 않는 것은 하나님의 신실하심과 도우심 때문이다. 하나님의 주도적이고 지속적인 은혜를 인식하지 못하면, 우리는 좌절에 빠지거나 불순한 의도에서 선을 행하고 자기공로를 세우려 들 것이다.[31]

하나님의 은혜에 의존한다는 것은 인간을 수동적인 존재로 간주한다는 뜻이 아니다. 베르코프는 신앙이란 하나님께서 행하신 일에 대한 인간의 응답과 긍정 및 신뢰로서, 칭의를 우리 삶에 적용시키는 접점이 된다고 말한다.[32] 그는 또한 도덕적 성장에 있어서 인간을 수동적 존재로 이해하는 것은 문제가 있다고 생각한다. 베르코프는 오히려 인간의 의지가 성화에 도움이 되기도 하고 방해거리가 되기도 한다고 주장한다. 삶이란 끊임없는 싸움과 진보가 이어지는 훈련장이며, 인간은 성화의 과정에서 능동적(대등한 정도는 아니지만) 파트너이다. 우리는 하나님의 은혜를 신뢰하면서, 우리는 앞으로 나아갈 수 있다.[33]

에릭슨도 이와 유사한 말을 하지만, 하나님의 역사하심을 강조한다. 에릭슨에게 있어서, 회개, 회심, 그리고 신앙의 가능성 그 자체는 '하나님의 특별한 역사'에 의존한다.[34] 우리는 죄에 얽매여 있어서, 구원을 향한 하나님의 보편적 부르심에 응답할 수 없다. 따라서 하나님으로부터 특별하고도 유효한 부르심을 받아들이는 자만이 구원을 베푸시는 은혜에 응답할 수 있다.[35]

에릭슨은 강한 의미의 예정설을 다루고 있는 것 같다. 그 장점을 여기에서 논할 필요까지는 없을 듯싶다.[36] 중요한 것은, 에릭슨이 하나님의 역사하심을 매우 강조한다는 사실이다. 성화의 시초는 회개이다. 이는 하나님께 대한 인간의 응답이며, 하나님께서 주시는 선물이다.[37]

성화의 과정은 하나님의 역사하심을 받아들이고 지속하는 두 가지 모두를 포함한다. 하나님 편에서 보면, 인간의 회심과 신앙이라는 응답에는 하나님께서 우리의 기본적인 '성향과 충동'을 변화시키신다는 확신이 담겨있다. 성화는 지속적인 변화를 이루어낸다. '성화란 신자의 삶에 지속되는 하나님의 역사하심으로서, 신자를 거룩하게 하신다.'[38]

성화가 하나님께서 베푸시는 '초자연적 역사'이자 '하나님께서 이루시는 일'이기는 하지만, 인간이 수동적인 것만은 아니다.[39] 인간은 '일하고 성장할 수 있도록' 고양되고 '덕을 실천하며 악을 피하도록' 독려를 받으며 그 목적에 도달하기를 '은혜에 의해 추구하도록' 명령 받는다.[40] 따라서 에릭슨에게서도 베르코프처럼 인간은 성화라는 변화의 과정에서 능동적 파트너가 된다.

맥쿼리 역시 성화에 대해 인간이 하나님의 사역에 참여토록 부르심을 받는다고 생각한다. 그에 따르면, '역사하심이란 인간의 삶에서 하나님께서 시작하시고 이끌어 가시는 것을 뜻하지만 그 진보를 위해서는 인간의 응답, 참여, 최선의 노력이 필요하다.'[41]

하나님의 은혜와 인간의 노력이라는 이중성의 강조는 맥쿼리의 논의에서 분명해진다. 그리스도인의 삶은 성령의 역사 즉 인간으로 하여금 죄를 확실하게 깨닫게 하시며 하나님을 향한 회개와 방향전환의 응답을 이끌어 내시는 성령의 역사와 결부되어 있다. 인간이 의를 행하도록 노력해야 한다는 뜻과 함께, 인간의 삶 자체가 인간을 선택하시고 받아들이시고 용서하시는 하나님의 주도적 역사하심 속에 있음을 뜻한다. 인간은 일생을 통해 성장해야 하지만, 그 성장은 인간 안에서 역사하시는 하나님의 은혜에 의해서만 가능하다. 따라서 맥쿼리는 베르코프와 에릭슨처럼 성화라고 하는 변화의 과정에서 하나님의 은혜에 의존해야 하는 동시에 그 과정에 인간이 참여해야 한다고 말한다.[42]

이들 신학자들은 도덕적 성장이나 이를 위한 인간의 책임을 적당히 타협 혹은 희석시키지 않고 하나님의 은혜의 우선성을 강조하는 방식으로 도덕적 성장의 중요성을 일깨워주었다. 이는 하나님의 은혜가 기독교적 확신에서 최우선의 자리에 있음을 덕 윤리가 수용할 수 없을 것이라는 의구심을 가진 자들에게 중요한 깨달음을 준다.[43]

만일 기독교윤리가 도덕적 성장에 관심을 가지면서도 '기독교적'인 것이라고 지칭되기를 원한다면, 하나님의 은혜로운 역사하심을 강조해야 한다. 그리스도인들은 변화의 시작과 지속이 하나님의 주도권에 의존한다고 믿고 있다. 이들 신학자들은 도덕적 성장에 대한 인간의 참여를 무력화하지 않는 방식으로 은혜의 필요성과 은혜에 대한 의존의 중요성을 강조해 주었다. 이들은 도덕적 성장의 개념 혹은 행위자의 노력을 부정하지 않으면서도 하나님 은혜의 우선성을 돋보이게 하는 설명법을 취하고 있다.

바로 이 중요한 기초 위에서, 덕 윤리는 기독교적 변경을 수용해야 한다. 기독교인인 윤리라고 말하고자 한다면, 하나님의 은혜에 대한 의존을 강조해야만 할 것이다. 지금까지 살펴본 것에 비추어 보면, 은혜에 집중하는 윤리는 또한 행위자의 도덕적 변화의 필요성과 그 변화를 위한 행위자의 노력도 강조할 수 있다. 이러한 맥락에서, 하나님의 은혜에 대한 기독교적 확신이라는 핵심을 간직한 목적론적 덕 윤리의 가능성을 엿볼 수 있는 셈이다.[44]

텔로스의 초월성　앞서 2장에서, 텔로스란 결코 완전하게 구현될 수 없는 인간의 탁월성 혹은 완성을 보여주는 이상이라는 점을 살펴보았다. 인간의 선을 좀 더 완전하게 구현하기 위해 노력할 수는 있지만, 그 목적을 결코 완전하게 구현할 수는 없다. 성화의 개념에 유사한 측면이 있다. 우리는 그리스도를 닮아가려 노력하지만, 우리는 결코(이 세상에서는) 그리스도의 형상을 완전하게 구현할 수 없다.

위 문장에서 괄호 안의 삽입구는 덕 윤리와 기독교적 확신 사이의 중요한 불일치 요소이다. 성화는 이 세상에서의 삶 이후에, 혹은 세상을 초월한 곳에서 완성되거나 도달할 수 있다. 하지만, 덕 윤리의 기준이 되는 네오-아리스토텔레스주의에서는 사후까지 이어지는 성장 혹은 이 세상을 초월한 텔로스 개념을 다루지 않는다.

기독교적 신념과 덕 윤리 사이의 이러한 불일치를 너무 과장할 필요는 없다. 그리스도인들은 세상을 초월하는 목적을 믿고 있지만, 그것은 이 세상에서 시작된 변화의 완성을 말한다. 사후에 구현될 목적이란 회개에서 시작되어 성화를 통해 지속적인 과정으로 이어지는 여정의 완성이다.

베르코프에 따르면, 그리스도인들이 사후의 지속성을 믿는 분명한 이유는 이 세상에서는 궁극목적을 이룰 수 없기 때문이다. 이 세상에서 목적을 실현하는 것은 부분적이고 파편적일 뿐이다. 그 목적은 너무도 위대해서 인간의 시간적이고 죄악에 물든 실존의 한계 내에서는 실현될 수 없다. 더구나, 죽음은 목적에 도달하고자 하는 우리의 모든 소망을 빼앗아가는 것처럼 보인다.[45] 하지만, 베르코프에 따르면, 죽음은 마지막이 아니다.

하나님께서는 이 세상에서 시작하신 일을 인간의 사후세계에서 완성하실 것이다. 그렇지 않다면, 죽음은 하나님보다 더 강력한 것이 되어 인생에게 있어서 실재적인 신이요 궁극적이고 음산한 신비가 될 것이다. 그리스도인들은 하나님 없는 죽음을 생각하기보다, 오히려 신실하신 하나님과의 만남을 통해 이른바 '사후의 삶'이 있다는 것을 믿는다. 우리는 변화가 완성되리라는 것을 확신한다.[46]

베르코프는 죽음 이후에 과연 어떤 과정이 펼쳐질 것인지에 대해 많은 말을 할 수 없음을 상기시켜준다. 하지만, 우리는 '하나님의 신실하심이 심지어 죽음 이후에도 우리를 붙들어 주실 것이며 어떠한 경우에서라도 우리의 정체성을 보증해주실 것'이라고 믿는다.[47] 선물로 주신 성령께서 하나님이 우리를 버리지 않으실 것이며 변화의 과정이 완성될 것이라고 보증하신다.

베르코프는 연속성과 함께 '죽음의 위기 양면성 모두에 긴밀하게 연계된 삶'을 강조한다. 그에 따르면, '신약성경은 그 완성을 이 세상에서 씨 뿌리며 살아가는 자들에 대한 열매, 추수, 보상이라고 말한다.'[48] 또한 '하나님을 향한 비전'과 '영원한 안식'이라는 표현들과는 달리 '그리스도와의 대면'이라는 표현이 '그리스도의 지상 사역과 성령의 사역 사이의 연계성을 분명하게 유지시켜 준다'고 보았다. 이는 또한 비전과 쉼의 이미지가 가진 '개인주의와 수동주의'라는 인상을 넘어설 수 있게 해준다.[49]

에릭슨 역시 죽음의 두 측면을 근거로 삼아 삶의 연속성을 강조한다. '영화'(glorification)라는 용어로 표현되는 사후의 삶에는 현재적 삶의 완성이 포함된다. 이는 구원과정의 마지막 단계이자 정점이다. 우리가 추구하는 이상을 세상에서는 이룰 수 없지만, 완전한 성화가 영원의 영역에서 성취될 수 있으리라는 것을 인식하면서 이상을 향하여 최대한 가까이 다가설 수 있도록 그것을 목적으로 삼고 살아갈 수 있다.[50]

에릭슨은 '영화'에 대해 베르코프가 다루지 않았던 하나님께 대한 '지식의 충만'과 몸의 부활에 대해 말한다.[51] 물론, 죽음 이후의 일들에 대해서는 우리의 지식으로 다룰 수 없고 그 설명방식 또한 다양할 수 있다. 예를 들어, '하나님에 의한 선택, 육체의 구원, 성령께서 보증하시는 다함이 없는 유산' 등이 그것이다.[52] 분명한 것은 '거듭남에서 시작하여 성화를 통해 지속되는 과정이 미래에 가서야 완성된다는 것'이다.[53]

맥쿼리 역시 죽음의 두 측면을 말하면서 삶의 연속성을 강조한다. 예를 들어, '하늘'이라는 용어를 해석할 때, 하늘을 '믿음, 소망, 사랑의 삶을 통해 얻을 수 있는 상급'으로 보아서는 안 된다. 그 대신, '하늘'이란 '이러한 세 원칙들에 따른 삶의 완성'이다. 하늘은 '존재의 충만'을 상징하며 우리가 도달할 완성의 상징이다. 하늘은 역사적 실존의 한계 내에서 획득될 수 있는 목적이 아니라, 우리가 사후에도 지속적으로 추구해야 할 목적이다.[54]

베르코프처럼, 맥쿼리는 사후의 일들에 대해 세밀하게 상상하지 말라고 경고한다. 맥쿼리는 신약성경이 인간의 궁극적 목적지는 그리스도 안에서 하나님을 아는 것이라고 단언했다고 본다.[55] 목적지를 보여주는 다양한 단어와 상징들이 있다. 예를 들면, 지복직관, 하나님의 형상, 신령한 존재로의 변화 등이 그것이다. 하지만, 이 용어들은 언제나 두 가지 요소, 즉 그리스도와의 만남, 그리스도께서 '첫 열매' 되심과 밀접하게 연관된다. 맥쿼리 역시 베르코프와 에릭슨과 마찬가지로 죽음 이후에도 죽음 이전에 진행되어온 과정이 연속된다고 보는 셈이다.[56]

개인의 종말 혹은 '사후의 삶'에 대한 이러한 관점을 통해 우리는 두 가지를 찾아 볼 수 있다. 그 하나는 덕 윤리와의 상호연관성이요, 다른 하나는 덕 윤리에서 교정되어야 할 부분이다. 덕 윤리에서처럼, 기독교가 말하는 성장은 이 세상에서 실현되지 않는다. 하지만 기독교는 덕 윤리가 제공하지 못한 소망, 즉 성장의 과정이 완성되리라는 소망을 말해준다. 이 세상에서 우리는 텔로스를 향하여 획기적으로 혹은 아주 조금씩이나 마 진보하고 성장해 갈 수 있다. 기독교는 이러한 과정이 죽음으로 끝나는 것이 아니라는 소망을 심어준다. 하나님의 신실하심과 우리에 앞서 첫 열매가 되신 그리스도의 부활로 인하여, 우리는 이 여정이 무덤을 넘어서까지 계속되리라는 것을 믿을 수 있다.

기독론

성화론에서, 텔로스는 '그리스도께 대한 순종' 혹은 '그리스도의 형상에 이르는 것'을 뜻한다. 그리스도는 우리의 텔로스가 되신다. 바른 기독론이고자 한다면 나사렛 예수께서 인간의 진정한 선 혹은 목적을 구현하셨다는 관점을 가져야 할 것이다. 예수 그리스도는 한 사람의 인간에 그치는 분이 아니라, 인간의 모범이시다.[57]

이 주제를 위해 선택한 세 명의 신학자는 메노나이트의 크라우스(C. Norman Kraus), 화란 개혁교회의 베르코프, 그리고 가톨릭의 에드워드 스킬러벡스(Edward Schillebeeckx)이다.[58] 이들이 속한 전통 혹은 교단은 서로 다르지만, 예수 그리스도를 우리의 참된 목적이자 본성으로 본다는 데 공통점이 있다.

C. 노먼 크라우스 크라우스는 단권짜리 신학개설서 『하나님, 우리의 구세주』(God our Savior)에서, 기독론을 첫 주제로 삼았다.[59] 크라우스에 따르면, '신학은 예수 그리스도를 우리에게 주신 하나님의 규범적 계시라는 근본적 확신에서 시작된다.' 여기에서 규범이라는 말을 쓴 것은 하나님께 대한 지식의 다른 원천들을 배제해야 한다는 뜻도 아니고,

혹은 인간을 통해 하나님께 대한 지식을 얻을 수 있다는 뜻도 아니다. '하나님의 성품과 인간의 목적을 이해함에 있어서 변경될 그 어떤 개정판도 기대해서는 안 된다'는 의미에서이다.[60]

그리스도인들은 왜 예수께 대해 그토록 강한 신념을 갖는 것일까? 예수께서 '하나님의 규범적 자기계시'이심을 확신하게 되면 어떤 결과가 뒤따르는가?[61] 크라우스에 따르면, 예수의 총체적 정체성 혹은 '게슈탈트' 때문이다. 이는 예수의 삶의 방식을 하나님과 연관시키는 것으로서, 악마들을 압도할 그의 가르침과 권세 및 의로우신 죽음, 그리고 예수의 부활과 성령의 강림과 결부되어 있다. 예수를 따르는 자들이 마침내 예수의 총체적 정체성을 부활과 오순절의 관점에서 성찰하게 되었을 때, '그리스도께서 하나님의 자기계시이심을 점점 더 분명하게 알게 되었다.'[62]

크라우스에 따르면, 예수와의 역사적 만남을 통해 예수께 대한 새롭고도 존귀해진 표현법, 예를 들어, 구세주, 메시아, 주, 말씀, 하나님의 아들 등의 용어들이 사용되었다. 이러한 표현들은 본래 형이상학적인 것이 아니라, '그리스도 안에서 경험된 하나님'께 대한 고백이었다. 언어적으로 집약된 용어들을 통해, 그리스도인들은 다양하고도 새로운 맥락들 속에서 '예수께서는 우리와 함께 하시는 임마누엘 하나님'이시라는 확신을 중언했으며(이 증언을 계속하기로) 결단했다.[63]

크라우스에게 있어서 이는 '성육신' 개념의 두 측면 중 하나에 해당한다. 성육신이란 하나님께서 예수 그리스도의 인격을 통해 역사적 실존이라는 한계 안에 현존하심을 드러내어 보이신 것을 뜻한다. 예수 안에서, 하나님께서 현존하시며 스스로를 드러내어 보이신다.[64]

성육신의 다른 한 측면은 예수께서 충만한 인성을 지니셨다는 사실이다. 크라우스는 예수의 인성에도 똑같은 무게를 두었다. '예수께서는 우리를 향한 하나님의 계시일 뿐 아니라, 완전한 인간이 된다는 것이 무엇인지를 보여주셨다.' 예수 안에서, '하나님은 우리의 인성을 공유하셨으며, 인성의 참된 의미와 존엄성을 계시해주셨다.'[65]

크라우스는 예수의 인성이 신약성경을 통해 철저하게 드러났으며 사도신경과 에큐메니칼 신조들을 통해 확언되었다는 점을 일깨워준다. 크라우스에 따르면, 예수께서는 우리가 어떤 존재로 지음을 받았는지를 보여주셨다.

> 이 모든 것의 비상함과 심지어 기이함은 예수께서 죄인 된 인간의 실존적 한계 속에서 하나님 형상의 완전한 잠재성을 보여주셨다는 데 있다.… 예수께서는 인간 안에서 인간을 위해 죄 없으신 하나님 형상을 구현하셨으며 모든 인간을 '하나님의 자녀'(요1:12-13)가 되게 할 모범이 되셨다.[66]

그리스도가 인간의 모범이 되신다는 것은 그리스도께서 인간의 잠재성을 완전하게 구현하셨다는 뜻이다. 그리스도는 이기적 유혹들에 저항하셨으며 스스로를 가난하고 억눌린 자들과 동일시하셨다. 또한 사랑을 동기와 지침으로 삼으셨고 친구와 원수들에게 사랑의 원칙을 따라 응답하셨다. 이는 하나님께 대한 복종(심지어 죽기까지 복종하셨다)이며, 자아실현의 가치를 자율성보다는 하나님과의 관계에서 찾고자 하셨다. 그리스도인들은 그리스도를 본받음으로써 그리스도 안에서 하나님을 뵐 수 있을 것이다. 이러한 뜻에서, 그리스도께서는 우리의 모델이자 모범이 되신다. 그리스도께서 완전한 인성을 구현하심으로써, 인간이 구현해야 할 텔로스를 보여주셨다.

크라우스에 따르면, 그리스도인들은 인간의 참된 텔로스가 무엇인지 알고 있다. 그리스도께서 이미 인간의 텔로스를 구현하셨기 때문이다. 우리는 참으로 탁월한 인간이 된다는 것이 무엇을 뜻하는지, 우리의 잠재성을 완전하게 구현하는 것이란 무엇인지를 알 수 있다. 그리스도께서 우리들에 앞서 그 목적에 도달하셨기 때문이다. 그리스도는 예언자 혹은 현자 혹은 선각자 그 이상의 존재이시다. 그는 하나님을 우리에게 인격적으로 계시해주신 분이시다.[67] 그는 완전한 인간이기도 하셨다. 그리스도의 완전한 인성과 우리들과의 연대성에서, 그리스도는 우리가 어떤 존재로 지음을 받았는지를 보여주셨다. 우리의 궁극목적은 그리스도의 인격 안에 있다.[68] 역사 안에서 특별하고도 구체적인 삶을 살아가신 예수 그리스도를 바라봄으로써 우리는 인간의 참된 본성과 목적에 대한 단초를 발견할 수 있다.

이러한 지식은 덕 윤리와 크라우스의 기독론 사이의 연결 고리를 보여주는 하나의 예라 하겠다. 다른 예도 있다. 크라우스에 따르면, 그리스도에 대한 지식과 우리의 생명을 위해 그리스도를 추구하는 것은 지성으로만 가능한 것이 아니다. 제자도는 그리스도가 누구이시며 우리들이 어떤 목적을 향하여 변화되어야 하는지를 보여준다. 크라우스는 도제관계를 통해 제자도를 가장 잘 설명할 수 있다고 본다.

> 제자는 기술을 전수받는 자로서, 장인(자신이 배우고자 하는 기술이나 기능을 충분히 습득한 사람)의 도제관계 속에 자신을 정위시키는 자이다. 도제관계에는 생명의 원천과 의미에 대한 의식적 추구가 포함되며 제자와 장인 사이의 관계는 독특하다. 장인(랍비, 구루)은 배우기 위해 자발적으로 찾아온 제자에게 권위를 가진다. 그 배움에는 친밀할 관계와...관찰과 모방에 의해 장인의 영향과 스타일을 배워가는 과정이 포함된다. 이러한 관계를 통해 제자 됨을 배우게 될 뿐 아니라, 장인이 되기를 배우게 된다. 예수를 따르는 자들이 예수가 누구이신지를 배우는 것 역시 이와 다르지 않다.[69]

제자도의 비전은 2장에서 다룬 이야기와 유사한 측면을 지닌다. 2장에서, 도덕교육 및 결단을 내리는 과정에 멘토와 모범이 되는 인물이 필요하다는 점을 살펴보았다. 덕 윤리는 도덕교육 및 덕목들의 획득과정을 설명하기 위해 도제관계의 예를 자주 사용한다. 장인 혹은 가치 있는 모범인물의 지침을 받음으로써, 그들을 뒤따라감으로써, 우리는 덕목들이 보여주는 정서적이고 지성적인 성향, 습관, 그리고 기술들을 실천하고 구현하게 된다.[70]

덕 윤리의 이러한 요소들은 크라우스의 제자도 이해와 밀접하게 연관되어 있다. 크라우스는 '스승으로서의 예수께 복종함으로써' '삶의 통전성과 총체성'을 성장시킬 수 있다고 말한다. 하지만, 유의할 것이 있다. 크라우스에게서 이는 기독론의 주제라는 점이다. 윤리 혹은 성화만을 위한것이 아니라는 뜻이다. 도제관계를 통한 존재의 '변화'에서, 우리는 그리스도 안에 있는 인간의 목적에 대해, 세상을 향한 그리스도의 의의를 더잘 이해할 수 있게 될 것이다.[71] 따라서, 크라우스는 바른 기독론이란 그리스도의 스승 되심을 따라 자신을 내어맡기고 변화되는 과정까지를 포함하는 것이어야 한다고 주장한다.[72]

크라우스의 기독론에 덕 윤리와 맞아 떨어질 수 있는 요소들이 더 있을 듯싶기는 하지만, 이것만으로도 충분해 보인다. 크라우스에 따르면, 그리스도인들은 인간의 참된 목적을 알고 있다. 그리스도 안에 그 목적이 있기 때문이다. 더구나, 그 목적을 향한 여정에는 그리스도와의 도제관계를 통한 자아의 변화가 포함된다.

핸드리쿠스 베르코프   우리의 진정한 텔로스로서의 예수, 인간의 잠재성을 완전하게 구현한 존재로서의 예수라는 주제는 베르코프의 기독론에서도 볼 수 있다. 그의 기독론을 이 주제로 직접 환원시킬 수는 없지만, 그의 기독론이 탁월하고도 우월한 역할을 한다는 것은 분명하다.

예를 들어, 예수의 '위격'에 대한 베르코프의 관점이 그렇다. 그는 '너희는 나를 누구라 하느냐?'하셨던 예수께서 제자들에게 던지신 질문에 '위격'이라는 말의 의의가 담겨 있다고 해석한다.

베르코프에 따르면, 역사적 성찰로는 이 질문의 답을 찾기 어렵다. 오히려, 역사적 성찰은 우리에게 예수 당시의 사람들이 가지고 있던 예수께 대한 위격적 선택과 동일한 것을 우리에게 강요한다. 역사적 성찰은 예수께 대해 여전히 동일한 질문을 남겨줄 뿐이다. '그는 누구인가?'[73]

이 질문에 대한 신앙의 답은 베드로가 했던 대답에 상응하는 것으로서, '하나의 도약, 하나의 결단'을 필요로 한다. 이는 단지 주어진 데이터에 의해 이루어지는 답이 아니다.[74] 예수께 대한 신앙의 답은 맹목적 도약이 아니다. 예수의 위격과 삶에 대한 전체적인 묘사에 의해 정당화된 결단이다. 어떤 이들은 처음에 예수의 권위 혹은 사람들에 대한 그의 근본적 사랑 혹은 그의 담론과 비유들 또는 그의 죽으심과 부활에 의해 신앙을 가질 수 있다. 일단 신앙을 가지게 되면, '어느 한 측면에 매료될 때, 다른 측면들도 인정하게 된다.'[75] 말하자면, 그리스도를 향한 신앙적 응답의 근거는 그리스도의 전체적인 모습을 파악하는 데 있다.

베르코프가 독자들에게 전체적인 묘사를 강조했던 것은 맥락에 따라 다양한 형태로 변화된다. 그는 역사적 예수와 케리그마의 그리스도 사이의 관계를 다룰 때, 예수께 관한 간략한 내러티브적인 역사를 제안한다. 그 초점은 성경신학자들 사이에 광범위하게 수용되는 요소들에 맞추어져 있다. 그런가하면, 예수를 '하나님의 아들'로 설명하는 과정에서는 예수의 삶에 나타난 몇 가지 요소들에 주목한다. 하나님을 향한 사랑과 순종, 이웃을 향한 사랑, 기존의 권세와 전통들로부터의 자유, 마귀에 붙들린 파괴적 세력들에 대한 제어가 그것이다. 또한 예수의 인간으로서의 모습에 대해서는 하나님과 예수 그리스도 사이의 친밀성에 유의하면서, 그리스도께서 인간에게 용서, 긍휼, 치유, 그리고 자유를 제시하신 방식에 주목한다. 이러한 여러 경우들 및 그와 유사한 예들에서, 베르코프는 예수의 삶에 나타난 몇 가지 요소와 사건들에 주목하게 한다.[76] 독자들로 하여금 예수의 어느 한 측면 혹은 사건에 고착될 것이 아니라, '전체적 묘사'에 관심을 가져야 한다는 점을 강조하기 위한 노력이었다. 베르코프는 기독교신앙을 예수의 전 생애와 삶의 방식에 근거하는 것이라고 강조하였으며, 이러한 큰 그림을 상실하게 되면 신앙은 결국 왜곡되어 버린다고 보았다.

그렇다면, 신앙은 예수에게서 무엇을 보아야 하는가? 베르코프는 '하나님의 아들'이라는 개념이 부활 직후로부터 오늘에 이르기까지 기독교공동체에서 가장 두드러진 용어임을 강조한다. 베르코프가 '하나님의 아들'이라는 개념에 주목하는 이유가 여기 있다.

이 개념에 관하여 베르코프가 가장 먼저 주목한 것은 그 개념의 기원이다. 이 개념은 구속적이며 역사적이요 계약적인 용어였다. 구약성경에서, 하나님은 이스라엘을 혹은 때로는 왕들을 아들이라고 칭하셨다. 이는 육체적 의미가 아니라, '상호 간의 사랑과 순종의 관계를 지칭하는 언약적인' 의미였다.[77] 베르코프에 따르면, 예수께서 아들이시라는 것 역시

> 이러한 언약적 전통에 속한다. 그리스도는 탁월하게 순종하심으로써 사랑받는 언약의 파트너가 되셨다. 하나님과 그리스도의 관계는 이스라엘의 왕 혹은 다른 유형의 중보자에게 요구되는 대표성을 보여주었다.… 그의 대표성을 통해 그리스도는 '많은 형제들 중에서 장자'가 되었다.[78]

예수 그리스도를 언약적 맥락에서 해석함으로써, 베르코프는 예수의 독특성을 말하고자 했다. 베르코프는 구약의 언약이 '파기될 지경에 이르

러 있었으며' 새로운 시작이 필요했다고 주장한다. 선지자들은 이러한 시작이 이 세상으로부터는 올 수 없음을 알고 있었다. 그 대신,

> 하나님 자신이 참 인간, 즉 신실한 계약 파트너가 되셔야 했다. 위로부터의 새로운 시작이 바로 '예수'이시다. 예수는 마침내 아들 되심을 완수하셨다. 예수는 탁월한 바로 그 아들(the Son)이시다. 또한 예수는 인간의 종교적 도덕적 순수성의 열매 혹은 극치가 아니라 독특하고도 새로운 하나님의 창조사역에 의한 존재이시다.[79]

따라서 '참 인간'이신 예수께서는 하나님 안에 그 기원이 있다는 점에 독특성을 지닌다. 여기에서 유의해야 할 두 가지가 있다. 베르코프의 표현을 따라 말하면 다음과 같다.

> 그 기원에 있어서,··· 예수의 아들 되심은 독특하다. 그 내용을 살펴보면, 모든 인류가 이스라엘의 계약방식을 따라 부르심을 받았다. 여기에서 우리는 우리 자신과 이스라엘, 그리고 이스라엘이 상징하는 것이 무엇인지 알 수 있으며 그 안에서 모두가 실패했다는 사실을 알 수 있다.··· 예수의 아들 되심은 ··· 그 안에서 그리스도께서 ··· 우리들 모두를 포함하기를 원하신다.··· 우리는 그가 먼저 보여주신 덕분으로 그리고 그 방식에 의존함으로써 그리스도처럼 되어야 한다.[80]

베르코프는 예수의 인성, 즉 예수의 규범적이고 모범적인 인성을 강조하지만, 이는 언제나 예수의 독특성에 대한 확언과 연계된다. 예수는 우리보다 앞서 길을 가셨으며 신앙은 예수 안에서 행하신 하나님의 새로운 창조사역을 볼 수 있게 한다.

사실, 베르코프에게 있어서 예수의 독특한 기원을 강조하게 하는 요

인은 예수의 인성이다. 예수와의 역사적 만남과 예수께서 그의 실존을 구현하신 방식(하나님께서 이제까지 이스라엘을 다루신 방식과 부활이라는 관점에서 볼 때)은 예수를 하나님께로부터 온 참 인간으로 보게 한다. 다른 말로 하자면, 신앙을 통해 예수 안에서 하나님의 새로운 창조사역을 볼 수 있다. 예수께서 하나님이 원하시는 인간의 모습을 완전하게 구현하셨기 때문이다.[81]

예수의 모범적 인성에 대한 강조는 베르코프의 기독론 뒷부분까지 철저하게 이어지고 있다. 예수의 위격에 대한 질문 이후에, 베르코프는 예수께서 어떤 삶을 사셨는지 묻는다. 베르코프는 예수의 삶이 종종 '예수만의 유일한 삶'이었다고 주장한다. 베르코프는 이러한 주장을 불행한 일이라고 평가한다. '너무 소극적이고, 너무 정적이며, 너무 제한적인 표현이다'. 베르코프는 '예수의 삶의 핵심을 보여주는 인성'이라는 표현을 선호한다. 베르코프는 이 용어를 예수의 독특한 삶에 적용하여 예수와 우리 사이의 연계성을 강조한다. 예수 안에서,

> 우리는 인간을 향한 하나님의 계획의 깊이와 넓이를 알 수 있다.··· 인간됨의 참 뜻은 예수께서 보여주신 삼중의 관계, 즉 하나님, 이웃, 그리고 자연에 대한 관계에서 볼 수 있다. 되어야 할 인간의 최고특질 또한 여기에 있다. 사랑과 자유가 그것이다. 여기에서 인간은 완전한 성장에 이를 수 있으며 하나님의 파트너가 되고 하나님께 쓰임 받는 도구가 될 수 있다.[82]

예수의 규범적 인간성에 대한 이러한 강조는 예수의 죽으심과 부활에 관한 논의로 이어진다. 베르코프가 부활에 관한 논의에서 가장 먼저 다룬 것은 부활과 예수의 삶과의 관계에 관한 것이었다. 부활은 '임의적인 개체에게 발생하는 ··· 것이 아니라, 부활에 부르심을 받은 바로 그 사람에게 발생한다.'[83] 부활은

예수의 삶과 죽으심에 나타난 예수의 방식을 하나님께서 정당한 것으로 승인하신 사건이다. 하나님께로부터 오는 이러한 예외적인 표식이 없다면, 우리는 예수의 삶과 죽으심에 내재한 예외적 본성에 대한 확실성을 가질 수 없을 것이다.… 하나님께서 예수 안에 계셨다는 것을 알 수 있는 길은 부활을 통해서 만이다. 하나님께서는 이러한 삶만이 타당하고 하나님께서 의도하신 것에 일치하는 삶이라고 선포하신다.[84]

예수의 규범적 인성이라는 주제는 베르코프의 기독론 전체에 철저하게 반영되어 있지만, 이 정도만 살펴보아도 그 탁월성을 입증하기에 충분할 정도로 다룬 것 같다. 크라우스처럼, 베르코프는 그리스도인다운 그리스도인은 과연 무엇이 텔로스인지, 인간의 진정한 목적이란 무엇인지 알고 있다고 믿었다. 그리스도에게서 텔로스가 구현되었기 때문이다.

에드워드 스킬러벡스   크라우스와 베르코프도 역사적 예수에 관심을 갖고 있었지만, 스킬러벡스는 역사적 탐구에 깊은 관심을 가졌다. 사실, 그는 기독론을 다룬 두 권의 책 거의 대부분을 성경주해에 할애했다.[85]

스킬러벡스가 역사적 탐구를 강조한 것은 세 가지 상호연관성을 지닌다. 첫째, 역사적 예수에 관한 초대교회 그리스도인들의 주장들이 어떤 것인지를 이해할 수 있게 한다. 이는 나사렛 예수와의 만남을 통해 생겨난 것들로서, 그의 죽으심과 부활에 비추어 볼 때 예수는 구원을 베푸시는 분으로 체험되고 인식되었다. 그의 죽으심과 부활에 비추어 볼 때, 예수의 지상에서의 생애와 사역은 초대교회 그리스도인들이 예수께 대해 그리고 예수와 하나님과 구원의 관계에 대해 선언하던 비범한 주장들의 기초가 되었다.[86]

둘째, 예수께 대한 질문과 관계된다. 역사적 연구는 예수를 만났던 유대인들이 했던 것과 동일한 질문을 우리에게 제기해준다. 나사렛 예수를 어떻게 해석해야 하는가? 예를 들어, 그는 구세주인가 혹은 환상에 젖어 살던 자인가?[87]

셋째, 그리스도인들은 이 질문에 대해 예수께서 구원을 '가져오시는 분'이시라는 답을 가지고 있기 때문에, 우리의 신앙을 이끌어 줄 역사적 탐구가 필요하다. 부활과 예수께 대한 하나님의 관점에 비추어 볼 때, 우리의 신앙과 삶은 나사렛의 역사적 예수께 속하는 것이어야만 한다.[88]

이러한 역사적 탐구의 세 용법이 제안하듯, 스킬러벡스는 크라우스나 베르코프와 마찬가지로 예수의 '전체 모습'을 강조한다. '전체 모습'이라는 단어는 스킬러벡스가 사용한 개념은 아니다. 그 대신, 그는 내러티브 기독론의 필요성을 일깨워준다. 만일 나사렛 예수를 만나서 그와 소통하고자 한다면, 그의 이야기를 말하고 전해주어야 한다. 그의 이야기는 이스라엘에서 시작되어 예수의 생애와 교훈과 죽으심과 부활을 통해 이어졌고 교회 안에서 지속적으로 주장되어 왔으며 아직 실현되지 않은 미래를 기약해준다.[89]

스킬러벡스가 역사적 탐구에 관심을 가진 것은 이러한 내러티브 기독론을 통해 가능했다. 그는 내러티브 기독론을 활용하여 나사렛 예수께 대한 느슨한 의미의 역사적 내러티브 혹은 대략적인 의미의 전기체 형식으로 전체의 윤곽을 제공해 주었다. 이를 통해 우리는 초대교회 그리스도인들이 예수께 대해 특정하게 전해주었던 이야기의 의미를 깨달을 수 있다. 또한 예수와의 만남 및 예수의 정체성을 표현해줄 새로운 방법론을 위한 기초를 얻을 수 있다.[90]

역사적 탐구의 세 번째 용법이 제안해주는 것처럼, 스킬러벡스에게서 예수는 신앙과 실천의 규범이자 기준이다. 스킬러벡스에 따르면, 기독교신앙을 표현하기 위해 사용된 언어, 관심, 개념들은 그리스도인들이 살아간 사회적 문화적 맥락에 따라 달라진다. 스킬러벡스는 한 사회의 언어, 관심, 그리고 개념들이 불변하리라고 생각하지 않는다. 오히려, 예수께 대한 기억과 일치하도록 그 형태가 변모되어왔다고 본다.[91] '정의', '자유', 그리고 '해방'과 같은 개념들 및 '메시아', '하나님의 아들' 그리고 '주'라는 개념들은 예수를 가늠해보기 위해 사용된 것이 아니며 이러한 용어들을 통해 예수를 알게 되는 것도 아니다. 스킬러벡스는 그리스도인들이 예수의 사역으로부터 '정의', '해방'과 같은 말들이 진정으로 무엇을 의미하는지 배우고자 노력해왔다고 본다.[92]

'인간' 개념 역시 그 형태가 변경되어 왔다. 스킬러벡스에 따르면, 전통적인 의미의 성육신이라는 단어는 드물게 사용하는 반면에 '그리스도인들은 하나님 혹은 인간이라는 말의 뜻을 비록 더듬더듬하는 수준이라 할지라도 굳이 예수의 사역으로부터 배우려 했다.'[93] 인간다운 인간이 된다는 것의 진정한 의미는 예수의 삶과 죽으심과 부활로부터 배울 수 있다. '인간'이 된다는 것의 의미를 보여주는 개념들에 우리의 신앙을 대입해야 한다. 예수는 이들 개념의 시금석이지, 그 개념들에 의해 평가되고 가늠되는 존재가 아니다. 더구나, 예수에게서 우리는 인간이란 무엇인지를 깨달을 수 있을 뿐 아니라, 어떠한 인간이 될 수 있는지를 알 수 있다. 예수에게서 우리 자신의 참된 잠재성과 목적과 목표를 찾을 수 있다. 예수는 인간의 텔로스 혹은 목적을 이해할 빛을 비추어준다.[94]

스킬러벡스는 크라우스와 베르코프처럼, 그리스도인들이 인간의 텔로스 혹은 인간의 진정한 목적에 대한 이해를 가지고 있다고 주장한다. 그리스도 안에서 그 목적을 발견할 수 있다는 것이다. 역사 안에 나타난 특정하고도 구체적인 생애를 살아가신 예수의 생애를 바라봄으로써, 인간의 참된 본성과 목적에 대한 실마리를 찾을 수 있다는 주장이다. 우리가

'인간'에 대한 별도의 지식을 그리스도를 떼어놓고는 가질 수 없다는 것이 아니다. 오히려, 예수는 인간 됨의 의미와 목적에 대한 이해의 시금석이 자 기준이다.[95]

덕 윤리를 통해 더 잘 표현될 수 있는 개념들 예수는 우리의 진정한 본성이자 목적이다. 이러한 선 언은 성화에 대해 이제까지 했던 말들 그 이상의 의의 를 지닌다. 성화에 대한 토론에서, '그리스도께 대한 순종'은 아직 완성되지 않은 인간의 참된 목적을 보여주는 개념이다. 우리 에게는 이 목적을 보여줄 다양한 다른 방식들이 있다. 예를 들어, '하나님 의 자녀'와 '완성'이라는 개념들이 그렇다.

기독론을 통해서, 우리는 나사렛 예수의 생애와 그 방식이 목적 개념 을 이해하는 데 도움을 준다는 것을 알 수 있다. 인간의 텔로스에 대해 모 든 구체적인 사항들까지 파악할 수 없겠지만, 예수의 생애와 교훈과 죽으 심과 부활에서 그 본질과 내용의 실체적인 실마리를 발견할 수 있다.

그리스도 안에 인간의 텔로스가 있다는 주장은 사소한 것일 수 없다. 우리가 역사 안에서 특정한 대상 한 분을 바라봄으로써 인간의 진정한 본 성과 목적에 대한 실마리를 찾을 수 있음을 확증해주는 것이기 때문이다. 더구나, 그 실마리 자체가 하나의 규범이다. 인간의 진정한 목적이라고 말할 수 있거나 발견할 수 있는 것들은 무엇이건 간에, 예수의 온전한 방 식을 따르는 형태와 양식에 들어맞는 것이어야 한다.

안타깝게도, 이 중요한 신학적 통찰이 기독교윤리학자들 사이에서 설득력을 갖는 경우는 드물다. 최소한 두 가지 이유가 있다. 첫째, 기독교 윤리학자들은 예수가 윤리와는 무관하다고 말하는 경향이 있다. 이러한 무관성에 대한 추정에 다양한 논증들이 동원된다. 어떤 이들은 예수가 전해준 메시지는 물질적이고 윤리적인 것과는 거리가 먼 영적인 것에 해당한다고 말한다. 다른 이들은 예수가 인간의 복합적이고도 사해동포주의적인 상황에 적용할 수 없을 만큼 단순한 제의적 특징을 지닌 존재라고 주장한다. 그런가 하면, 예수의 세계관이 밀의적이고 중간시대에 해당하는 것이라고 말하기도 한다. 예수는 이 세상이 곧 지나가 버리고 말 것이라는 가정 하에서 살아갔고 그렇게 가르쳤지만, 종말에 관한 그의 인식은 실패했으며 우리로서는 여전히 지속되는 세상 속에서 살아갈 윤리를 가져야 한다는 주장이다. 이들이 공유하는 것은 예수의 생애와 방식에 관한 관심들이 윤리에 도움이 되지 못한다는 생각이다.[96]

예수와 윤리 사이의 무관성을 주장하는 관점들은 이제까지 살펴본 기독론과 어울리지 않는 주장들이다. 우리가 살펴본 신학자들은 예수의 인성이 지닌 규범적 의의에 주목한다. 예수께서 우리의 삶과 행위에 결정적인 존재가 아니라면, 과연 성육신에 대한 크라우스의 관점이 무슨 의미가 있겠는가?

둘째, 비록 기독교윤리학자들이 예수를 어느 정도 규범적인 의의가 있다고 인정하는 경우가 있기는 하지만, 그들은 종종 그 규범을 추상적인 규칙 혹은 원칙으로 환원하곤 한다. 이러한 환원의 공통적인 예는 예수를 사랑의 율법의 담지자로 보는 것이다. 예수의 모범을 따라가면서 하나님과 이웃을 사랑해야 한다는 뜻 정도로 보고 있는 셈이다.[97]

그러나 이러한 관점은 예수가 지닌 모범적 인성을 적절하게 표현해 주지 못한다. 예수의 생애, 교훈, 죽으심에 대한 토론에서 '사랑'을 근거로 내세우는 경우도 드물고, 예수의 생애가 사랑에 관한 기존의 이해와 어떻게 다르며 그것을 어떻게 깨닫게 되는지에 대해 토론하는 경우도 거의 없다. 마치 예수께서 보여주신 특별한 예가 없어도 사랑에 관한 완전한 이해가 가능한 것처럼 말하고 있다.

뿐만 아니라, 예수의 말씀 중 어느 하나에 완전하게 부합하는 것도 아니다. 예수는 사람들을 사랑하셨다. 하지만, 예수는 또한 구체적으로 기도하기도 했고 이야기를 전해주기도 했고 연회에 참석하기도 했고 병자를 치유했으며 지성인들과 토론하기도 했고 십자가에서 죽으셨다. 이러한 삶을 '사랑'이라는 단일 원칙에 담아내려는 것은 옳지 않다.

단일 규칙 혹은 원칙 안에 예수의 규범적 인성을 담아내려는 노력이 부적절하다는 점은 앞서 다루었던 세 명의 신학자들에게서 볼 수 있다. 크라우스는 신앙이란 예수의 총체적 정체성 혹은 '게슈탈트'에서 비롯되는 것이며 예수께 대한 완전한 이해를 위해서는 도제관계와도 같은 접근이 필요하다고 말한다. 베르코프는 예수의 인격과 삶을 신앙의 근거로 삼아야 한다는 점을 지속적으로 강조한다. 스킬러벡스는 역사적이고 내러티브적인 묘사를 통해 예수를 만나게 하며 예수를 신학과 실천의 규범으로 삼게 해준다.

이들 신학자들은 '사랑'이라는 단일 원칙에 호소하는 학자들과는 달리 예수의 전체 모습을 강조한다. 예수의 인성에 대한 이들의 논의는 예수의 삶을 단일 원칙으로 설명하려는 시도를 거부한다. 각각의 신학자들은 예수의 인성을 광범위하고도 복합적인 관점에서 설명하고 있는 셈이다.

단일 규칙이 아니라면 다수의 규칙 혹은 원칙들을 수용한다고 해서 문제가 해결되는 것은 아니다. 규칙과 원칙들이 많이 있기는 해도, 우리는 여전히 그 규범과는 동떨어진 또 다른 규칙들 때문에 고민하게 마련이다. 스킬러벡스가 말한 것처럼, 그리스도인들이 '정의'의 의미를 완전히 알고 있는 상태에서 그리스도께 나아오는 것은 아니다. 그 대신, 그리스도인들은 정의의 의미를 그리스도의 생애와 방식으로부터 배우고자 노력한다. 따라서 여러 규칙들과 원칙들에 대한 호소는 이들 규칙과 원칙들을 어떻게 이해하고 있는가를 입증해야 할 필요가 있다. 규칙 및 원칙들은 우리의 삶과 행위의 실제적인 지침이 될 수 없다. 예수의 전체적인 삶의 이야기가 지침이어야 한다.

말하자면, 이제까지 소개한 기독론을 반영하는 윤리이론에서는 규칙과 원칙들을 예수의 생애의 부수적인 요소로 간주한다. (규칙과 원칙들이 예수의 삶의 어느 특징들을 보여주는 역할을 한다는 점에서)규칙들은 예수의 삶을 기억나게 할 수 있지만, 규칙과 원칙들이 가장 기초적이고 근간이 되는 지침인 것은 아니다. 규칙과 원칙들이 그리스도라는 모범을 거스르는 것임을 검증해 본다면, 과연 결과는 어떻게 될까?

더구나, 그리스도는 단지 규칙과 원칙들을 부여하신 자가 아니라 인간의 목적이 되신다. 예수 안에서, 우리는 우리가 행해야 할 행위 혹은 따라야 할 규칙들만 볼 수 있는 것은 아니다. 예수 안에서, 우리는 어떤 인간이 되어야 하는지 알 수 있으며, 어떤 공동체를 이루어야 하는지 깨달을 수 있다.

세 명의 신학자들을 다시 생각해 보자. 크라우스에 따르면, 우리는 예수 안에서 완전한 인성을 본다. 우리는 그리스도 안에서 과연 하나님께서 의도하시는 완전한 인간의 가능태란 어떤 것인지를 깨닫게 된다. 덧붙여서, 제자도는 '삶의 원천과 의미'를 위한 필수사항이다. 이를 통해 우리는 친밀성, 학습, 그리고 모방이라는 과정을 통해 '스승의 영향과 스타일'을 수용함으로써 변화된다. 베르코프에게서, 예수는 모든 인류가 그 부르심에 합당하게 살아야 할 목적이 되신다. 예수 안에서 우리는 완전한 인성이란 무엇이며 하나님과 완전한 파트너가 되는 인성이란 무엇인지 알 수 있다. 예수는 '새로운 존재, 종말론적 인간'이다. 스킬러벡스에 따르면, 우리는 예수 안에서 우리의 진정한 가능태, 목적, 그리고 목표를 볼 수 있다. 예수는 '인간이 과연 어떤 존재가 될 수 있는지'를 보여준다.

이러한 주장들을 예수의 삶에 관한 구체적이고도 풍요로운 묘사와 결합시키면 각각의 신학자들의 관점이 예수를 우리 행위의 목적으로서만 아니라 우리의 인성을 위한 목적으로 간주하고 있음이 분명해진다. 기독교신앙은 특정한 종류의 인격 함양의 문제와 연관된다. 예수처럼 되는 것이다. 규칙과 원칙들은 우리로 하여금 이 목표를 향하여 나아가도록 도와줄 수 있겠지만 이 목표에는 규칙의 준수 그 이상의 요소들이 포함된다. 이 목표에는 특정한 종류의 존재가 되는 방식이 포함된다. 그 목표는 예수께 대한 완전한 인식을 통해 파악된다. 그 목표는 자아로 하여금 그리스도를 닮아가도록 변화되기를 요구한다.[98]

여기에서의 요점은 이제까지의 기독교윤리가 예수를 바라보았던 기본방식들이 그리스도인을 성장시키는 데 부적절했다는 사실, 그리고 예수를 윤리와 무관하다고 했던 기독교윤리학자들의 주장은 기독교적 확신과 양립될 수 없다는 사실이다. 만일 예수를 우리의 모범이 아니라고 주장하거나 그가 걸어가신 길이 우리가 지향해야 할 방향을 형성하거나 지시해주지 못한다면, 예수 그리스도를 향한 기독교의 고백은 빈약한 것이 되고 말 것이다.[99]

예수의 모범적 인성을 규칙 혹은 원칙 안에서 이해하려는 시도들(혹은 규칙 및 원칙의 셋트 안에서 해석하려는 것) 역시 옳지 않다. 구체적이고도 완전한 삶과 길을 어떻게 하나의 규칙 혹은 원칙으로 환원할 수 있다는 말인가? 더구나 예수는 규칙과 원칙들의 기준이자 규범이시기에 규칙과 원칙들은 예수의 삶의 이야기에 의존하는 것에 불과하다. 우리의 삶과 행위에 실제적인 지침은 규칙이 아니라 규칙들이 우리에게 회상하도록 이끌어주는 바로 그 삶에서 찾아야 한다. 결국, 목적이라는 것은 특정한 규칙과 원칙을 실천함으로써 도달할 수 있는 것이 아니라, 예수를 닮아가는 변화를 통해 이룰 수 있다.[100]

여타의 관점들과는 달리, 덕 윤리는 그리스도인이 예수의 규범적 인성을 따르는 존재가 되어야 함을 제대로 보여주는 통로가 된다. 예수 안에서, 우리는 새사람이 될 수 있으며(롬5:14, 고전 15:22,45), 그리스도께서 우리의 진정한 목적, 가능태, 목표가 되신다는 사실을 깨닫게 된다.[101] 이 점을 강조하는 이유는 예수께서 우리의 진정한 텔로스가 되심을 덕 윤리가 제대로 보여줄 수 있기 때문이다.

덕 윤리는 규범을 규칙이나 원칙들로 환원시키지 않고서도 예수의 규범적 인성을 강조해준다. 2장에서 말한 것처럼, 규칙이 덕 윤리에서 중요한 역할을 하는 것은 사실이지만, 더 중요한 것은 우리 자신의 진정한 본성과 목적이다. 덕 윤리의 기독교적 수용은 예수를 인간의 본성에 대한 본질적 실마리를 제공하는 분으로 보게 해준다. 그리스도로 인하여, 우리는 마땅히 가야할 여정에 대한 비전을 가질 수 있다. 그리스도로 인하여, 우리는 있는 그대로의 우리 모습과 되어야 할 존재로서의 우리 모습을 대조시켜 볼 수 있으며 되어야 할 인간상의 구현에 요구되는 습관, 능력, 이해관계, 계명, 명령, 금지, 기술 등에 초점을 맞출 수 있게 된다.

인간론

인간론을 다루는 이유는 성화론 및 기독론과는 달리, 전략적 관심에서 비롯되었다. 다양한 관점들을 검토하기보다는 인간론의 기본적인 흐름을 요약하고자 한다. 이렇게 스타일을 변경하는 데에는 일차적으로 필자의 기본적인 관심이 작용했다. 프로테스탄트와 가톨릭을 포함한 대부분이 동의할 만한 이야기가 될 듯싶다.

인간의 자유　　덕 윤리는 인간을 행태주의와 주의론 사이의 중간적
　　　　　　　　관점에서 설명한다(이에 대해서는 2장을 참고하라). 인간의 자
유에 대한 기독교의 설명도 이와 일치한다. 인간은 결정론적으로 설명할
수 있는 존재도 아니고, 주의론에서처럼 무제약적으로 자유로운 존재도
아니다.

　기독교는 인간의 행위가 외부의 힘에 의해 개인의 선택에 영향을 준
결과라고 설명하는 관점을 결코 수용할 수 없다. 본질적으로, 우리는 하
나님을 만나야 하고 하나님께 응답해야 하는 존재이다. 응답한다는 것은
하나님께 반사하듯 행위하는 존재라는 의미가 아니며 무조건적 자유의
존재라는 뜻도 아니다. 그리스도인들은 하나님의 음성을 듣는 존재로 부
르심을 받았다.[102]

　하지만, 기독교의 인간론은 자유가 무조건적인 것이라고 생각하지
않는다. 두 가지 제한된 의미에서의 자유이다. 첫째, 우리는 유한하고 신
체를 지닌 존재라는 점에서, 우리의 행위는 생물학적이고 사회적이고 역
사적인 힘에 의해 심층적인 방식으로 형성된다. 우리의 자유는 이러한 힘
들의 제약을 받는다. 둘째로, 인간의 자유는 '죄'에 의해 제한된다. 자유를
제한하는 죄는 개인이 하나님으로부터 빗나간 것인 동시에 타락한 사회
구조, 제도, 및 관계들과 결탁된 권력이라고 할 수 있다.[103]

　죄를 하나의 실재라고 말하는 것은 자유 자체가 해방될 필요가 있음
을 뜻한다. 하나님께로부터 빗나감으로써 우리는 자아중심성에 갇혀버리
고 안전에 대한 중독 혹은 물질적인 것에 대한 중독에 빠지고 말았다. 더
구나 사회적 역사적 구조라는 것 자체가 무질서하고 병들어 있다. 신학에
서는 자유를 하나님의 선물이라고 말한다. 진정한 자유는 하나님의 자기
를 내어주시는 은혜에 응답함으로써만 찾아온다.[104]

　하나님의 은혜가 없다면 우리의 자유는 너무도 왜소하다. 우리는 여

전히 우리가 살고 있는 생물학적, 사회적, 역사적 맥락에 의해 제한된 유한한 존재일 뿐이다. 신학적 인간론에서 인간을 완전히 결정된 존재로도, 완전히 자유로운 존재로도 간주하지 않는다는 것은 이러한 뜻에서이다.

인간을 육체와 영혼의 결합으로 보는 전통적인 기독교의 관점을 예로 들어보자. 우리 자신을 '육체'로만 간주하면, 인간을 기계론적으로 이해하게 될 것이다. 만일 우리 자신을 '영혼'으로만 간주하게 되면, 인간은 완전히 자유로운 존재라고 할 수 있을지 모른다. 하지만 인간이 육체와 영혼의 결합체라는 점에서, 인간은 한계와 자유를 지닌 존재이다. '육체'가 상징하는 것은 인간이 피조물들과 연대성을 지니고 있으며 그것이 인간의 구성방식이 된다는 뜻이다. '영혼'이 상징하는 것은 인간이란 행위하는 자이며 관계성을 공유하는 존재라는 뜻이다.[105]

바로 여기에 덕 윤리와 신학 사이의 분명한 연결고리가 있다. 두 관점은 각각 인간의 선택과 행위가 완전히 결정론적인 것도 아니며 완전히 자유로운 것도 아니라는 점을 인정한다. 하지만, 이러한 연결고리는 그 표현에 담긴 것보다 약한 것일 수도 있고 강한 것일 수도 있다. 연결고리가 약하다는 것은 인간이 결정론과 자유 사이의 중간지점에 방치된 존재라는 점을 신학이 인정하지 않는다는 점에서이다. 인간의 자유는 하나님의 성령께 응답함으로써만 가능해진다. 연결고리가 강해진다고 하는 것은 신학자들 사이에서 자유란 어떤 종류의 인간이 될 것인지를 선택하고 의도하는 능력에 해당한다고 보는 경향이 점차 늘고 있다는 점에서이다. 말하자면, 자유의 행사에 자아형성이 포함된다고 생각하는 신학자들이 늘고 있는 셈이다. 여러 선택과 행위들 중에서, 우리는 우리의 자아는 물론이고 다른 사람들을 형성시키는 일에 관여하기도 한다. 자유는 인간으로 하여금 경쟁적인 대안 중 하나를 선택하는 능력이지만, 선택을 통하여 성품, 목적, 욕구의 함양에서 중추적인 역할을 수행하기도 한다.

하나님의 은혜는 죄로부터만 자유하게 하는 것이 아니다. 하나님의 은혜는 또한 특정한 삶을 추구할 자유를 주신다. 섬김, 사랑, 평화, 인내, 친절, 신실함과 자제와 같은 것 말이다. 은혜 안에서 발견되는 자유에는 무엇을 선택할 것인가 하는 자유 그 이상의 의의가 담겨있다. 여기에는 선택과 행위를 통해 특정한 종류의 인간이 되고자 하는 자유가 포함된다. 우리가 은혜 안에서 얻은 자유가 지속되고 실체적인 것이라면, 우리는 복음에 합당한 방식으로 자아를 형성시켜줄 행위와 실천 및 제자도를 따라야 할 것이다.[106]

인간의 공동체적 본성

1장과 2장에서 우리는 관계성 및 공동체적 행위가 덕 윤리의 핵심이라는 점을 살펴보았다. 우리는 다른 사람들과 동반자가 됨으로써 덕을 획득한다. 우리 여정의 목표는 개인의 성장이지만, 공동의 기획, 공유된 행위, 친밀한 관계 등도 포함한다.

기독교의 인간론은 관계성이 결정적인 것이라는 점에 동의한다. 예를 들어, 창조의 이야기를 생각해보라. 창1:27에는 우리의 관계성(남성과 여성이라는)이 포함되어 있으며 이는 하나님의 형상으로서 인간의 본질적인 구성요소이다. 창2:18-25에 따르면, '사람'은 홀로 살아갈 수 없는 존재이다.[107]

하나님께서 애굽에서의 해방을 통해 민족을 지어내신 것이라든지, 혹은 바울이 교회를 그리스도의 몸으로 보는 것 등 어느 경우에서든 성경은 지속적으로 인간이 본성상 공동체적 존재임을 말해준다. 이러한 차원은 예수께서 행하신 하나님 나라에 대한 설교에서 드러난다. 예수께서는 개인적인 복음을 구현하시지도 않았으며 설교하지도 않으셨다. 그 대신,

예수께서는 다른 사람들을 섬겼고 다른 사람들과 함께 기뻐했으며 섬김
과 사랑의 공동체를 이루어야 한다고 선포했다.[108]

그리스도인들은 예수 안에서, 인간의 가능태와 목적을 찾을 수 있다
고 믿는다. 따라서 삶의 목적이란 완전한 고독도 아니며 하나님께 대한 몰
입도 아니다. 하나님과 이웃에 대한 친교와 섬김에 있다. 삶의 여정은 고
립 혹은 분리가 아니라 공동체적 행위와 친밀한 관계성을 통해 목적지에
도달하게 된다.

목적에 대한 진실은 여정에 관한 진실이기도 하다. 태어날 때부터,
인간은 음식과 의복에서부터 언어의 습득에 이르는 모든 것을 다른 사람
에게 의존한다. 우리는 기본적인 필요를 다른 사람들에 대한 의존으로부
터 벗어나 스스로 큰 체하며 살 수는 없다. 우리는 지속적이고도 철저하게
다른 사람들에 의해 영향을 받고 정보를 얻으며 성숙해 간다. 따라서 우리
가 그리스도 안에 있는 우리의 목적에 이르고자 한다면 상호복종, 상호인
정, 상호고백, 상호안내라는 바른 관계들이 필요하다.[109]

신학적 인간론에 따르면, 인간의 여정과 목적은 공동체적 행위와 친
밀한 관계를 포함한다. 여유가 있다면, 교회론과 종말론을 고찰할 필요가
있다. 이러한 관계들이 여정과 그 목적에 필수불가결의 것임을 그 분과에
서도 확인할 수 있을 것이다.[110] 하지만, 기독교의 인간론에 항상 공동체
안에 있는 개인이 포함된다는 점을 살펴보는 것만으로도 충분하다. 자아
는 진공상태에서 존재하지 않으며 자아실현에는 다른 사람들과의 관계가
요구되기 때문이다.

신학과 덕 윤리 사이의 또 다른 연결고리 혹은 상호연관성이 바로 여
기에 있다. 신학과 덕 윤리는 공동체를 필수적인 것으로 본다. 개인은 고
립된 상태에서는 가능태를 실현할 수 없다.

결론

이 장에서는 덕 윤리와 현대신학 사이의 유사성, 접촉점, 그리고 상호연관성을 살펴보았다. 첫째 부분에서는 성화론을 도덕적 성장과 변화의 목적론적 개념으로 해석했다. 또한 성화의 텔로스가 삶을 통해 지속적으로 추구되어야 하지만 이 세상의 삶에서는 완성되지 않는다는 점을 살펴보았다. 둘째 부분에서는 기독론이 성화의 텔로스란 무엇인지를 설명할 본질적인 실마리를 제공해준다는 점을 살펴보았다. 또한 예수를 인간의 텔로스로 보는 관점이 여타의 윤리보다 탁월한 방식으로 예수의 모범적 인성을 부각시켜준다는 점을 알 수 있었다. 셋째 부분은 기독교의 인간론이 완전히 결정론적인 것도 아니고 완전한 자유의 존재로도 설명될 수없다는 점을 살펴보았다. 또한 신학에서 점차 인간을 자아형성적 행위자로 보려는 관심이 늘어나고 있으며 공동체가 그리스도인의 삶에 본질적인 것임을 강조하는 움직임 또한 많아지고 있음을 알 수 있었다. 이들 세부분 모두가 덕 윤리와 기독교 사이의 몇 가지 잠재적 연결고리이다. 2장에서 다룬 여러 주제들은 이 장에서 다룬 주제들의 카운터파트가 되는 셈이다.

이 장에서는 기독교에 적합한 것이 되게 하기 위해 덕 윤리에서 변경시키고 보충하고 재구성해야 할 영역들이 있다는 점도 살펴보았다. 주목할 것은 특히 인간이란 하나님의 은혜에 의존해야 하는 존재라는 사실이다. 성화 및 인간의 자유는 하나님의 자기를 내어주시는 사랑에 의존한다. 또한 기독론에서 제시된 주제 역시 이에 못지않게 중요하다. 인간의 진정한 본성과 목적에 대한 규범적 실마리가 역사 속에 나타났던 특정한 삶, 즉 그리스도의 생애를 통해 구현되었기 때문이다.

1 성화와 기독론에 관한 인용 모두 다음 책을 주목하고 있다. Hendrikus Berkhof, *Christian Faith: An Introduction to the Study of the Faith*, Revised ed. trans. Sierd Woudstra (Grand Rapids: Wm. B. Eerdmans, 1986). 이러한 중복사용은 필자의 신학적 성향을 보여주는 것이라 할 수 있다. 베르코프의 저술은 이 장에서 다른 신학자들보다 더 밀접하게 필자의 관점을 반영해주고 있다.

2 이렇게 단언하는 것은 덕 윤리가 신조들을 중심으로 하는 기독론적 접근과 양립불가한 것이라는 뜻이 아니다. 기독론의 여러 주장들 중에서, 필자의 관점은 가장 최근의 기독론을 근간으로 삼고 있다고 할 수 있지만, 이 책에서는 이 부분을 다루지 않기로 한다.

3 주해 58에서 자세하게 설명하기로 한다.

4 Stanley Hauerwas, *Character and the Christian Life: A Study in Theological Ethics with new introduction* (San Antonio: Trinity University Press, 1985).

5 Joseph Dunne, *Back to the Rough Ground: 'Phronesis' and 'Techne' in Modern Philosophy and in Aristotle* (Notre Dame: University of Notre Dame Press, 1993), p. 231.

6 예를 들어, 필자는 이 장에서 '사후의 생'에 대한 토론을 포함시키지 않았다. 필자가 보기에, 여기에서 소개한 신학자들의 주장 속에 이 부분이 들어가 있을 듯싶다. 각각의 신학자들은 성화 및 개인의 종말에 관한 문제에 긴밀하게 연관되어 있기 때문에, 필자로서는 서로의 관점을 언급하지 않은 채 이들 각각의 관점이 정당화될 수는 없다고 본다.

7 Berkhof, *Christian Faith*; Millard J. Erickson, *Christian Theology*, 3 vols. (Grand Rapids: Baker Book House, 1982); John Macquarrie, *Principles of Christian Theology*, 2nd ed. (New York: Charles Scribner's Sons, 1977).

8 표현법의 한계가 있는 것이 사실이다. 베르코프는 '네오-바르트적'이며, 에릭슨은 잘 알려진 것처럼 보수적 복음주의자이다. 그리고 맥쿼리의 책은 실존주의와 초월적 토마스 아퀴나스주의의 영향을 받았다.

9 비록 각각의 저자들은 여기에서 '성화'를 언급하고 있기는 하지만, 도덕적 중생에 대한 표현은 기독교 전통에 따라 달라진다. 동방정교회는 'theosis' 혹은 'theopoiesis'라는 표현을 선호한다. 서방기독교는 다양한 용어들을 사용한다. '성화 안에서의 성장', '피조된 은혜', '칭의의 증대', '중생', 그리고 '완성' 등이 그것이다. 이러한 상이한 용어들은 예민하면서도 실제적인 차이를 반영하고 있다. 그럼에도 불구하고 각각의 용어들은 거룩해짐 혹은 거룩하게 만들어짐을 향한 하나님께서 주신 과정 혹은 여정에 관한 유사하거나 관련된 관념들을 반영하고 있다. 예를 들어, 다음 자료들을 참고할 수 있겠다. *The Westminster Dictionary of Christian Theology*, 1983, s.v. "Sanctification", by Geoffrey Wainwright, 그리고 Berkhof, *Christian Faith*, pp. 431-32, 454-56, 474. 필자가 이러한 유사성 혹은 공통성을 강조하는 이유는 성화와 덕 윤리를 연관짓는 필자의 관점이 빈번하게 사용되는 '성화'라는 용어에 나타난 전통에만 한정된 것이 아니라는 점을 보여주기 위한 목적에서이다. 필자의 생각으로는, 덕 윤리와의 유사한 연

계고리는 다른 용어들을 사용하는 전통들에서 더 공통적이라고 본다. 루터교의 관점은 다음 자료를 참고하라. Gilbert C. Meilaender, *Faith and Faithfulness: Basic Themes in Christian Ethics* (Notre Dame: University of Notre Dame Press, 1991), pp. 74-84. 또한 *The Limits of Love: Some Theological Explanations* (University Park: The Pennsylvania State University Press, 1987), pp. 35-36. 정교회의 관점에 대해서는 다음 자료를 참고하라. Joseph Woodhill, "Virtue Ethics: An Orthodox Application", *Thought* 67 (June 1992): 181-82.

10 하우어워스는 *Character and the Christian Life*에 새로 쓴 서문에서, 자신이 그리스도인의 삶의 목적론적 특성에 대해 충분한 관심을 기울이지 못했었다고 말한다.

11 Berkhof, *Christian Faith*, p. 432; 또한 pp. 429-31; pp. 491-92.

12 참고. ibid., p. 467.

13 *Ibid.*, pp. 457, 476, 475. 또한 pp. 468-69, 472.

14 *Ibid.*, pp. 443-44, 450, 459-65, 477-78.

15 Erickson, *Christian Theology*, p. 945.

16 *Ibid.*, pp. 944-46.

17 *Ibid.*, pp. 967-75.

18 *Ibid.*, p. 970.

19 *Ibid.*, pp. 970-971. 우리의 관심을 끄는 또 하나의 것은 '율법' 즉 성경에 나타난 명령들에 대한 그리스도인의 관계에 대한 에릭슨의 설명이다. 비록 그의 설명이 다소 모호한 측면을 가지고 있기는 하지만, 에릭슨은 이러한 명령들이 도덕적 성장과 관련이 있는 것으로 보는 듯싶다. 명령들은 우리로 하여금 그리스도의 형상을 따라 산다는 것이 무엇인지를 이해하게 하며 하나님의 지혜를 따라가게 하는 이정표이기도 하다.(ibid., pp. 977-78) 명령들이 우리 삶의 모든 것을 지시하거나 포괄하는 것은 아니지만, 삶의 목적을 설명해주고 그 목적에 부합하게 행위하고 성장해가는 것이 무엇인지를 알게 해준다. 이는 앞서 2장에서 규칙을 도덕적 성장의 지침으로 간주하고 텔로스를 향하도록 하는 것으로 설명했던 것과 유사하다.

20 Macquarrie, *Principles of Christian Theology*, p. 350.

21 *Ibid.*, pp. 345-46, 358, 367-68.

22 *Ibid.*, p. 344. 사실, 맥쿼리에게서 목적이란 결코 도달할 수 없는 것으로서, 심지어 사후에도 도달할 수 없는 것이지만, 인간이 점점 더 완성을 향하여 성장해간다고 보았다. (ibid., p. 361)

23 맥쿼리의 표현법은 충격적이다. 그는 우리들 실존의 '바른 질서'로서의 성장, '통합된 자아'로서의 성장, 그리고 존재의 '가능태' 실현으로서의 성장을 말한다.(ibid., pp. 343, 344, 345)

24 *Ibid.*, p. 347.

25 *Ibid.*, pp. 347-49.

26 2장에서, '텔로스'를 인간의 '진정한 본성'이라는 말로 설명했다. 이는 '그리스도의 형상' 혹은 '그리스도께 대한 복종'이라는 표현과 완전히 낯선 것이거나 무관한 것이라

할 수 없다. 벌코프는 인간의 '가능태와 미래'를 그리스도 안에서 볼 수 있다고 말한다.(*Christian Faith*, p. 430) 그리스도는 하나님께서 태초의 창조 이래로 원하시는 종류의 인성을 구현하였다. 이는 아담의 형상에로 회귀하자는 뜻이 아니다. 우리를 향한 하나님의 목적은 언제나 그리스도 안에서 구현되는 것을 뜻한다. 다음 부분들도 참고하라. pp. 288, 291, 297, 444, 462, 473. 에릭슨은 중생에 대해 이렇게 말한다. '그것은 인간 본성에 낯선 것으로 구현되는 것이 아니다. 오히려, 중생은 본래 의도되었던 인간본성을 회복하는 것이며 타락으로 인해 죄가 인류에게 스며들기 이전의 상태로 돌아가는 것이다. 중생과 원래의 삶으로 복귀하는 것은 동시에 일어나는 행위이다.'(*Christian Theology*, p. 944) 맥쿼리 역시 은혜가 인간의 본성을 완성시키며 인간의 '가능태'를 구현시킨다고 말한다.(예: *Principles of Christian Theology*, pp. 259, 339, 359, 361) 각각의 신학자들은 인간의 죄성에 욕망이 관련되어 있음을 말하고 있다. 그리스도 안에 나타난 인간의 진정한 본성은 아무 문제없이 현 상태의 본성과 들어맞는 것은 아니다. 우리는 현 상태로부터 진정한 본성을 향하여 유기적인 과정을 누릴 수 없다. 물론, 여기에서 소개된 신학자들 각각은 '진정한 인간의 본성'에 관하여, 인간의 목적이 그리스도 안에 구현되는 것이라고 말한다.

27 예를 들어, 다음 책을 참고하라. Berkhof, *Christian Faith*, pp. 436-37, 442, 456. 베르코프는 성화에 관해 말할 때, '완성'이라는 표현을 사용하지 않는다. 이 표현의 현대적 용법이 하나님의 용서하시며 용기를 주시는 은혜를 담아내기에는 불충분하다고 생각했기 때문이다.(p. 431)

28 *Ibid.*, pp. 432-33.

29 *Ibid.*, p. 437.

30 *Ibid.*, p. 475.

31 *Ibid.*, pp. 476-77, 480-81.

32 *Ibid.*, pp. 443-48.

33 *Ibid.*, pp. 456-57, 472-77, 483; 참고로 pp. 427-29.

34 Erickson, *Christian Theology*, p. 925.

35 *Ibid.*, pp. 925-41.

36 필자는 에릭슨의 예정 개념을 광범위하게 토론하고 싶지 않다. 덕 윤리와 갈등하는 것이 아니기 때문이다. 필자는 에릭슨이 하나님의 부르심을 받은 자들이 하나님과 더불어 성화에 참여한다고 믿고 있다. 에릭슨의 예정 개념은 도덕적 성장에 인간의 적극적인 참여를 허용한다. 이는 성화와 덕 윤리 사이에 잠재적 상호연관성이 남아있다는 것을 말해준다. 에릭슨의 예정 개념은 잠재적으로 모든 비 그리스도인들이 진정한 도덕적 성장에 이르지 못하는 것으로 본다는 점에 문제가 있다. 이러한 반대되는 논쟁이 개념상으로 덕 윤리와 양립하지 못하는 것은 아니다. 그 대신, 이 개념은 하나님의 부르심을 받은 자에게만 덕 윤리가 적용가능하게 해준다. 필자는 5장에서 덕 윤리가 이러한 제한사항과도 양립가능하면서도 이러한 관점에 반대하는 덕 윤리도 있다는 점을 다루고자 한다.

37 *Ibid.*, p. 941.

38 *Ibid.*, pp. 945, 967.

39 *Ibid.*, p. 969; 참고로 p. 983.

40 *Ibid.*, pp. 971, 973.

41 Macquarrie, *Principles of Christian Theology*, pp. 343-44.

42 *Ibid.*, pp. 338-45, 364.

43 참고로 Hauerwas, *Character and the Christian Life*, p. xxxi; Gilbert C. Meilaender, *The Theory and Practice of Virtue* (Notre Dame: University of Notre Dame Press, 1984), p. 36; Philip L, Quinn, "Is Athens Revived Jerusalem Denied?" *Asbury Theological Journal* 45(1): 51-53; Don H. Zinger, "Are Grace and Virtue Compatible?" *Lutheran Forum* 23 (February 1989): 12-13.

44 성화에 대한 또 다른 유용한 설명은 다음 책에서 볼 수 있다. Thomas N. Finger, *Christian Theology: An Eschatological Approach*, vol.2. (Scottsdale: Herald Press, 1989), pp. 197-23. 핑거의 설명에는 이제까지 논의된 모든 내용이 담겨있다. 즉 '그리스도의 장성한 분량에 이르는' 목적을 향한 자아의 은혜-의존적 변화의 부분으로서 우리의 노력에 대해 말하고 있다. 덕 윤리에 대한 잠재적 연계는 특별히 핑거의 책에서 볼 수 있다. 그는 개인의 성화에 있어서 제자도(예: 기도, 공부, 상호복종, 인내와 축복)의 중요성을 강조하였다. 이는 "Thomas Aquinas' notion that character forms through the development of 'habit'."(pp. 214-15)와는 차이가 난다.

45 Berkhof, *Christian Faith*, pp. 486.

46 *Ibid.*, p. 487.

47 *Ibid.*, p. 490. 베르코프는 그의 책에서 이에 관한 논의 다음 부분에서 죽음 이후의 일들에 대해 좀 더 상세하게 설명한다.(pp. 529-45).

48 *Ibid.*, p. 491.

49 *Ibid.*, p. 492.

50 Erickson, *Christian Theology*, p. 973, 985, 997, 999. 세 명의 신학자들이 의견의 불일치를 보여주는 흥미로운 주제가 있다. 이러한 종결이 사후에 얼마나 신속하게 이루어지는지에 관한 것이다. 에릭슨은 하나님의 즉각적인 행위로 이루어진다고 보았다.(p. 1001) 베르코프는 성장의 지속적인 과정이라고 보는 것이 설득력 있다고 보았다. 베르코프의 추측에 기반이 되는 것은 창조사역의 휴식에서 하나님께서 보여주신 새롭게 하심과 삶과 죽음의 두 측면 사이의 밀접한 연관성이다.(*Christian Faith*, p. 491-92) 맥쿼리 역시 하나의 과정으로 보면서도 이 과정이 종결되지 않는다는 점이 중요하다고 말한다. '인간의 목적은 정적인 것일 수 없으며, 비록 우리가 이것을 완성이라고 부르고 있지만, 사실은 존재의 지속적인 확장적 완성 안에서 이루어지는 확장적 완성이다.'(*Principles of Christian Theology*, p. 361)

51 Erickson, *Christian Theology*, pp. 1000-1001. 주해 47번도 참고하라.

52 *Ibid.*, p. 999.

53 *Ibid.*, p. 1000; 또한 p. 1002.

54 Macquarrie, *Principles of Christian Theology*, p. 365. 또한 p. 344. '연옥'에 대한 맥쿼리의 해석은 이와 유사한 연속성을 말하고 있다.(pp. 367-69) 맥쿼리에게서 죽음의 다른 측면의 완성은 하나님의 단일한 역동적 사역의 한 부분일 뿐이다. 이 세상에서

의 삶을 통한 성장과 죽음 이후의 성장은 '거룩하신 분의 하나의 위대한 사역이다', 창조, 화해, 그리고 완성은 하나님의 한 사역의 '세 가지 구분되면서도 분리될 수 없는 측면들'이다. 다른 말로 하자면, 완성은 하나님의 창조와 화해의 사역과 같은 의미를 지닌다.(p. 357) 따라서 죽음 이후의 영생에 대한 소망은 하나님의 지속적인 한 행위 안에 뿌리내리고 있는 것이다. 지속이란 지속적인 성장의 체험에 제한되지 않으며 하나님 자신의 움직임에 기초하고 있다.(참고 pp. 358-60)

55   *Ibid.*, pp. 358, 361; 참고로 p. 363.

56   *Ibid.*, pp. 363-66. 맥쿼리는 베르코프가 사용하기를 주저했던 용어(예: 지복직관)를 인간의 궁극적 운명을 표현하는 용어로 사용한다. 하지만 맥쿼리는 그 운명이 개인이 하나님께 대해 수동적이거나 녹아들어버리는 것이라는 이미지는 거부한다. 따라서 용어들에 대한 반응에서는 달라지지만, 베르코프와 맥쿼리는 이 용어들이 뜻하는 것에 대해서는 유사한 관심을 가지고 있었던 셈이다.(*ibid.*, pp. 356, 360-61, 369, 참고로 pp. 348-49)

57   그리스도를 탁월하고도 모범적인 인간으로 여겨 그리스도께 집중하는 것은 아리우스주의를 필요로 하는 것도 아니며 구원론을 모범으로서의 예수로 환원시키는 것이 아니다. 이것은 기독론의 초점이 예수의 규범적 인성에 맞춰지기는 하지만 그 초점이 완전한 기독론의 본질적인 부분이다.

58   이들 신학자들 사이에 '가족 유사성'이 있을 듯싶다. 필자가 보기에, 이러한 유사성은 이하에 나오는 기독론에 대한 토론에서 드러난다. 하지만, 이러한 유사성을 더 심층적으로 묘사하기는 쉽지 않다. 아마도 다음 자료가 도움이 될 듯하다. Elizabeth A. Johnson, "The History of Jesus" in *Consider Jesus: Waves of Renewal in Christology* (New York: Crossroad, 1992), pp. 49-65. 존은은 '가톨릭 신학에서 중생의 제2물결'이라는 표현을 사용하면서, '신학자들이 칼케돈 교리가 아니라 예수 그리스도에 관한 영적 이야기와 증언들을 반영한 기독론을 다루기 시작했고, 이는 그들에게 구체적이고 역사적인 선호도를 가진 개념들을 추구하도록 안내해준다.(p. 49)'고 말한다. 이점에서는 다음 책도 도움이 될 것 같다. Robert A. Krieg, *Story-Shaped Christology: The Role of Narrative in Identifying Jesus Christ* (New York: Paulist Press, 1988) 크리그의 제안에는 예수의 사역, 고난, 그리고 죽으심에 관한 역사적 해석(예:스킬러벡스)과 좀 더 케리그마적이고 복음적인 실재론의 접근(예: 바르트, 프라이) 사이의 보완적 관계에 대한 논의가 포함된다. 크라우스와 베르코프 모두 후자에 속한다.

59   C. Norman Kraus, *God Our Savior: Theology in a Christological Mode* (Scottdale: Herald Press, 1991)

60   *Ibid.*, p. 20; 참고로 p. 56.

61   *Ibid.*, p. 21.

62   *Ibid.*, p. 27; 또한 pp. 22-26.

63   *Ibid.*, pp. 27, 28; 또한 pp. 29-31.

64   *Ibid.*, pp. 24, 28.

65   *Ibid.*, p. 31.

66   *Ibid.*, p. 32.

67 크라우스의 계시론을 참고하라. *Ibid.*, pp. 41-67. 또한 그의 다음 책도 참고하라. *Jesus Christ Our Lord: Christology from a Disciple's Perspective*, Revised ed. (Scottdale: Herald Press, 1990), pp. 102-21.

68 사실, 크라우스의 인간론은 다음과 같은 제목으로 집필되었다. "Humanity in the Image of Christ" (God Our Savior, pp. 102-30). 참고로 그의 다음 책도 보라. *Jesus Christ Our Lord*, pp. 63-74.

69 *God Our Savior*, p. 40.

70 예를 들어, 다음 자료들을 참고하라. Stanley M. Hauerwas, *Christian Existence Today: Essays on Church, World and Living In Between* (Durham: Labyrinth Press, 1988), pp. 103, 141; Alasdair MacIntyre, *After Virtue*, 2nd ed. (Notre Dame: University of Notre Dame Press, 1984), p. 258. Meilaender, *Theory and Practice of Virtue*, pp. 70-72; Nancy Sherman, *The Fabric of Character: Aristotle's Theory of Virtue* (Oxford: Clarendon Press, 1989), pp. 152, 179-80. 참고로 G. Simon Harak, *Virtuous Passions: The Formation of Christian Character* (New York: Paulist Press, 1993), p. 103.

71 이 개념은 맥쿼리의 것과 유사하다. 맥쿼리는 텔로스에 대한 설명이 처음부터 적절하게 특성화되어 나오는 것이 아니라 도덕적 여정이 진전됨에 따라 변경되고 세련되게 정리된다고 보았다.(MacIntyre, *After Virtue*, p. 219; 참고로 Sherman, *Fabric of Character*, pp. 43-44, 89, 94) 크라우스와 맥킨타이어 모두 목적에 대한 더 나은 이해가 자아의 변화에 수반된다고 보았다.

72 Kraus, *God Our Savior*, p. 40. 기독론의 주제로서의 제자도는 메노나이트의 신학에서 재론된다. 예를 들어, 다음 자료를 참고하라. Thomas N. Finger, "The Way to Nicea: Some Reflections from a Mennonite Perspective," *Journal of Ecumenical Studies* 24 (Spring 1987): 212-31; Harry Huebner, "Christology: Discipleship and Ethics," in *Jesus Christ and the Mission of the Church: Contemporary Anabaptist Perspectives* (General Conference Mennonite Church and the Mennonite Church, 1989), pp. 31-48.

73 Berkhof, *Christian Faith*, p. 284. 공로에 관하여, 그리고 성경비평과 역사적 연구의 한계에 관한 베르코프의 관점은 다음 부분을 참고하라. pp. 273-84.

74 *Ibid.*

75 *Ibid.*, p. 285.

76 *Ibid.*, pp. 279-80, 287-88, 300-301. 또한 pp. 271-72.

77 *Ibid.*, p. 286.

78 *Ibid.*, p. 286-87.

79 *Ibid.*, p. 287.

80 *Ibid.*, p. 288.

81 예를 들어, *Ibid.*, pp. 256-72, 291-96, 314-15.

82 *Ibid.*, pp. 302-3.

83   *Ibid.*, p. 313.

84   *Ibid.*, p. 314.

85   Edward Schillebeeckx, *Christ: The Experience of Jesus as Lord*, trans. John Bowden (New York: Crossroad, 1980), and *Jesus: An Experiment in Christology*, trans. Hubert Hoskins (New York: Crossroad, 1979). 이 장에서 이후의 그리스도와 예수에 관한 인용문들은 이 책들에서 왔다.

86   *Jesus*, pp. 17, 21, 34, 318-19, 385-87, 392-97; 또한 pp. 154, 170-71, 177, 182-83, 191, 203, 206, 212-13, 229, 384-91, 639-49. 역사적 탐구는 예수께 대한 응답의 타당성을 입증해보이지 못한다. 역사는 항상 모호하며 다양한 해석의 가능성을 가지고 있다. 예수 안에 나타난 하나님의 사역을 볼 수 있는 자는 신앙인이다. 분명한 것은 예수가 지상에서 역사적인 존재로 살았다는 것이며, 이러한 요소들이 예수께 대한 상이한 해석을 가능하게 한 셈이다.(*ibid.*, pp. 73-75) 그리고 Edward Schillebeeckx, *On Christian Faith*, trans. John Bowden (New York: Crossroad, 1987), pp. 36-39.

87   *Jesus*, pp. 171, 182-83, 269-71, 295.

88   *Jesus*, pp. 36, 76; 참고로 pp. 39, 639-49; Schillebeeckx, *On Christian Faith*, pp26-27. 필자가 보기에, 이 세 용법 모두 강조되어야 한다. 그 각각은 이 책에서 전개하는 논지에서 가장 자명하고도 가장 중요한 것들이기 때문이다. 하지만, 역사적 연구 또한 예수께 대한 기독교신앙이 합리적으로 정당화될 수 있는 신념이라는 점을 입증할 변증적 관심에 도움이 된다. 그리스도인들이 주장하는 것이 이해 가능하고 정당화 가능하다고 하는 이유는 예수의 지상에서의 삶이 예수 안에 나타난 하나님의 특정한 구원의 사역을 보게 하는 근거를 제공해주기 때문이다.(예: *Jesus*, pp. 627-37) 덧붙여서, 예수께 대한 교회의 반응과 해석에 대한 연구는 예수의 정체성에 대한 심층적 통찰을 자극해주며 그 정체성을 표현할 새로운 방식을 찾아내도록 이끌어준다는 점에서 의미가 있다. 예를 들어 다음 자료들을 참고하라. *Jesus*, pp. 65-71, 112, 463, 631-34, 638-43, 또한 Krieg, *Story-Shaped Christology*, pp. 66-80.

89   *Jesus*, pp. 77-80; 참고로 pp. 104, 673. 필자가 보기에, 스킬러벡스의 '형식적 구조요소'에 대한 논의 역시 우리에게 내러티브 기독론에 관심을 갖도록 이끌어준다. (*Christ*, pp. 638-43.)

90   Krieg, *Story-Shaped Christology*, pp. 79-80.

91   이러한 예는 다음 책에서 볼 수 있다. *Jesus*, pp. 60, 403-37, 559-70.

92   예를 들어, *Christ*, pp. 837-38; Schillebeeckx, *On Christian Faith*, p. 40.

93   Schillebeeckx, *On Christian Faith*, p. 28.

94   *Jesus*, pp. 598-607; *Christ*, pp. 639-40; Schillebeeckx, *On Christian Faith*, pp. 18-19, 23-24, 40-41. 스킬러벡스에게서, 예수의 '보편성' 혹은 '보편적 의의'는 예수의 '인간되심의 방식'에 담겨있다.(*Jesus*, p. 598이하) 하나님과 우리와의 관계를 포함하여 삶의 의미, 목표, 그리고 목적은 모두 예수의 인간되심의 방식 속에 담겨있다.

95   참고로 *Christ*, pp. 731-42. *Jesus*의 3부 제목은 무척이나 의미가 있어 보인다. "Jesus, parable of God and paradigm of humanity" (p. 626이하; 특히 pp. 669-73).

96   존 H. 요더는 기독교윤리학자들이 예수가 윤리의 구성과는 무관하다는 점을 보여주

기 위해 사용했던 다양한 용어들을 총망라하여 정리했다. 이에 대해서는 다음 자료를 참고하라. John H. Yoder, *The Politics of Jesus* (Grand Rapids: Wm. B. Eerdmans, 1972), pp. 16-19. 또한 다음 자료도 참고하라. Jürgen Moltmann, *The Way of Jesus Christ: Christology in Messianic Dimensions*, trans. Margaret Kohl (New York: Harper & Row, 1990; reprinted ed., Minneapolis: Fortress Press, 1993), pp. 116-18.

97 예를 들어, 다음 자료들을 참고하라. Reinhold Niebuhr, *An Interpretation of Christian Ethics* (New York: Harper and Brothersm 1935); Paul Ramsey, *Basic Christian Ethics* (New York: Charles Scribner's Sons, 1950). 니버와 램지는 요점들을 하나 혹은 둘로 간추려 결합시키는 경향이 있다. 둘 다 예수를 위에서 말한 종말론적 실수를 저지른 것으로 묘사하고 예수에 관해서 윤리적 규범이라고 말할 수 있는 것은 절대적 사랑이라고 주장한다.

98 우리는 그 예를 크라우스가 도제관계 속에서 자아의 변화에 관심을 가졌던 부분에서 볼 수 있다. 또한 성화에 관한 설명에서 예수를 닮아가는 변화의 필요성에 대해서도 말했던 부분도 예가 되겠다. 흥미롭게도, 베르코프는 그리스도처럼 되어야 할 필요성을 말할 뿐 아니라, 그리스도께서 그 목적 혹은 사명을 구현해야 할 존재이었다는 점에서 완성되어야 할 존재이었다는 점에 대해서도 말한다. 역사 안에 들어오신 인간으로서, 예수는 목수의 아들로 그 삶의 길을 시작했고 소란과 갈등을 거쳐 마침내 하나님의 생명과 사역에 완전히 참여하였다. 따라서 하나님께서 뜻하신 인성을 대표적으로 보여주는 인물이신 그리스도에게도 '완성해야 할 목적'이 있었던 셈이다.(Berkhof, *Christian Faith*, p. 302, pp. 290-93)

99 이 부분은 Moltmann, *The Way of Jesus Christ*, pp. 116-19을 참고하라. 몰트만은 예수가 윤리와 무관하다는 주장을 거부하고 '예수를 그리스도로 고백하는 것에는 그 자신의 걸어간 메시아적 길을 따르는 실천적 제자도가 포함된다'고 주장한다.(p. 118) 몰트만에 따르면, '종교개혁자들이 말하는 오직 그리스도만으로(solus Christus)는 신앙의 교리를 위한 규범에 그치는 것일 수 없다. 윤리를 위한 규범이기도 하다. solus Christus는 또한 totus Christus를 뜻한다. 즉 전체로서의 삶을 위한 전체로서의 그리스도이다. 이는 1934년 바르멘 선언의 두 번째 항목이기도 하다. 하지만 이것이 의미하는 것은 그리스도에 관한 이론과 그리스도의 실천은 하나이며 그리스도에 대한 총체적이고 온전한 지식이 마음과 영혼에 새겨져 있을 뿐 아니라, 그리스도의 전체 공동체에도 새겨져 있음을 뜻한다. 이는 또한 그리스도가 마음과 영혼으로 지각되고 인식될 뿐 아니라, 삶 전체의 경험과 실천을 통해서도 지각되고 인식된다는 것을 의미한다.'(pp. 118-19)

100 다음 자료를 참고하라. Hans Küng, *On Being a Christian*, trans. Edward Quinn (New York: Wallaby Books, 1976), pp. 544-53. 큉에 따르면, '인간은 공식으로 환원될 수 없다.'(p. 547) 또한 기독교윤리의 개념은 추상적인 원칙에 관한 것이 아니라, '예수의 총체적인 인격과 운명에 있어서 … 구체적인 그리스도로서의 예수'에 관한 것이라고 주장한다. 규범으로서, 예수는 '문자적 모방' 혹은 '흉내내기'가 아니라, 일종의 '인격적 제자도'를 요구하신다. 이 제자도는 사람의 기본적인 관점 및 실천적 삶을 변화시키며, 여기에는 태도, 경향, 성향의 변화가 포함된다.(551-52)

101 필자는 '새로운 아담'이라는 바울의 이미지에 대한 특정한 유비를 하려는 것도 아니며

필자 스스로 강조하는 내용 혹은 남성신학자들이 주장하는 용법, 즉 인간의 선 혹은 텔로스는 여성보다는 남성 안에 더 적절하게 구현되고 더 잘 예중된다는 주장을 하려는 것은 아니다. 이 제안은 인간의 선이 1세기 유대의 예언자 안에서만 실현될 수 있다는 주장처럼 적절성을 인정받을 수 없는 것이라 하겠다. 필자가 말하고자 하는 것은 기독교가 예수 그리스도 안에서 인간의 선을 구현한다는 것이 무엇인지를 보여줄 모범, 즉 생생한 예중을 발견한다는 것이다. 하지만 인간의 선의 모범으로서, 나사렛 예수는 역사적으로 독특한 행위자였다. 그는 자신의 인격과 정체성에 종족, 성별, 직업, 언어 등등을 구체적으로 지닌 존재로 행위하였다. 예수의 인격이 지닌 이들 특정한 측면들 중 어느 것도 인간의 목적을 설명하기 위한 특권을 지니고 있거나 필수적인 것이라고는 할 수 없다. 다른 말로 하자면, 예수가 우리의 모범이자 모델이라고 주장하는 것은 우리가 반드시 예수께서 살아가신 특정한 맥락 속에 똑같이 대입되어야 한다는 뜻이 아니다. 말하자면, 예수와 동일한 성별, 인종, 언어에 속해야만 한다는 뜻이 아니다. 이에 관해서는 2장에서 언급한 '삶의 다층적 형식' 부분과 다음 자료들도 참고 하라. Elizabeth A. Johnson, *She Who Is: The Mystery of God in Feminist Theological Discourse* (New York: Crossroad, 1992), pp. 154-56. 166-67; *The Westminster Dictionary of Christian Ethics*, 1986, s.v. 'Imitation of Christ' by E. J. Tinsley.

102 예를 들어, 다음 자료들을 참고하라. John R. Sachs, *The Christian Vision of Humanity: Basic Christian Anthropology* (Collegeville: Liturgical Press, 1991), pp. 27-28; Berkhof, *Christian Faith*, pp. 186-90; 참고로 Finger, *Christian Theology*, vol.2, pp. 94-96. 작스(가톨릭)와 핑거(메노나이트)는 현대 기독교 인간론을 대표하는 학자들이다. 둘 다 신학자들과의 대화를 통해 기본적이고 접근 가능한 논의들을 진행하고 있다.

103 자유의 첫 번째 한계에 대해서는 다음 자료를 참고하라. Berkhof, *ibid.*, p. 189; Edward Farley, *Good and Evil: Interpreting a Human Condition* (Minneapolis: Fortress press, 1990), pp. 47, 68-74, 79-82, 85, 135-36, 159; Finger, *ibid.*, p. 96, 121, 126-28; Wolfhart Pannenberg, *Anthropology in Theological Perspective*, trans. Matthew J. O'Connell (Philadelphia: The Westminster Press, 1985), pp. 225, 240 (and cf. pp. 315-84); Sachs, *ibid.*, p. 29: cf, Stephen J. Duffy, *The Dynamics of Grace: Perspectives in Theological Anthropology* (Collegeville: the liturgical Press, 1993), pp. 319-22, 359, 387, 390. 두 번째 한계에 대해서는 주해 104번을 참고하라.

104 예를 들어, Duffy, *ibid.*, pp. 323-30, 359-68, 387; Farley, *ibid.*, pp. 127, 130, 135-37, 158-64, 225 (also cf. pp. 144, 146, 152, 178); Finger, *Christian Theology*, vol.2, pp. 128, 134-36, 159-62, 208-9; Wolfhart Pannenberg, *Systematic Theology*, vol.2, trans. Geoffrey W. Bromiley (Grand Rapids: Wm. B. Eerdmans, 1994), pp. 255-57; Sachs, *Christian Vision of Humanity*, pp. 33-34, 61-64, 68, 69, 73.

105 참고로 Duffy, *Dynamics of Grace*, pp. 279, 320-26; Farley, *Good and Evil*, p. 71; Finger, *Christian Theology*, vol. 2, pp. 120-21; Pannenberg, *ibid.*, pp. 181-202; Sachs, *Christian Vision of Humanity*, pp. 55, 57, 90.

106 Farley, *Good and Evil*, pp. 68-74, 159, 168-69, 181, 226-30; Sachs, *Christian Vision of Humanity*, pp. 29-31, 33; Finger, *Christian Theology*, vol. 2, pp. 134-36, 214-20: cf. Duffy, *Dynamics of Grace*, p. 278, 353-56, 359, 379, 388; Gal 5. Pannenberg,

Anthropology, pp. 225-242, 502-515. 성화에 있어서 이제까지의 논의에 주목하라. 자유에는 자기형성 개념이 분명하게 전제되어 있다.

107 Finger, *Christian Theology*, vol. 2, pp. 102-6; Sachs, *Christian Vision of Humanity*, pp. 18-19, 49.

108 Finger, *ibid.*, pp. 97-100; Sachs, *ibid.*, p. 40; 참고로 Pannenberg, *Systematic Theology*, vol. 2, p. 224.

109 Duffy, *Dynamics of Grace*, pp. 281-83, 347, 354, 363, 377, 387, 392; Finger, *Christian Theology*, vol. 2, pp. 101-2 (참고 pp. 110-12, 218-20); Sachs, *Christian Vision of Humanity* pp. 36, 41. 참고로 다음 인간과 인간 사이의 관계에 대한 토론은 다음 글을 참고하라. Farley, *Good and Evil*, pp. 28-62, 119-20, 190-93, 242-50, 266-92.

110 예를 들어, 이 책에 소개된 신학자들은 개인적 종말론을 현실적이고 사회적인 용어들을 동원하여 우리의 궁극목적으로 설명한다. 이들은 공동의 용어들로 궁극목적이 무엇인지를 볼 수 있게 해준다. 다음 자료들을 참고하라. Berkhof, *Christian Faith*, pp. 492, 538-44; Erickson, *Christian Theology*, pp. 997, 1001-2, 1230-31; Macquarrie, *Principles of Christian Theology*, pp. 348-49, 360-61, 365, 369.

최근, 덕과 성품의 문제가 재론되고 있으며 그 현상은 무시하지 못할 정도로 크게 나타나고 있다. 덕의 회복에 대한 관심은 이 문제를 면밀하게 성찰하고 있는 철학자들에게서도 볼 수 있고 서점가의 베스트셀러 목록에서도 확인할 수 있을 만큼, 여러 분야에서 광범위하게 나타나고 있다. 실제로, "덕"에의 복귀 문제가 〈뉴스위크〉의 표지로 등장하기도 했다. 비교적 최근의 시점인 1980년대 초반, 덕 윤리는 영미철학자들과 신학자들의 주제였다. 변화가 생긴 것은 분명하다. 덕 윤리에 관한 출판이 급속한 증가추세에 있으며 전문 학술지에도 덕 윤리에 관한 글들이 많아지고 있다. 그중에 단지 윤리의 최신 유행과 경향에 휩쓸리는 것도 있기는 하다. 학문의 영역에서 덕 윤리가 수직으로는 소수이지만 의미 있는 위치를 점하고 있다는 것은 확실해 보인다. 과연, 덕 윤리란 무엇인가? 그리고 덕 윤리가 이렇게도 새로운 관심의 대상이 되는 이유는 무엇일까? 제2장에서는 그리스도인들이 수용할 네오-아리스토텔레스주의 덕 윤리의 기본요소와 구조를 개괄하고자 한다. 일반적으로, 덕 윤리가 윤리적 성찰의 핵심을 전환시켰다는 점은 분명한 것 같다. 18세기 이후의 윤리는 일반적으로 규칙, 양칙, 신의 개념분석, 그리고 도덕적 난제를 해결할 각각의 결단에 초점을 맞추어왔다. 그 결과, 현대윤리학은 규칙, 원칙, 그리고 특정한 행위가 도덕적으로 어떤 의의를 지닌 것인지를 결정짓는 방식에 관심을 집중하고 있다. 이와는 반대로, 덕 윤리는 특정한 행위에 대한 분석보다는 행위자의 문제에 더 많은 관심을 기울인다. 덕 윤리는 윤리의 초점을 특정한 행위에서부터 그 행위의 "배경"으로 옮겨놓았다. 이를테면, 성품, 인격, 공동체의 전통, 그리고 인간의 탁월성을 드러내고 증진시키는 데 필요한 조건이 무엇인가에 관심을 가진다. 덕 윤리가 도덕의 초점을 전환시키고 있는 셈이다. "덕 윤리란 무엇인가"를 설명하는 것보다 이러한 전환의 요점이 무엇인지를 보여주는 것이 훨씬 더 수월할 듯싶다. 여기에는 몇 가지 원인이 있으며, 다양한 주제가 반영되어 있다. 비록 개괄적인 설명이기는 하지만, 이를 통해 덕 윤리의 주제들 중에서 몇 가지로도 이해할 수 있다면, 덕 윤리가 보여줄 '새로운' 것이 무엇인지에 대해서 뿐만 아니라 기존의 접근법이 지닌 특징에 대해서도 파악할 수 있을 것으로 기대된다. 덕 윤리의 새로운 접근법을 이해하기 위해 특별히 세 가지를 다루고자 한다. ① 현대사회가 도덕적 위기에 처해있다는 사실을 인식하는 경향이 크다는 점, ② 역사성을 강조한다는 점, ③ 현대윤리학이 인간의 도덕적 삶에 대해 바람직한 설명을 제시하지 못하고 있다는 점 등이다. 1. 위기의 사회 덕 윤리에로의 복귀 혹은 덕에 대한 관심을 촉발시키는 요인 중 하나는 대부분이 동의할수 있을 정도로 현대사회가 도덕적 위기에 처해 있다는 사실이다. 많은 사람들이 현대 서구사회가 도덕적 파산의 위기에 직면해 있으며 사회제도들이 인간에게 선한 성품을 함양시켜주지 못했다고 말한다. 예를 들어, 〈뉴스위크〉에서는 미국성인의 76%가 "미국이 도덕적영적 쇠퇴기에 접어들었다"고 인식하는 것으로 나타났다. 이러한 도덕적 쇠퇴에 대한 인식은 학부모 모임에서, 신문 논평에서, 라디오 방송에서, 그리고 주일학교 반반공부방에서도 확인된다. 또한 학교에서 기도를 재개해야 하고 성품교육이 필요하며 범죄에 대한 차별을 강화해야 하고 텔레비전의 폭력성을 규제해야 한다는 요구들도 나타나고 있다. 이러한 관심과 논쟁들이 덕 윤리의 모습을 모두 다 보여줄 수 있는 것은 아니다. 하지만, 현대사회의

도덕적 쇠퇴에 대한 관심이 증대되고, 그것이 덕에 대한 회상 혹은 덕 윤리적 추론의 필요성을 강조하는 현상으로 이어지고 있다는 것은 고무적인 일이다. 예를 들어, 오늘날, 전통적인 가정의 와해 및 텔레비전의 폭력성에 대한 언설들은 이러한 인식을 반영해준다. 가정문제에 대한 토론은 아이들이 부모의 세심한 지도와 적절한 역할모델을 상실할 경우 건전하고 균형 있는 도덕적 행위자가 될 수 없음을 알게해주고 있다. 또한, 텔레비전에 문제가 있다는 생각에는 사람들이 텔레비전의 영웅을 모방하려는 경향이 있다는 우려와 함께 텔레비전 속 영웅들이 폭력적이거나 심지어 사악한 경우가 많다는 인식이 반영되어 있다. 가정과 텔레비전에 대한 이러한 관심들은 덕 윤리의 주제들과 병행을 이룬다. 아리스토텔레스의 덕 윤리에서는 덕스러운 성품이란 색을 통해 배울 수 있는 것도 아니며 손쉽게 습득할 수 있는 것도 아니라고 말한다. 덕스럽게 되는 것은 실천을 통해서, 그리고 다른 사람들과의 우정을 통해서이다. 우리는 가치 있는 역할모델을 본받으며 덕스러운 가르침을 주는 자들과 친구들에게 귀를 기울이고 덕스러운 인물들에 관한 이야기를 들으며 덕스러운 행위들을 본받아 살아감으로써 덕을 배운다. 이처럼, 가정과 텔레비전 문제에 대한 관심은 덕 윤리와 직접적인 연관이 있다. 두 관심들 모두, 본받을만한 동료들과 역할모델이 되는 인물들이 덕스러운 성품의 개발에 결정적인 요소임을 인식하고 있다는 점에서 더욱 그렇다. 중요한 것은 현대사회의 도덕적 빈곤에 관한 이러한 관심이 덕 윤리와 깊은 연관성을 가질 뿐 아니라 십지어 현대적 덕 윤리의 관심사와 맞아떨어진다는 점이다. 가정문제, 텔레비전 문제, 그리고 교육문제의 쟁점들이 덕 윤리와 긴밀하게 연관되고 있는 셈이다. 따지고 보면, 덕 윤리는 이러한 문제들의 심각성을 안심시켜준다. 우리가 관심을 전환하여 개별 행위들에 대한 관심으로부터 행위자와 맥락에 집중하게 되면, 덕스러운 동료 및 역할모델의 중요성을 새삼 깨닫게 될 것이며, 텔레비전의 폭력성에 영향을 받지 않는 경지에 이르게 될 것이다. 현대사회의 도덕적 파산의 위기에 대한 인식으로부터 덕 윤리에 대한 관심을 새롭게 가지게 되 됨은 공적담론에 우연하게 돌출된 현상이 아니다. 신학자들과 철학자들이 덕 윤리를 재론하는 데에는 현대사회의 도덕적 위기에 대한 인식이 작용하고 있다. 예를 들어 필립스(Derek Philips)가 말한 것처럼, 현대사회는 과연 무엇이 이상적인 것인가에 대해 "진실" 해졌고 "각자의 느낌에 충실" 해졌다. 하지만 이상적인 것에 대한 이러한 관점들을 사회가 응납해주지 않는다. 많은 사람들이 "친절" 해지는 것을 응납하지 못하며 지탱해줄 수 없는 듯이, 길들여지지 않은 개인적 주장들과 욕구가 문제라고 생각해 버리고 만다. 쇠락해지는 사회를 구해내고자 한다면, 도덕원칙들을 내면화시키고 다양한 덕목들을 함양해야 할 것이다. 다시 말해, 긴전한 사회는 덕스러운 시민성에 달렸다. 이러한 시민성이 없다면, 우리의 '삶은 점점' 더 점글로 변해갈 것이며 아만의 상태로 치달게 될 것이다. 맥킨타이어(Alasdair MacIntyre)는 현대사회의 도덕적 파산의 위기를 감지하고 자신의 책 『덕의 상실』(After Virtue)에 그 문제의식을 담아냈다. 큰 영향력을 발휘하는 그의 관점들은 우리가 지금 다루는 문제, 즉 현대사회가 위기에 처해 있다는 인식에서 나온 것이었다. 특별히 도덕에 관한 담론이 단순한 언어적 분석에 치우쳐있다는 점, 그리고과학적으로 인간을 타인에 대한 조작자에 불과한 존재로 간주하는 도덕개념에 고착되어버렸다는 것이 그의 문제의식이었다. 현대사회의 도덕에 대한 맥킨타이어의 이러한 문제제기는 아리스토텔레스적 덕의 전통을 회복해야 한다는 주장으로 이어진다. 맥킨타이어는 덕 윤리가 현대사회의 도덕적 무질서를 극복시켜줄 매력적인 대안이 될 수 있으리라 기대했다. 하지만, 왜 덕의 윤리이어야 하는가? 비록 현대의 도덕적 위기에 대한 맥킨타이어의 관점에 동의한다고 해도, 칸트의 관점이나 공리주의자들의 관점이 아니라 덕의 윤리이어야 하는 이유는 무엇인가? 맥킨타이어는 현대사회의 도덕적 무질서가 현대윤리학의 실패에 대한 강력한 증거가 된다고 보았다. 사실, 맥킨타이어는 현대윤리학이 도덕적 위기에 대한 처방으로 실패작이라고 보았을 뿐 아니라, 현대윤리학이 추구한 내용들이 사회적이고 지적인 변화들과 뒤엉키어 오늘과 같은 문제를 야기한 것이라고 주장하기도 한다. 다른 말로 하자면, 현대윤리학은 해법이 아니라, 오히려 문제 거리가 되었다고 보는 셈이다. 현대사회가 광범위한 위기에 처해있다는 인식은 덕 윤리에의 복귀를 독려해준다. 필립스의 경우에서처럼, 어떤 이들은 덕에 관한 사유를 통해 현대사회의 위기를 바로잡을 수 있으리라 생각한다. 그런가하면, 맥킨타이어와 같은 사람들은 현대사회의 위기를 현대윤리학의 실패를 입증하는 증거라고 생각하기도 한다. 두 경우 모두, 아리스토텔레스적 덕의 전통을 이러합 예긴글로부터 도출된 가장 적절한 해법으로 제시하고 있다. 2. 역사의식의 발흥 덕 윤리에 대한 관심을 새롭게 해준 또 다른 요소로 20세기 후반에 나타났던 느슨한 의미에서의 '역사의식'(historical consciousness)의 발흥을 들 수 있겠다. 도덕철학과 기독교윤리에서 인간이 역사적 본성과 연관성을 지닌다는 인식이 증대된 것이다. 인간이란 역사적 존재로서, 특정한 신념, 실천 및 소속와 연관된 특수한 역사적이고 문화적인 맥락 속에서 살아간다. 도덕적 지식까지도 예외 없이, 모든 지식은 역사적으로 근거 지워져 있으며, 어떤 의미에서는 일정한 맥락에 지배를 받는 측면이 있다. 역사적 연관성에 대한 인식이 증대됨에 따라 일반적으로 윤리이론은 적어도 두 가시 변화를 맞이하게 된다. ① 규칙의 역할과 지위를 제한하고, ② 행위자의 맥락에 더 많은 관심을 기울인다. 첫째, 역사적 연관성에 대한 관심

이 장에서는 덕 윤리와 신약성경 사이의 유사성, 접촉점, 그리고 상호연관성에 대한 관점을 설정하는 데 목적을 두고 있다. 또한 덕 윤리가 신약성경의 우선성을 반영하기 위해 변경되고 보완되고 조정되어야 할 것들이 무엇인지 살펴보고자 한다. 신약성경 전체에 대한 조망은 이 장에서 충분하게 다루기 어려울 것이므로, 마태복음과 바울서신을 대표적인 예로 살펴볼 것이다.[1]

마태복음과 바울서신을 선택하는 이유 중 하나는 신약성경의 대표적인 장르(복음서와 서신)라는 점이다. 또 다른 이유는 마태복음 혹은 바울서신에 대한 개괄을 통해 덕 윤리와의 양립불가능한 부분들이 드러날 것으로 기대되기 때문이다. 마태복음은 율법중심적인 윤리(5:17-18)를 지지하거나 사랑의 원리에 근간하는 윤리(22:36-40)를 강조하는 것처럼 보일 수 있다. 마찬가지로, 바울서신이 은혜와 신앙을 강조한다고 보는 관점에서는 윤리를 위한 여지가 거의 없으리라 생각할 수 있으며 덕스러운 사람을 형성시키는 데 초점을 맞춘 윤리와는 별개의 것인 듯 간주될 수 있다. 하지만, 필자가 보기에, 마태복음과 바울서신은 충분히 덕 윤리와 연관될 수 있으며, 기독교적 덕 윤리를 위한 논의를 강화시켜 줄 수 있다.[2]

마태복음과 바울서신이 덕 윤리에서 말하는 것과 같은 윤리구조를 의도하고 있다는 뜻은 아니다. 마태복음도, 바울서신도 그러한 시도를 하지 않았다. 사실, 윤리에 대한 체계적인 설명을 위해 신약성경을 연구하거나 신약성경이 명시적으로 특정 윤리이론을 담아내고 있는 것인지를 살펴보는 것은 의미가 없다. 마태와 바울이 하나의 윤리이론을 전개했으리라는 관점 대신에 그들의 관심과 주제, 도덕적 추론의 유형, 그리고 용어 등이 2장에서 다룬 덕 윤리의 기본구도와 잘 들어맞는다는 점에 주목하고자 한다.

이를 위해 마태복음에서 집중적으로 살펴보려는 것은 감정과 성향

등 '내적' 특질들의 역할, 마태의 완성주의적 추구, 예수 그리스도와 제자들 사이의 제자도, 개인적이고도 공동체적인 것으로 이해된 도덕개념, 성격특성을 설명하기 위해 사용된 장치들, 모세율법에 대한 관점 및 용법 등이다. 바울에 대한 성찰에서는 도덕적 모범이 되는 특정한 인물에 대한 호소, 내적 특질들에 대한 관심, 개인적이고도 공동체적인 것으로서의 도덕개념, 도덕적 판별에 대한 이해, 도덕적 성장을 말해주는 이미지들, 그리고 '직설법'과 '명령법'의 관계 등을 살펴보게 될 것이다.

마태복음과 바울서신의 모든 것이 덕 윤리와 맞아떨어지는 것은 아니다. 이 장에서는 마태복음과 바울서신 중에서 덕 윤리를 보완하고 변경시키며 조정하도록 이끌어주는 부분들에 주목하고자 한다. 특히, 마태복음에서 용서를 강조하고 예수 그리스도를 중심에 두고 있다는 점, 그리고 바울서신에서 은혜를 강조한다는 점에 초점을 맞추게 될 것이다.

마태복음

내적 특질들　　　　마태복음과 덕 윤리 사이의 가장 가능성이 높은 유사성은 인간의 행위에 대해 행위 그 자체보다는 인간의 '내적' 특질들에 관심을 가지고 있다는 점일 듯싶다. 감정, 성향 및 경향의 중요성은 마태복음에 반복적으로 나타나는 주제이다.

예를 들어, 산상설교를 생각해보자. 팔복 선언은 다가오는 하나님 나라를 완전하게 받아 누릴 사람과 그들의 행위는 어떤 종류의 것인지를 보여준다. '심령이 가난한 자'(5:3)와 '의에 주리고 목마른 자'(5:6), 그리고 '마음이 청결한 자'(5:8)의 복에 대한 선언에서, 마태복음의 예수는 하나님 앞에 겸손한 자, 하나님의 의를 추구하며 바라는 자, 진정성과 통전성을 추구하며 사는 자들에게 하나님의 나라가 임할 것이라고 선언하신다.[3] 또한 다른 강복 구절들은 행위를 전제로 하는 것이지만, 특정한 태도 및 감정들을 반영하는 삶의 자세를 요구하기도 한다.[4]

마찬가지로, 여섯 개의 '반제'(5:21-48) 중 최소한 두 개에서 외적 행위로부터 내적 성향으로의 관점전환을 볼 수 있다.[5] 예수께서는 살인이 잘못이라는 점을 부정하지 않으면서도 분노에 대해 분명한 경고를 주신다(5:21-22). 또한 간음이 도덕적으로 용인될 수 없는 것이라고 하면서도 탐욕에 대해 강력하게 질책하신다(5:27-28). 원수에 대한 관계와 사랑에 대한 가르침에는 성향과 감정의 문제가 포함되어 있겠지만, 분노와 탐욕에 대한 예수의 말씀은 겉으로 드러나는 행위로부터 성향과 감정을 강조하는 데로 초점이 변경된다.[6]

설교의 나머지 부분에서도 의도, 감정, 그리고 태도에 대해 이와 유사한 교훈을 이어간다.[7] 마태복음에서 내적인 요소를 강조하는 것은 이 부분만이 아니다. 예수께서는 겸손의 행위와 태도를 반복적으로 요청하신다. 특히 어린이로 상징화되는 사회적 약자의 겸손을 요구하신다(18:2-4; 19:14; 23:12).[8] 예수는 바리새인들을 위선자라고 비난하신다. 설교한 그대로 실천하지 않는 자들이며, 내적 진실을 구현하지 못하고 남에게 보여주기 위한 것으로 행하는 것들이기 때문이다(23:2-7, 25-28).[9]

'내적인 것'에 대한 관심은 마태가 겉으로 드러나는 행위의 문제에 무관심했다는 뜻이 아니다. 마태는 의무감에서 비롯된 도덕을 옹호하지 않았지만, 행위 자체를 중요하지 않은 것이라고 생각하지도 않았다. 사실, 두 아들의 비유(21:28-31), 달란트 비유(25:14-30), 그리고 양과 염소의 심판(25:31-46)은 마태가 행위의 문제에 상당한 무게를 두고 있다는 사실을 분명하게 보여준다(참고 16:27). 내적 요소와 외적 요소 모두를 강조하고 있는

셈이다.[10]

마태는 또한 내적 요소와 외적 요소 사이에 연관성이 있다고 추정한
다. 한 사람의 행위(외적요소)는 그의 내적 성품(내적요소)으로부터 나오고 또
한 그것을 반영한다. 좋은 열매와 나쁜 열매는 선한 나무와 악한 나무를
드러내 보여주는 것인 셈이다(3:8; 10; 7:15-20; 12:33). 더욱이, 우리는 무의식
적인 언사들까지도 판단한다. 성향과 진심을 드러내어 보여주는 것이기
때문이다(12:34-37). 입으로 들어가는 것이 사람을 더럽히는 것이 아니라
입을 통해 나오는 것, 즉 음식이 아니라 그의 말이 그의 내밀한 진실을 드
러내어 보여준다(15:10-11, 17-20).[11] 이러한 뜻에서, 예수께서 군중들을 치
유하시고 먹이신 일도 성향 혹은 '긍휼'의 감정에서 나오는 것이라 할 수
있겠다(14:14; 15:32; 20:34; 참고 9:36).[12]

내적 요소에 대한 마태의 관심, 그리고 내적 요소와 외적 요소 사이
의 연관성에 대한 마태의 이해는 앞서 우리가 덕 윤리에 대해 성찰했던 것
과 큰 유사성을 지닌다. 마태가 내적 요소에 관심을 가진 것처럼, 덕 윤리
는 경향, 정서, 그리고 성향에 초점을 맞춘다. 내적 요소와 외적 요소 사이
의 연관성에 대한 마태의 이해에서처럼, 덕 윤리는 성품과 행위, '존재'와
'행위' 사이의 긴밀한 연계성에 주목한다.

덕 윤리는 성품의 상태(감정, 경향성, 그리고 성향을 포함하여 덕목들과 악덕들)와 행
위 사이의 상호성의 관계 혹은 순환성에 유의한다. 성품의 상태는 지각,
선택, 그리고 행위에 대한 정보를 주며 방향을 잡아주고 집행한다. 역으
로, 행위는 성품의 상태를 보여주며 또한 성품함양에 기여한다.

하지만 행위와 성품을 동등하게 강조하는 것은 아니다. 덕 윤리는 특
정한 행위에 대한 판단보다 어떤 종류의 사람이 될 것인가의 문제에 더 많
은 관심을 가진다. 행위자의 문제가 행위의 문제를 결정짓는 것이라 생각
하기 때문이다. 행위의 중요성을 배제하지는 않지만, 덕 윤리는 바른 사

람이 되어야 한다는 점을 강조한다.

마태복음과 덕 윤리 사이에는 중요한 병행요소들이 많이 발견된다. 둘 다 내적 요소와 외적 요소, 존재와 행위, 성품과 행위 사이에 중요한 연계성이 있다는 점에 유의할 필요가 있다. 또한 마태복음과 덕 윤리는 행위를 구성하는 내적 요소의 역할을 강조한다. 덧붙여서, 마태복음은 덕 윤리와 마찬가지로, 내적 요소가 우선성을 지닌다고 생각한다. 결국, 열매의 질을 결정하는 것은 나무의 상태인 셈이다.[13]

요컨대, 내적 요소에 대한 덕 윤리와 마태복음의 관심 사이에는 일정한 유사성과 함께 병행구조도 나타난다.[14] 마태복음과 덕 윤리는 감정, 태도, 그리고 성향의 중요성을 강조하면서 성품과 행위 사이의 상호연관성에 주목하고 있다.

완성주의 윤리 앞서 살펴본 것처럼, 덕 윤리는 완성주의 윤리이다. 사람은 끊임없이 자신의 성품을 개선하여 텔로스를 향하여 나아가도록 독려를 받는다. 예를 들어, 우리는 좀 더 정의롭고 좀 더 용감하며 좀 더 관용적이게끔 될 수 있도록 끊임없이 독려 받는다. 물론, 성품의 모든 측면에 꼭 들어맞도록 살아갈 수는 없다. 또한 긍정적인 평가와 상관없이 텔로스를 구현해야만 하는 것도 아니다. 중요한 것은, 우리 앞에 언제나 탁월함의 이상으로서의 텔로스가 주어져 있으며, 텔로스는 인간의 선을 더 완전하게 실현하며 전진해 나아가도록 우리를 독려해준다는 점이다.

마태복음 역시 일종의 완성주의 윤리를 옹호한다는 점에 대해서는 의심의 여지가 거의 없다.[15] 산상설교의 엄격한 교훈은 '제자들이 살아내야 할 윤리'를 견지한다.[16] 설교에서, 예수께서는 서기관들과 바리새인들을 능가하는 '의'를 요구하신다(5:20). 그리고 하나님께서 완전하신 것처럼 우리에게도 '완전하기'를 요구하신다(5:48 참고 19:21).[17] 우리는 제자들이 가족과 생업을 포함한 모든 것(10:35-39; 16:24-26)을 포기하도록 요구받았다는 점을 읽을 수 있다. 마찬가지로, 경계의 중요성을 일깨워주는 비유들은 재림에 대한 비전을 불어넣어 줌으로써, 성취 혹은 자기만족에 빠지지 않도록 이끌어준다. 우리는 '깨어' 있어야 하며, 자신의 달란트를 키워가야 한다(24:37-25:30).[18] 마태복음의 결말부 역시 그리스도께서 가르치신 '모든 것'을 지키도록 요구한다(28:20). 이러한 뜻에서, 마태복음의 윤리는 완성주의 윤리이다. 마태복음에서, 텔로스는 행위의 지침이 되며 결정적인 요소인 셈이다.[19]

하지만, 마태복음의 완성주의가 덕 윤리에 관한 2장의 토론에서 거부했던 '엄격한 의미의 완전주의'라 할 수 없다. 마태복음은 하나님 나라가 지상에서 완성되리라는 환상을 거부한다(참고, 24:37-25:30). 마태복음은 제자로서의 우리들에게 설교해주신 완성주의에 여러 난제와 갈등이 도사리고 있음을 잘 알고 있다. 예를 들어, 마태는 열 두 제자를 이상적인 인물들로 묘사하지 않는다. 또한 그들의 사려 깊음을 '믿음 적음'과 실패에 적당히 둘러대지 않는다(예: 8:26, 14:31, 16:8, 17:20). 마태는 '믿음 적음'을 용납하지 않은 반면에, 이것을 '믿음 없음'과 동등한 것으로 생각하지 않았다. 마태복음은 예수 그리스도를 의심의 배에 오른 자들 혹은 믿음이 적은 자들까지도 기꺼이 구원해주시는 분으로 묘사한다.[20] 마찬가지로, 마태복음이 화해와 용서를 강조하는 것은 인간의 유약함과 연약함에 대한 집약적인 관심이다(5:21-26, 6:12, 14-15, 18:15-35).

마태의 윤리는 덕 윤리의 경우처럼 완성주의 윤리라고 할 수 있지만, 파괴적이고 비현실적으로 이상주의적인 것은 아니다. 마태는 인간의 이상이 완전하게 구현될 것이라고 기대하지 않는다.[21] 그러나 마태는 인간의 이상이 규범이자 지침이라고 말한다.[22] 예를 들어, 마태는 의무와 공로를 구분한다.[23] 모든 그리스도인은 전심을 다 바쳐야 할 제자로 부르심을 받았다. 인간은 모두 '하나님 나라'의 규범을 따르도록 부르심을 받았다.[24]

도제관계 4장에서, 도제관계의 중요성을 살펴보았다. 이는 덕 윤리와 크라우스의 기독론에서 드러난다. 특별히, 도제관계를 도덕교육과 덕목들의 획득과정을 설명해주는 모델로 주목할 필요가 있다. 덕 윤리에 따르면, 스승 및 가치 있는 모범적 인물의 지도를 받고 그를 따르며 모방함을 통해 덕목들에 담긴 정서적이고 지성적인 성향, 습관, 그리고 기술을 깨닫고 구현하기를 배운다.

예수 그리스도와 제자 관계에 대한 마태의 설명에서도 이와 유사한 관계가 나타난다. 스승과 제자, 상전과 하인 사이의 관계가 그것이다(10:24-25 참고 23:10). 제자들은 예수 그리스도를 닮아가거나 뒤따르며 예수 그리스도를 주(主)라 고백하고 그의 사명에 동참하게 된다(4:19-20, 8:19-23, 9:9, 9:37이하, 14:28, 16:22, 20:34).[25] 예수께서는 단지 스승일 뿐 아니라, 예수 그리스도의 교훈은 그 사역의 핵심요소이다(4:23, 5:1-2, 9:35, 11:1, 13:36, 13:54, 26:55).[26]

예수와 제자들 사이를 독특한 관계로 설명하는 마태의 관점은 덕 윤리와 놀라울 만큼의 유사성이 있다.[27] 각각이 강조하는 요점은, 친밀한 도제관계가 자아 형성과 깊은 관계가 있다는 것이다.[28] 또한 도제관계가 공식화된 교훈을 통해서 뿐만 아니라 일상적인 삶의 여러 관계 및 행위들을 통해서도 구현된다는 점을 강조한다.[29]

차이점이 있다면, 예수 그리스도와 제자들 사이의 관계가 훨씬 더 심층적이고 험난한 과정이라는 점이다. 예수 그리스도를 따르기 위해서는 경건을 실천하고 기존의 관습 및 친족관계를 단절해야 한다(8:21-23, 10:21-22, 35-37, 12:46-50, 19:29). 더욱이, 예수 그리스도의 삶과 사명을 공유한다는 것은 그리스도께서 가셔야 할 고난의 길에 동참한다는 뜻을 담고 있다(10:24-25, 38, 16:24).[30]

마태가 말하는 그리스도인 됨은 어쩌면 도제관계의 더욱 격상된 형태에 해당하는 것으로서, 덕 윤리가 말하는 도제관계의 모델과 매우 유사하다.[31] 사실, 이 책에서 제안하려는 덕 윤리의 모델은 예수 그리스도와 제자들의 모습에서 가장 잘 드러난다. 예수 그리스도의 지도를 받고 예수 그리스도를 따르며 예수 그리스도를 닮아감으로써, 제자들은 그리스도인의 삶에 적합한 정서적이고 지성적인 성향, 습관, 그리고 기술들을 깨닫게 되며 그것을 실천하도록 훈련을 받는다.[32]

개인과 공동체　　덕 윤리는 개인적인 것인 동시에 공동체적이다. 덕 윤리의 과제와 비전은 개인들이 인간의 텔로스를 향하여 나아갈 것이며 진정한 인간의 선을 추구한다는 것이다. 하지만 그 선은 개인적 용어로만 설명될 수 있는 것이 아니다. 덕 윤리는 인간의 진정한 목적과 그 목적을 향한 여정이라는 두 요소 모두에 관계와 협력을 본질적인 것으로 간주한다. 예를 들어, 개인의 도덕적 성장에는 다른 사람들의 협력이 필요하다. 마찬가지로, 덕목들(예: 정의와 관용)의 가치는 사회적 연계성에 달려있다.

마태의 윤리 역시 개인적이면서도 공동체적이다.[33] 개인의 덕에 대한 관심은 두말할 필요도 없다. 예수께서는 특정한 개인을 그의 제자로 부르셨다(예: 4:18-22, 9:9). 예수께서는 군중들 속에서 다니셨지만, 특정한 구체적 개인들을 만나주셨다(예: 8:2-15). 예수께서는 사회적으로 주목할 만한 일들을 말씀하셨지만, 개인의 태도와 감정에 대해서도 말씀하셨다(예: 5:21-24). 더 중요한 것은, 예수께서 양 우리에 있는 아흔 아홉 마리의 양보다 잃어버린 한 마리 '양'을 되찾는 것을 하나님께서 더 기뻐하신다고 말씀하셨다는 점이다(18:12-14, 참고: 12:11-12).

마태의 윤리에는 또한 관계와 협력적 행위도 포함된다. 이는 제자도에 관한 설명에서 확인할 수 있었다. 제자도에는 '하인'과 '상전'의 긴밀한 관계가 포함된다(10:24-25). 이는 또한 그리스도인 공동체의 규칙과 삶, 특히 16:13-18:35의 내용들에 나타난 마태의 관심에서 재차 확인할 수 있다.[34] 예를 들어, 마태복음에서는 공동체에 대한 지칭으로 '교회'(ekklesia)라는 단어만을 사용하고 있다(16:18, 18:17). 이에 관해서는 18장을 눈여겨볼 필요가 있다. 이 본문의 기본적인 관심은 그리스도인 공동체에서의 삶에 관한 것으로서, 지위를 탐하는 일, 추문, 그리고 교회의 제자가 되는 과정 등의 이슈들을 다루고 있다.[35]

18장에서 주목할 것 중 하나는 죄를 다루는 절차이다(18:15-20). 이 절차의 두 측면에 유의할 필요가 있다.[36] 첫째, 도덕적 분별과 도덕적 악행(죄)은 단지 개인의 문제일 수 없다. 본문은 죄가 더 큰 집단에 영향을 주고 공동체의 관심사가 된다는 점을 일깨워준다. 만일, 죄가 개인의 영역을 넘어선 곳까지 영향을 준다면, 그가 속한 교회의 다른 구성원들에게도 전염될 수 있다(15-17절). 또한, 하늘에 계신 아버지께서 이루어주시는 일도, 예수께서 그들 가운데 계시는 일도, 두 세 사람이 예수 그리스도의 이름으로 모였을 때 이루어진다(18-20절).[37] 가장 중요한 것은, 본문에서 죄를 두고 두 세 사람이 권면한다 해도 그 권면이 실패할 수 있으며, 공격적인 구성원들을 공동체에서 쫓아내야 함을 현실주의적 관점에서 다루고 있다는 점이다(17절). 이러한 내용들은 도덕이 개인의 문제에 국한되는 것이 아니라는 점을 반증해준다.[38]

죄를 다루는 절차에서 주목할 만한 두 번째 측면은 회복과 화해를 지향한다는 점이다. 15절에 '형제를 다시 얻은 것'이라는 표현과 18절에 '땅에서 풀면 하늘에서도 풀릴 것'이라고 한 부분이 그 예가 되겠다.[39] 이처럼 회복에 초점을 맞추는 것은 마태복음이 도덕적 상호의존성을 전제하고 있음을 보여준다. 도덕적 자기만족을 추구하지 말아야 할 이유는 마태복음에서 예수께서 말씀하신 것처럼 길을 잃고 헤매는 자를 돕기 위한 과정이라는데 있다.[40]

이 점은 덕 윤리에서 유아기 이후 지속적으로 도덕발달을 위해 서로에게 의지해야 함을 강조한 것과 비교해 볼 수 있다. 예를 들어, 인간은 부모, 본이 되는 인물, 그리고 친구들로부터 교훈과 지침을 얻는다. 비록 마태가 이러한 견해를 완전하게 발전시키거나 드러내어 표현하지는 않았다 해도, 인간의 도덕발달이 다른 사람들과의 관계 및 그들의 도움에 의존한다는 점에 동의한 것으로 해석할 수 있겠다.[41]

마태복음 18장의 기독교공동체에 대한 관심에서 나타난 또 다른 주요 요소는 겸손과 용서를 강조한다는 점이다(18:4, 18:21-35).[42] 오글리트리(Ogletree)가 말한 것처럼, 이러한 요소들은 공동체의 유지에 본질적인 것들이다.

초대교회는 여러 민족들로부터 모여든 사람들로 구성된 공동체였다. 가족, 친족, 공통된 문화와 언어, 민속과 인종적 동질성 등의 인간의 연합을 지탱해주는 자연적 요소들이 더 이상 공동체에 직접적인 영향을 주지 못하게 된 것이다. 이러한 요소들에 비추어 볼 때, 다양성을 토대로 세워진 공동체는 점차 의도하지 않았던 오해와 폐해를 줄 것처럼 보인다.… 가족, 언어, 문화, 그리고 민족적 동질성을 초월하는 공동체가 유지될 수 있는 것은 오직 그들 스스로 끝없이 용서하는 과정을 통해서만 가능할 것이다.[43]

겸손과 용서가 중요한 이유는 그 덕목들이 사회적 속성을 지닌 것이기 때문이다. 교회의 응집력은 일상적인 인간적 유대에 의해 설명되는 것이 아니다(10:35-37, 12:46-50). 마태는 용서와 겸손을 교회의 하나 됨을 위한 본질적인 요소로 간주했다.[44] 따라서 마태가 보여준 공동체는 폭력이나 친족관계 혹은 공동의 문화 등에 의한 것이 아니라, 부분적으로나마 특정한 '덕목들', 즉 성격특성과 성품에 의한 응집력을 나타내는 공동체의 모습을 보여준 셈이다.[45]

용서와 겸손의 '덕목들' 혹은 특질들을 강조하는 것은 덕 윤리에서도 볼 수 있다. 마태복음과 덕 윤리 모두 덕목들과 관계들의 사이의 연관성을 주목한다. 최소한, 마태복음이 특정한 특질들과 그것이 공동체에서 수행하는 역할에 주목하는 부분은 덕 윤리에서 여러 덕목들이 개인적 특질에만 해당하는 것이 아니라 사회적 요소를 지닌 것으로 이해하는 것과 유사하다. 실제로, 어떤 덕목들은 관계성과 공유된 행위라고 하는 이유만으로 중요성을 지니는 것도 있다. 덕 윤리가 특정한 덕목들의 사회적 중요성을 강조하는 것은 마태복음이 덕목들과 그 사회적 요소들 사이의 연계성을 어떻게 인식하고 있는지 보여준다.

요컨대, 덕 윤리처럼 마태복음은 개인의 도덕적 여정이 사회적이고 공동체적 맥락에 속한다는 사실을 일깨워준다. 제자와 스승의 관계 및 죄를 다루는 절차 등에서 그 예를 볼 수 있는 셈이다. 죄를 다루는 절차에서도 마태복음은 덕 윤리에서처럼 사회적 맥락은 단순한 배경 혹은 풍경 이상의 것임을 보여주고 있다. 마태복음이 특정한 인격적 특질과 특정한 연관성을 강조하는 것도 덕 윤리와 유사한 대목이다. 예를 들어, 기독교공동체에 초점을 맞춘 18장 내용 중에서 용서와 겸손을 강조하는 대목에 유의할 필요가 있다.

내러티브로서의 마태복음　마태복음이 내러티브라는 점 역시 덕 윤리와의 관계에서 의미 있는 대목이다. 최근의 덕 윤리에서는 내러티브의 중요성과 내러티브 윤리에 많은 관심을 기울여 왔다. 문제는 각각의 덕 윤리학자들이 어떤 개념으로 내러티브를 이해하고 있으며, 내러티브에 대한 인식에서 학자들 모두가 합의할만한 것들이 과연 있을까 하는 점이다.[46] 스토리 자체를 철학적, 윤리적으로 중요한 장르라고 말하기는 하지만, 정작 어떤 면에서 중요한 것인지에 대한 합의점을 찾아내기란 쉽지 않아 보인다.[47] 다만, 덕 윤리에 대한 관심이 많아졌고 내러티브의 철학적 함의에 주목하고 있다는 점만큼은 분명하다.

이러한 해석을 지나친 단순화라고 몰아세울 여지는 충분하다. 어쨌든 내러티브에 대한 주목 그 자체만으로도 충분한 가치가 있을 듯싶다. 현대의 덕 윤리가 내러티브에 대해 관심을 집중하고 있다는 점에서, 마태복음과 덕 윤리의 중요한 연관성을 말할 수 있을 것 같다. '내러티브'라는 넓은 의미의 카테고리 그 자체에 대한 설명은 잠시 제쳐두고라도, 마태복음의 문학적이고 수사학적인 장치들에 대한 일정한 설명만으로도 마태복음과 덕 윤리의 연관성을 말할 단초가 된다. 다시 말해, 마태복음을 구성하는 내러티브의 다양한 요소들, 예를 들어 특정한 인물을 도덕적 모범으로 상정하는 것이라든지 성격특성을 묘사하려하는 부분이라든지, 혹은 행복의 종말론적 특성과 종말에 관한 경고 등은 덕 윤리와의 일정한 연결고리가 될 수 있을 듯싶다.

예를 들어, '의' 개념을 다루고 이는 마태복음 5:20을 살펴보자. 이 구절에서, 예수께서는 그리스도인의 의가 서기관들과 바리새인들의 의를 능가하는 것이어야 함을 교훈하셨다. 참된 '의'란 무엇인지를 생각하게 해주는 구절이다. 이 단어가 반복적으로 등장하는 것을 보면, 아마도 과연 누가 참으로 의로운 자인지를 보여주는 기능을 하는 것이라고 해석해 봄

직하다. 마태는 예언자들(5:10-12), 아벨과 순교자들(23:35), 세례 요한(21:32), 그리고 그리스도께서 보내신 사명자들(10:41)을 의로운 자의 모범이라고 보았다.[48]

마태복음에서는 예수 그리스도야말로 가장 탁월한 본 혹은 모범이시다. 예수 그리스도는 '죄 없으시고' '의로우신'(27:4, 19) 분이며 '의'로 충만한 분이심에도 세례를 받으셨으며(3:15), 시험을 받으실 때에도 하나님께 순종하셨고(4:1-11) 혹은 죽음에 직면해서도 하나님의 뜻에 순종하셨다(26:39, 42).[49] 예수께서는 또한 선생이자 주이시며, 생명을 얻고자 하는 자가 자기 십자가를 지고 '따라야 할 분이시다'(10:38-39, 16:24).

마태가 예수 그리스도를 의의 모범으로 소개하고, 예수 그리스도와 동등하지는 않지만 의의 모범이 될 만한 다른 인물들에 대해 말한 것은 덕 윤리와 중요한 연결고리이다. 2장에서 살펴본 것처럼, 덕 윤리는 비록 현존하지 않는 인물에게서도 실천적 지혜로부터 배울 수 있다고 본다. 이러한 인물들이 우리가 처한 것과 유사한 상황에서 어떻게 처신했는지를 살펴봄으로써 통찰을 얻을 수 있는 셈이다. 마태가 본 혹은 모범이 되는 특정 인물들에 대해 말했다는 점은 주목할 만한 대목이다. 본이 되는 인물들은 실천적 지혜의 분별과 획득에 중요한 요소이기 때문이다.[50]

덕 윤리와의 또 다른 연결고리는 마태가 다양한 성품들과 특질들을 묘사한 대목에서 발견된다. 킹스베리(Jack Kingsbury)의 마태복음에 대한 문학비평적 읽기는 예수와 제자들, 종교지도자들 및 많은 등장인물들에 대해 마태복음이 어떤 관점을 지니고 있었는지를 보여준다. 킹스베리에 따르면, 마태는 이들 각자에게 성격특성이 있다고 보았다. 예를 들어, 마태는 제자들을 충성스럽고 사랑을 실천하며 민감하고 순종적이며 신뢰하며 권세를 지니고 있으며 섬기는 자의 모습을 지니고 있으며 성품이 함양되어야 할 존재로 보았다. 그들은 또한 의심이 많았고 두려워하며 쉽게 절망

하고 스스로 현혹되는 등등의 특징을 지닌 인물이었다.[51]

킹스베리가 제자들 각자의 성격특성을 설명한 것을 두고 제대로 된 해석인지를 따지는 것은 우리의 관심사가 아니다. 중요한 것은 마태가 제자 됨에 적합한 성품과 특질들을 독자들에게 가르치기 위하여 성품과 특질들에 관한 이야기를 도입했다는 사실이다. 다양한 인물들과 칭송을 받을만한 행위와 태도 및 비난받을 만한 행위와 태도에 대한 내러티브적 묘사를 통해 독자들은 자신들의 행위와 태도에 대해 성찰할 수 있을 것이다. 킹스베리에 따르면,

> 제자들은 상충하는 특질들을 지니고 있었기 때문에, 독자들은 이야기를 전해주는 자로서의 마태의 태도 혹은 예수께서 제자들에 대하여 각각의 경우마다 보여주었던 태도를 기준삼아 제자들과 자신들을 동일시하거나 혹은 배격하도록 요청받는다. 따라서 이러한 승인 혹은 거절의 과정을 통하여 독자들은 마태의 이야기에 등장하는 제자들에게서 그들의 삶을 이끌어준 가치들에 대해 배울 수 있다.[52]

요컨대, 마태복음은 이야기를 전하는 자로서의 마태가 예수께서 수용하시거나 거절하신 내용들을 다루거나 혹은 본보기가 될 만한 것과 배격되어야 할 행위 및 태도에 대해 말해주는 방식을 통해 다양한 성격특성을 격려 혹은 배격하고 있는 셈이다.[53] 등장인물들과 그들의 특질에 대한 이러한 내러티브는 마태가 독자들로 하여금 어떠한 인간이 되어야 하는지에 관심을 가지도록 했다는 사실을 일깨워준다. 마태의 관심은 '행위'가 아니라, '존재'였다.

여기에서, 우리는 이 장의 목적을 기억할 필요가 있다. 지금 우리는 인간 행위의 내적 특질들에 대한 마태의 관심을 살펴보고 있다. 하지만, 성격특성에 대한 마태의 묘사를 강조하는 것으로 만족하지 말고 논의를

심화시킬 필요가 있다. 마태가 다양한 등장인물과 그들의 특질을 묘사한 것은 중립적인 것도 아니고 아무 생각 없이 늘어놓는 이야기가 아니다. 마태복음은 행위, 태도, 신념, 성향, 그리고 정서에 대해 말한 것이 아니다. 마태복음은 이러한 요소들을 형성시키고 일깨워주는 요소에 관심을 가지고 있었다. 내적 요소에 대한 마태의 관심은 규범적 계명 혹은 윤리이론에 대한 논의를 넘어선다. 마태는 그리스도인의 총체적인 자아에 영향을 주고 자아를 형성시키고자 했다. 다시 말해, 예수를 따르는 자가 되라고 초청한다.[54]

성격특성에 대한 설명 이외에 마태복음에는 독자들에게 영향을 주고 독자들의 성품형성에 기여하는 또 다른 방법들이 있다.[55] 마태는 특정 인물을 도덕적 모범 혹은 본으로 제시한다. 이러한 설명은 본이 되는 인물을 본받도록 초청한 것이라 할 수 있다.

이러한 맥락에서, 예수께서 종말론적 강복과 경고를 말씀하신 것 역시 독자들에게 영향을 주고 그들의 삶을 형성시키고자 했던 것이다(예: 5:3-12, 7:15-27, 25:13-46). 이러한 강복과 경고는 특정한 행위와 태도를 증진시키려는 의도에서 나왔다.[56] 이러한 전략은 윤리학을 순수한 도덕적 설득 혹은 자율적 의지의 문제로 간주하는 철학자들이 보기에는 마치 시대에 뒤떨어진 것(혹은 저급한 것)처럼 보일 수 있다. 하지만, 부모 됨의 문제와 덕 윤리에는 중요한 의의가 있다. 좋은 부모라면 누구라도 느끼고 있겠지만, 보상과 처벌은 어린이의 태도와 행위에 중요한 영향을 준다. 덕 윤리의 관점에 비추어 보면, 칭찬과 비난, 격려와 견책은 성품형성에 중요한 요소가 된다.

마태의 문체가 덕 윤리와의 중요한 연관성을 제시해주든 혹은 그렇지 않든 간에, 마태의 문학과 수사학의 상당부분은 덕 윤리와의 연관성을 잘 보여주고 있다. 독자들에게 영향을 주고 성품을 형성하게 하기 위한 역할모델의 제시, 성격특성에 대한 묘사를 비롯한 다양한 노력들은 덕 윤리가 말하는 것과 제대로 들어맞는다.

마태: 사랑과 율법 마태복음을 피상적으로 읽으면, 율법에 기초한 윤리 혹은 사랑의 윤리를 말한 것처럼 보일 수 있다. 마태의 윤리를 이렇게 취급하는 것은 옳지 않다. 율법과 사랑이라는 용어 자체가 마태의 내러티브에서 중요한 역할을 하는 것은 분명하지만, 마태의 윤리는 이 둘 중 어느 것으로도 환원될 수 없다.

마태복음에서 사랑의 율법 혹은 원칙은 중요한 역할을 한다. 마태복음에서, 예수께서는 원수에 대한 사랑을 가르치셨고(5:44), '황금률'을 가르치셨으며(7:12), 하나님 사랑과 이웃 사랑을 가장 큰 계명이라고 가르치셨다(22:30-40, 19:19, 23:23).

하지만, 사랑의 율법은 과대평가되기 쉽다. 사랑의 율법이야말로 마태의 윤리에서 핵심이 되는 기준 혹은 해석학적 원리라고 말하는 것은 지나친 주장이다.[57] 이는 사랑의 의미와 중요성이란 뻔한 것이라고 말하는 것과 다르지 않으며, 마태의 율법은 결국 사랑의 율법으로 환원될 수 있다고 주장하는 것에 다름없다. 마태복음을 이렇게 해석하는 것은 옳지 않다.

사랑을 핵심이라고 간주하는 관점에 대한 최대의 반증은 마태복음에 무수하게 많은 다른 유형의 윤리적 표현들이 발견된다는 점이다. 예를 들어, 비유가 많이 등장하고 특수한 계명들이 나타나는 것에 비해, 사랑의 율법에 대한 강조는 상대적으로 적다. 마태복음을 사랑으로 환원하는 것은 무리가 따를 수밖에 없다. 마태의 윤리에는 특수한 계명들, 종말론적 경고, 비유들, 예수께서 보여주신 본, 그리고 제자로의 부르심 등이 포함된다.[58] 마태의 윤리는 또한 정의의 윤리이며(12:18, 20장, 23:23), 긍휼의 윤리이자(9:13, 12:7), 십자가를 지는 윤리이다(10:38, 16:24). 물론, 사랑은 중요하고 탁월하다. 그러나 사랑을 마태복음의 나머지 윤리적 관심 모두를 아우르는 종합적 원리라고는 할 수 없다.[59]

사랑이 마태복음에서 중요한 역할을 한다는 것 자체를 부정하려는 것이 아니다. 예를 들어, 사랑은 율법에 대한 마태의 관점에서 결정적인 역할을 한다. 사랑은 율법의 도덕적 요구(7:12, 22:40)의 전형적인 상징이며, '율법과 전승의 개별적 계명들을 이해하고 평가하고 해석할 결적인적인 원리'이다.[60]

하지만, 마태의 윤리를 사랑 하나로 다 담아낼 수 없다. 마태복음에 다른 윤리적 자료들이 많이 있다는 것 말고도 사랑의 형식과 내용에 관한 해석상의 문제 또한 남아있다. '사랑'이라는 말로 여러 가지를 뜻할 수 있다. 예수 그리스도의 교훈과 삶에 관심을 기울이면, 마태에게서 사랑이란 과연 무엇을 의미하는 것인지 알 수 있다. 사랑에는 원수를 위한 기도(5:44)가 포함되며, 안식일에 '선한 일'을 하는 것도 포함되고(12:12), 죄인들과 더불어 식사하는 일(9:13, 21:31)도 포함된다.[61] 마태복음의 내러티브를 전체적으로 보아야만 사랑의 여러 의미들을 깨달을 수 있다.

사랑을 마태복음의 윤리적 핵심이자 해석학적 원리라고 주장하는 자들은, 사랑의 원리가 그 자체로 자명한 것도 아니며 개별적으로 충분한 것도 아니라는 사실을 분명하게 인식해야 할 것이다.[62] 마태의 내러티브를 제대로 읽어내기 전까지, 사랑의 의미를 온전하게 말할 수 없다. 마태복음의 윤리에는 하나님 사랑과 이웃사랑에 대한 형식적인 명령 말고도 여러 다양한 요소들이 담겨있다.

마태복음에 나타난 율법의 역할에 대해서도 마찬가지이다. 마태의 윤리를 모세 율법을 확증해준 것이라고 단순화하여 해석해서는 안 된다.[63] 그렇다고 해서, 마태복음이 율법을 적대시했다고 보아서도 안 된다.

마태복음은 그리스도인의 행위가 율법을 폐기하지 않는다고 말한다.[64] 마태복음에서, 예수께서 말씀하셨다.

> 내가 율법이나 선지자를 폐하러 온 줄로 생각하지 말라 폐하러 온 것이 아니요 완전하게 하려 함이라. 진실로 너희에게 이르노니 천지가 없어지기 전에는 율법의 일점일획도 결코 없어지지 아니하고 다 이루리라. (마5:17-18)

마태복음은 율법을 높이 평가한다. 하지만, 마태의 윤리를 율법의 윤리로 환원하거나 단순화시키는 것은 옳지 않다. 비록 예수께서 율법을 '완전하게' 하시려 했다는 것의 의미가 유난히도 해석하기에 어려운 것이기는 하지만, 마태의 도덕적 비전 자체를 율법에 대한 토론으로 제한해서는 안 된다.[65]

마태복음의 규범은 예수 그리스도이시며, 율법의 능력은 '예수 그리스도의 가르침이라는 여과장치를 통과하는 것'일 경우에만 유효하다.[66] 교회가 경청하고 실천해야 할 것은 예수 그리스도의 말씀이며(7:24, 28:18), 예수 그리스도의 말씀은 결코 사라지지 않을 것이다(24:35). 예수께는 안식일 성별의 제도 그 이상의 권위가 있으며, 성전보다 더 크신 분이시다(12:1-8). 예수께서는 히브리 성경이 말하는 이혼의 조건을 명시한 규약들을 하나님께서 정하신 뜻을 근거로 삼아(19:3-9) 거절하셨다.

율법을 해석할 때, 예수 그리스도의 교훈과 본을 따라야 하는 이유는 '반제들'(5:21-48)의 경우에서 분명하게 확인할 수 있다. 율법에 대한 해석을 둘러싼 예수 그리스도와 서기관들과의 차이는, '너희는 옛적에 … 라고 들었으나, 나는 이렇게 말한다.'(5:21, 33, 5:27, 31, 38, 43)고 하는 반제들 속에 잘 드러나 있다.[67] 나아가, 다양한 반제들은 율법을 확대시키고 압도하며 평가절하시키기도 하고 심지어 폐하기도 한다.[68]

특히 예수께서 말씀하신 맹세의 거부(5:33-37), 보복의 금지(5:38-42)등에서 더 분명하게 드러난다.[69] 히브리 성경에서, 맹세와 서약은 허락된 것일 뿐 아니라 요청사항으로서, 중요한 제도로 자리잡아왔다.[70] 이 점에서, 예수께서 맹세와 서약을 거절한 것을 단지 율법을 명료하게 설명하려는 것이었다고 말할 수 없다. 모세오경이 보복에 관한 율법을 반복하는 것도 마찬가지이다.[71] 예수께서 모든 보복과 앙갚음을 금지하신 것은 단지 율법을 집약적으로 설명하시거나 혹은 율법을 좀 더 인간미 넘치도록 만드시기 위한 노력이 아니다. 오히려, 중요한 대조적 요소들을 보여주시고, 폐기를 선언하신 것일 수 있다.[72]

일부 주석가들은 예수께서 율법의 의도를 확장하거나 집약적으로 설명하려 했던 것이라고 해석하기도 한다.[73] 예수께서 율법을 단절시키신 것이 아니라, 율법의 핵심이 되는 목적을 확인시켜 주신 것이라는 주장인 셈이다. 이러한 관점에서는, 맹세에 대한 율법의 규정과 맹세에 대한 예수의 금지 모두 신실성을 확증하려는 노력으로 해석한다. 동해보수법(lex talionis)과 예수께서 보복을 금지하신 것 역시 폭력을 최소화하려는 목적에서 나온 것이라고 해석하기도 한다.

이러한 논의들은 요점을 빗나가고 있다. 예수 그리스도의 교훈을 적용하자면, 모세율법은 직접적인 행위지도적 규칙 혹은 율법의 기능을 수행할 수 없다. 예를 들어, 모세율법은 맹세와 서약을 요구하지만, 예수께서는 금하신다. 율법은 보복의 방식을 규정해주지만, 예수께서는 그 어떤 종류의 보복도 하지 말라고 하신다. 예수 그리스도의 관점과 모세율법 사이에 기초적인 연관성이 있든 없든 간에, 모세율법은 더 이상 제대로 된 계명 혹은 율법의 역할을 할 수 없다. 율법은 행위의 특수한 과정을 규정한다. 예수께서는 그 반대의 것, 즉 존재를 규정하신다. 마치 예수 그리스도를 율법의 가장 핵심적인 의도를 지키라고 가르치신 분으로 간주하는 듯 보일 수 있으나, 마태복음의 반제들은 결과적으로 토라의 계명들보다 예수께서 가르치신 교훈과 본보기를 더 선호하여 율법의 권위를 약화시키고 그 효력을 폐기시킨다. 마태복음에서 율법이 하나님의 뜻을 계시한 것으로 간주되지만, 마태복음의 윤리가 율법을 긍정하는 것이라고 말하는 것은 옳지 않다. 율법이 권위 있는 것이 되고자 한다면, 예수 그리스도의 권위에 의존하는 것이어야 한다.[74]

마태복음의 윤리가 토라에 대한 단순한 긍정이 아니라는 주장에 반론을 제기하는 사람들도 있을 것이다. 예를 들어, 마태복음의 윤리는 의무론적 윤리 즉 규칙, 법칙, 그리고 명령들로 구성된 윤리라고 보는 관점이 그것이다. 이러한 반론에 장점이 있기는 하다. 마태복음에서 모세율법이 중요한 의의를 지니고 있다면, 예수의 계명은 궁극적인 중요성을 가진다는 사실을 일깨워 준다. 하지만, 마태복음의 윤리가 과연 의무론적 관점에서만 평가될 수 있을지를 살펴보려면, 마태복음의 윤리에 다양한 요소들이 담겨 있다는 사실을 잊지 말아야 할 것이다. 마태의 윤리는 일종의 완성주의 윤리로서, 행위 및 그 이면의 태도들에 대해서까지 관심을 가진다. 또한 개인과 공동체에 관심을 가지는 윤리이며, 스승과 제자 사이의 관계를 본질적인 것으로 간주한다. 나아가, 규칙과 명령들을 사용하기는 하지만, 경고와 강복 및 본보기와 모범, 비유, 심지어 기도까지도 강조하는 윤리이다.[75] 요컨대, 마태복음에서 규칙과 율법이 중요한 역할을 한다는 점은 부정할 수 없으나, 마태복음의 윤리가 의무론적 요소만 지닌다고 해서는 안 된다.

이것을 부정적 해석이라고 몰아세울 사람도 있겠지만, 우리는 지금 이 책에서 마태복음이 덕 윤리와 양립가능하며 수많은 잠재적 연계성을 지닌 윤리임을 말해 줄 긍정적 해석을 시도하고 있음을 기억해주기 바란다. 앞서 우리는 몇 가지 유사성과 가능한 연결고리들을 살펴보았다. 이제 남은 것은 덕 윤리와 마태복음 사이의 연결고리, 즉 마태복음에 나타난 율법, 규칙, 그리고 계명과 덕 윤리가 연계될 수 있는 것일지 살펴보는 것이다.

가능성 중 하나는 마태복음이 율법을 교육적 용법으로 사용하고 있다는 점이다. 많은 주석가들이 마태복음에서 종합적인 규칙체계가 적용되고 있다는 사실을 놓치고 있다. 그 대신, 마태복음에서 율법이 교육적 기능을 수행한다는 점은 제대로 알고 있다. 예를 들어, 믹스(Wayne Meeks)에 따르면, 마태복음은 '그 어떤 명령체계'도 제시하지 않았다. 규칙과 명령들이 중요하기는 하지만, 마태복음에서 이것들은 '보편적인 것이 아니라, 공동체 안에서 수행해야 할 삶의 모습을 보여주는 본보기에 해당하는 것이며, ⋯ 수용해야 할 행위들의 체계도를 보여준 것이라고 할 수 없다.'[76] 이에 동조하여, 루츠(Ulich Luz)는 마태복음을 모세율법의 명령들을 간직한 복음서로 보는 동시에 예수께서 하나님의 계명을 주셨다고 해석한다.

> 율법이 그리스도인이 모든 정황에서 정확하게 무엇을 해야 하는지를 규정해주는 것은 아니다. 하나님께서 순종하라고 하시는 방식과 근본성의 예들은 율법의 문장들이 아니라 모범이 되라고 하시는 요구들에 있다. 새로운 본보기를 만들어낼 자유는 언제나 본보기가 되는 자의 몫이었다.[77]

다른 학자들도 이와 유사한 관점을 취한다. 마태복음이 율법을 활용한 것은 일종의 종합적인 율법(옛것 혹은 새것)을 제시한 것이 아니라, 제자들에게 요구되는 모범, 그리고 통전적인 삶이란 무엇인지를 보여주는 예증, 또한 더 나은 의를 구현해야 한다는 요구 및 장차 실현될 하나님 나라에 맞는 행위들을 제시해 준 것이라고 해석한다.[78] 오글리트리(Thomas Ogletree)는 '율법과 계명들은 우리가 해야 할 행위를 표현해준 것에 그치지 않고, 무엇보다도 우리가 되어야 할 존재를 설명해주는 것'이라고 말한다.

오글리트리는 마태복음이 율법의 '특징적인 의무론적 추구'에서 '하나님께로부터 신실한 제자가 되라고 부르심을 받은 자들의 삶의 총체성에 대한 설명'으로 관심을 전환시켰다고 해석한다.[79]

　　이들은 마태복음에 나타난 율법들을 교육적 기능의 수행의 관점에서 해석하면서, 신실한 제자도와 하나님 나라를 설명해준다고 본다.[80] 이러한 관점은 앞서 말한 덕 윤리와 상통하는 요소이다. 예를 들어, 누스바움이 규칙이란 이전의 지혜로운 결단의 요약판이며 도덕발달의 지침이 된다고 보았던 점을 기억할 필요가 있다. 요약판으로서의 규칙은 이전의 선한 판단에 대한 참조사항을 제공해주기는 하지만, 현재의 특정한 경우와 정확하게 일치하는 경우에서만 타당한 것이 될 수 있다. 또한 규칙이 행위의 지침이 되는 것은 아직 실천적 지혜를 지니지 못한 자의 성품을 형성시키는 경우에만 가능하다.

　　마태복음의 계명들이 본보기가 되고 모범을 보여주는 것이라는 해석은 누스바움의 관점과 유사한 측면이 있다. 규칙들은 참조사항이 될 뿐, 모든 것을 아우르는 것도 아니며 언제나 적용될 수 있는 것도 아니다. 마찬가지로, 마태복음에서 하나님 나라와 신실한 제자도를 일깨워주는 계명들은 일종의 유비라고 보는 것이 타당할 듯싶다. 핀코프스의 용어대로 하자면, 규칙들은 어떤 인격체가 되어야 하는지를 보여주거나 설명해준다.[81]

　　마태복음의 율법에 대한 또 하나의 해석 가능성은 덕 윤리가 '제자의 관점에서의 분별, 신중함, 그리고 명령'을 요구한다는 점에 견주어 말할 수 있다.[82] 마태복음에 규칙과 명령들이 사용된 것을 두고 직설적이고 연역적인 것이라 할 수 없다. 이는 마태복음에서 율법을 사용하는 것이 본보기가 되거나 모범을 보여주려는 것임을 암시해준다. 예수께서 어떤 계명들은 다른 것들보다 '더 크고'(22:37-40) 어떤 것은 다른 것보다 '더 중한' 것이라고 보신 대목(23:23), 어떤 것들은 사랑과 긍휼에 의해 제한되어야 한다고 보신 대목(12:10-13)에도 이러한 특징들이 적용될 수 있겠다. 말하자면, 율법의 적용에는 해석적 분별과 지혜가 요구되는 셈이다.[83]

이러한 분별의 필요성은 덕 윤리에서도 다루는 주제이다. 마태복음의 율법에는 실천적 지혜 혹은 '사려 깊음'과 유사하게, 행위에 대한 기술적 판단이라는 질적 요구가 담겨있기 때문이다. 마태복음의 율법은 해석과 판단 없이는 제대로 읽어낼 수 없다. 이러한 뜻에서, 마태복음이 율법을 사용한 것은 '아리스토텔레스가 말한 사려 깊음과 친화성이 있다.'[84]

덕 윤리와 마태복음의 율법은 양립가능하다. 사실, 이 둘은 썩 잘 어울린다. 마태복음은 율법을 계시로 보고 있지만, 마태복음의 윤리를 율법으로 환원해도 된다는 뜻은 아니다(토라처럼, 특정한 율법 혹은 좀 더 일반적인 의무론적 용어들로도 환원될 수 없다). 대신에, 율법은 교육적 역할을 수행하며 분별적 판단을 요구한다.

덕 윤리에서 변경되어야 할 부분: 용서와 예수 중심성

마태의 도덕적 비전이 지닌 여러 측면들을 아직 충분히 소개하지 못한 것 같다. 예를 들어, 스쳐 지나가듯 살펴보았던 마태복음의 종말론 혹은 기도의 중요성 등이 그렇다. 어쨌든, 덕 윤리와 마태복음 사이에는 유사성, 접촉점, 그리고 상호연관이 있다는 점만큼은 분명해진 듯싶다. 마태복음을 다루고자 했던 목표 중 핵심적인 것은 달성한 셈이다.

바울서신을 살펴보기 전에, 꼭 지적하고 싶은 것이 있다. 마태복음의 윤리에 대한 관심이 덕 윤리의 구조를 변경하지 않은 채 그대로 두어도 된다는 것은 아니다. 마태복음을 근거로 삼거나 혹은 마태복음의 영향을 확인했다면, 우리는 덕 윤리가 있는 그대로 기독교와 연계될 수 있는 것이 아니라 보충되고 변경되어야 한다는 점을 깨달을 수 있다. 이러한 요점을 보여주는 예로서, 마태복음이 용서와 예수 중심성을 강조한다는 점을 생각해 볼 수 있다.

앞서, 우리는 마태복음 18장에 나오는 용서와 화해의 중요성을 살펴보았다. '주기도'(6:10-13)에 나타난 것처럼, 우리의 죄를 용서받는 것과 다른 사람의 죄를 용서하는 것(12절) 사이에 연계성이 있다. 더구나, 기도에 관해 예수께서 말씀하신 것 중에 하나님의 긍휼과 인간의 긍휼 실천 사이에 상응성이 있음을 분명하게 선언하셨다. 만일 우리가 남을 용서하면 하나님께서도 우리를 용서하실 것이요, 우리가 남을 용서하지 않으면 하나님께서도 우리를 용서하지 않으실 것이다(14-15절, 23-25절).[85] 예수께서 예물을 드리기 전에 화해하라고 말씀하신 부분(5:23-24)과 부활하신 예수께서 제자들이 예수를 부정하고 도망간 이후(26:56, 69-75)에도 여전히 그들을 '형제'라고 칭하신 부분(28:10)에서도 이와 유사한 예를 찾아 볼 수 있다.[86]

예수 중심성에 대해서는 몇 가지 참고할 것이 있다. 예수는 스승이시요 주님이셨다. 예수는 탁월한 모범이며 그의 말씀은 언제나 정당성을 지닌다. 생명을 얻고자 한다면, 예수를 따라야 한다. 율법의 권위까지도 예수께 의존한다. 더구나, 예수는 메시아이시며, 인자(人子)이시며 하나님의 아들이시다(16:13-17).[87] 교회의 도덕적 분별은 부활하신 주께서 살아 계시다는 사실(18:18-20)에 근거하는 것이라 할 수 있다.[88] '양과 염소'의 구별에서, 마태복음이 모든 도덕을 그리스도와 긴밀하게 연관 짓고 있음을 볼 수 있다. 모든 나라들은 가난한 자들과 버려진 자들을 어떻게 대했는가에 따라 심판 받게 될 것이며, 그들에게 한 것은 곧 인자에게 한 것이나 다름없다(25:31-46).[89]

덕 윤리에는 용서에 대한 언급도 없고 예수께 대한 주목도 없다. 용서와 예수께 대한 확신에 대해 덕 윤리는 내재적 긴장관계를 보여준 것도 없고 혹은 반대입장을 표명한 것도 없다. 마태복음이 예수 그리스도께 주목하고 용서에 초점을 맞추는 것은 '덕 윤리'가 어떻게 변경되어야 할지를 암시해 준다. 특히 '그리스도인'의 특질이 어떻게 변경되고 수정되어 적용되어야 하는지를 보여준다. 마태복음의 관점에서, 덕 윤리가 기독교적 적절성을 지닌 것이 되고자 한다면 성육신하시고 하늘에 오르신 예수를 그 중심에 두고, 그리스도를 규범으로 삼으며 용서와 화해를 공동체적 삶과 실천의 본질적인 과제(말하자면, 텔로스)로 상정해야 할 것이다. 이것이 덕 윤리의 변경을 위한 마태복음의 관점 전부는 아니지만, 예수 그리스도 중심성과 용서의 중요성은 우리에게 큰 깨달음을 준다. 덕 윤리가 기독교적 적절성을 지닌 것이 되고자 한다면, 덕 윤리의 구조를 변경하지 않은 채 그대로 수용해서는 안 될 것이다.

바울서신

마태복음과 공유하고 있는 요소들

바울서신과 덕 윤리 사이의 접촉점 혹은 상호관계성을 살펴보려면, 바울의 관점 및 관심들 중 몇몇 영역이 마태복음과 유사하다는 점을 기억할 필요가 있다. 여기에는 모범적 인물 혹은 본보기에 대한 호소, 내적 특질들에 대한 관심, 그리고 개인적이고도 공동체적인 조망, 분별의 질적 차이 및 기술의 필요성 등이 포함된다. 요소들이 덕 윤리와 어떻게 연관되는지에 대해서는 마태복음을 다루면서 살펴보았기 때문에, 이것이 바울서신에서는 어떤 형태로 나타나는지 살펴보고자 한다.[90]

모범 혹은 가치　　마태복음의 경우처럼, 바울의 윤리도 모범 혹은 본보
있는 본보기　　기가 되는 특정인물을 제시한다.[91] 바울서신의 경우,
　　　　　　　　그리스도를 본받는(고전11:1, 살전1:6) 자신의 모습을 '본받
아야 한다'는 권면(고전4:16, 빌3:17, 갈4:12, 빌4:19)이 자주 등장한다.[92] 빌2:5-11
에서 그리스도를 본받으라고 강조한 부분, 그리스도께서 자기의 기쁨을
추구하지 않으신 것처럼 우리들도 자신의 기쁨을 추구하기보다 이웃을
'기쁘게 하는 자'가 되어야 할뿐더러 그리스도께서 우리들을 환영해 주신
것처럼 우리들도 '서로를 환영하는' 자가 되라고 권하는 부분 역시 마찬가
지이다(롬15:1-7). 요컨대, 그리스도인의 삶은 그리스도와 사도들의 사역
및 삶을 본받아 그대로 따라가는 것이라 할 수 있다.[93]

　　그리스도를 본받는 바울 자신을 본받으라고 권하지만, 바울이 모범
적 존재로 제시한 대상은 그리스도와 바울 자신에만 국한되는 것은 아니
다. 예루살렘 교회를 위한 연보를 모으면서, 바울은 고린도교인들에게 마
케도니아교인들을 본받으라고 한다(고후8:1-15, 24, 9:2). 또한 그리스도의 모
범을 따른 빌립보의 신앙인들을 '세상에서 별처럼 빛나는 자들'이라고 칭
송하기도 한다(빌2:15, 살전1:6-8). 이처럼, 모범 혹은 가치 있는 본보기를 배
우고 '닮아가는 것'은 그리스도인의 삶에 대한 바울의 이해에서 매우 중요
한 요소이다.[94]

내적 특질들　　마태복음처럼, 바울서신에도 특정한 행위와 내적 특
　　　　　　　　질들은 중요한 관심거리이다. '덕'과 '악덕'에 대한 바
울의 목록(롬1:29-31, 13:13, 고전5:10-11, 6:9-10, 고후12:20-21, 갈5:19-23, 빌4:8, 골3:5-17)
이 가장 대표적인 예가 되겠다.[95] '덕'의 목록에는 사랑, 희락, 화평, 인내,
자비, 양선, 충성, 온유, 절제가 포함된다. '악덕'에는 우상숭배, 술수, 비열

함, 분노, 오만함, 시기, 질투, 탐심, 다툼, 성적타락, 술 취함, 그리고 방탕함 등이 포함된다.

이 목록 자체가 바울의 윤리가 명시적으로 '덕 윤리'에 속한다고 말해주는 것은 아니다. 유대인이면서도 로마의 시민권을 가진 바울의 정황상, 이러한 목록은 두 문화에 공통된 것들을 모아 둔 것으로서, 자신에게 익숙한 요소들을 재정리한 것이라 할 수 있다. 바울은 '덕'과 '악덕'을 포함하는 이 목록들을 더 이상 언급하지 않았지만, 그 각각을 성령의 '열매'와 육체의 '소행'으로 간주한다(갈5:19-23).

이 목록들의 의미에 주목할 필요가 있다. 이 목록들은 바울이 성향과 태도를 중요하게 생각했다는 점을 보여준다. 인간의 행위란 이러한 내적 요소들의 표출이라고 보았던 셈이다. 이 목록들 자체는 장황해보이고 일관성도 없으며 느슨하게 연관된 것처럼 보이지만, 바울은 이 목록들을 통해 그리스도인이란 어떤 존재이어야 하며 그리스도인에게 합당한 행위는 무엇인지를 설명하려 했다.

덕과 악덕의 목록은 바울의 관심이 내적 특질에만 집중되어 있었음을 말해주는 것은 아니다. 바울은 외적 행위와 내적 특질 모두에 관심을 가지고 있었으며, 이는 '육과 영의 모든 더러움으로부터 우리 자신을 깨끗케 보존하기를'(고전7:34, 고후7:1) 원했던 대목에서 분명하게 확인할 수 있다. 바울이 인간의 태도와 내적 삶의 중요성을 말하는 것은 성령께서 우리의 '심령'을 변화시키신다는 점(롬5:5, 8:27, 고후1:22, 3:3, 갈4:6)을 반영한다.[96]

고전13:4-8의 사랑에 대한 설명과 롬12:9-21의 훈계에서도 몇 가지 '내적' 요소를 볼 수 있다. 그리스도인은 인내와 친절을 행하는 자가 되라고 부르심을 받은 존재로서, 질투, 폭력, 무례함, 성급함 혹은 분노하는 자가 되라고 부르심을 받은 것은 아니다. 그리스도인은 교만 혹은 자기주장하는 태도를 절제하는 자가 되라고 부르심을 받았다. 또한 의를 기뻐하는 자가 되도록 독려 받고 있으며, 잘 감당해내고, 신실하게 믿으며, 소망을 가질 뿐 아니라 모든 것을 견디어내는 자가 되어야 한다.[97]

요컨대, 바울은 구체적인 행위들에 관심을 가졌고 이러한 행위들의 원인이 되는 내적 특질, 태도 및 성향에 대해서도 관심을 가졌다.

개인과 공동체 마태복음처럼, 바울서신에도 그리스도인의 삶이란 개인과 공동체 모두에 해당한다. 예를 들어, 바울이 고린도교회를 꾸짖은 것은 그들이 성만찬을 하면서도 하나 됨과 서로에 대한 관심을 구현하지 않았기 때문이었다(고전11:17-34). 바울이 보기에, 이는 사실상 고린도교회가 성만찬을 하지 않은 것과 다름없다(20절, 또한 27-30을 참고하라). 하나 됨과 서로에 대한 관심을 강조하는 것은 예루살렘의 가난한 자들을 위한 연보에 관한 기록(롬15:25-31, 고후8:1-5, 24, 갈2:10) 및 호의를 베풀라는 권면(롬12:13, 16:23, 고전16:5-7, 10-11, 몬1:22)에서도 볼 수 있다.[98]

도덕을 개인적인 것인 동시에 공동체적인 것으로 보는 바울의 관점은 교회를 살아있는 몸에 비유한 곳(고전12:12-31, 롬12:4-5, 참고로 고전10:17)에서 가장 분명하게 볼 수 있다.[99] 바울은 교회 안에서 다양한 은사를 받은 개인들이 교회의 다양한 지체들과 연관되어 있다고 말한다. 몸의 지체들에서 볼 수 있듯이, 교회 안에는 능력과 은사에 있어서 다양성이 드러난다. 하지만 개인의 능력과 은사는 다른 사람에게 유익이 되는 경우에만 본래적인 목적을 구현하는 것일 수 있으며, 은사는 이러한 목적에 맞게 사용되어야 마땅하다(고전12:7, 14:12).[100]

팔 다리처럼, 각각의 구성원들은 하나의 공동체를 구성한다. 개인들은 공동체에 참여함으로써 각자의 가치를 얻게 된다. 팔 혹은 눈처럼, 구성원 개개인으로서는 진정한 자아가 될 수 없으며, 이는 몸 전체를 떠나서는 팔과 눈이 기능할 수 없다(고전12:14, 롬12:5).

지체들의 비유를 통해, 바울은 그리스도인의 도덕이 상호의존적인 것임을 보여준다.[101] 계모를 취한 자를 출교시키도록 권면한 것(고전5:1-8)은 한 사람의 행위가 전체 공동체에 영향을 준다는 점을 강조하고 있다. 이는 '작은 누룩이 반죽 전체를 부풀게 하는 것'(고전5:6)과 같다. 우상의 제물로 사용된 고기의 문제(고전8장, 10장), '약한 자'와 '강한 자'의 갈등에 대한 권면(롬14:1-15:13)에서도 바울은 한 사람의 행위가 다른 사람에게 영향을 준다는 점에 주목했다.[102] 도덕의 상호의존성은 또한 '악한 동무가 선한 행실을 더럽힌다'고 말한 부분(고전15:33), 교회 안에서 부도덕한 자들과 어울리지 말라고 했던 부분(고전5:9-11), 불신자들과 멍에를 함께 매지 말라고 했던 부분(고후6:14-7:1)에서도 확인할 수 있다.

바울이 상호의존성을 부정적인 방식으로만 다루었다고 생각된다면, 출교조치가 행악자를 돌이키게 하고 화해시키려는 목적에서 시행되는 것이라고 했던 부분(고후2:5-11, *참고: 고전5:5, 갈6:1)을 참고할 필요가 있다. 데살로니가교회에 전했던 바울의 권면, '또 형제들아 너희를 권면하노니 게으른 자들을 권계하며 마음이 약한 자들을 격려하고 힘이 없는 자들을 붙들어 주며 모든 사람에게 오래 참으라'(살전5:14)고 권했던 부분도 참고할 수 있겠다.

바울의 윤리가 공동체적 특징과 상호의존성을 지니고 있다고 해서, 개인의 가치와 책임을 소홀히 여긴 것은 아니다.[103] 바울의 윤리에 나타난 공동체적 맥락이 구성원 개인의 중요성과 그들의 도덕적 개선이라는 주제를 삭제시킨 것은 아니다. 신앙인 각자는 자신의 신앙에 대해 스스로 책임을 져야한다(롬12:3, *참고: 14:1, 15:1). 각자는 자신의 행위대로 하나님께 심판을 받을 것이라는 점에서(롬2:6, 16, 14:4, 10, 12:1, 고전4:5, 고후5:10), 각자 자신의 행위를 살펴야 한다(갈6:4). 바울 자신도 헛되이 살아가지 않도록(갈2:2, *

참고: 9:24-27, 빌2:16, 3:10-16, 살전3:5) 스스로를 확증하기 위해 자신을 살펴보아야 했다.

은사들은 전체의 유익을 위해 사용되어야 하지만(고전12:7, 14:12), 성령께서는 각각 다른 개인에게 각각 다른 은사를 주셨으며(롬12:6-8, 고전12:11), 방언의 은사 자체는 교회에 덕을 세우기 위해(고전14:2-4) 개인에게 주신 것이었다. 샌더스(E. P. Sanders)가 다른 맥락에서 말한 것처럼, 바울의 메시지는 '믿음을 갖게 하려는 의도를 지닌 것이었으며, 믿음은 개인에게만 주어지는 몫이다.'[104]

그리스도인의 삶에 대한 바울의 비전은 공동체와 개인을 아우르는 것이라 하겠다. 개인이 받은 은사와 능력은 교회 안에서라야 제대로 구현될 수 있다. 우리는 하나님 앞에 개인으로 서게 되지만, 도덕적으로는 상호의존적이며 선과 악에 대해 서로에게 영향을 준다.[105]

분별   마태복음의 율법관을 다루면서, 분별적 판단의 질 혹은 기술의 필요성에 대해 언급했었다. 이는 지혜 혹은 사려 깊음에 비견될 수 있다. 이러한 질적 요소 혹은 기술의 필요성은 바울서신에서 더 심화된(그리고 율법에 비교적 구속되지 않는) 형태로 나타난다.[106]

바울은 데살로니가교회를 향하여 '범사에 헤아려 좋은 것을 취하라'(살전5:21)고 권한다. '헤아리고', '검증하고', '분별하는 것'은 바울서신 전체(예: 롬12:1-3, 고전2:14-16, 고후13:5-9, 빌1:9-11, 살전5:19-22)를 통해 분명하게 드러나는 원칙이다.[107] 바울이 고린도교회를 향하여 세상법정에 소송하는 것을 꾸짖었던 부분에서도 이 원칙이 적용된다. 과연 세상법정에 가져갈 문제인지를 분별할 지혜가 교회에 필요하다는 뜻이다(고전6:1-8).

그 외 여러 곳에서 분별적 판단의 필요성을 확인할 수 있다. 바울은 이혼에 대한 예수의 교훈을 분명하게 알고 있었으며, 그 어떤 예외도 인정하지 않는다는 점을 알고 있었다. 하지만, 바울은 이 교훈을 비판적으로 재해석하면서 이방인과 결혼한 사람의 경우 별거할 수 있는 특수한 유형(고전7:10-16)을 용인했다.[108] 분별의 문제는 우상에게 제물로 사용된 고기의 문제(고전8장, 10장)와 롬14:1-15:13의 '약한 자'와 '강한 자'의 갈등의 경우에서도 볼 수 있다. 두 경우 모두에서, 바울은 그 자체로 그릇되지 않은 특정한 행위들 중에 다른 사람을 위해 스스로 삼가야 할 행위가 있음을 보여준다. 분별의 문제에 대한 가장 가까운 예는 바울 자신에게서 볼 수 있다. 바울은 일단 특정한 행위들이 수용될 수 있으리라 결론을 내렸어도, 이후에 그리스도인들의 관계에 비추어 그 결론을 수정하기도 했다.[109]

분별적 판단은 사적이거나 개인적인 문제가 아니라, 바른 길을 모색하려는 공동체적 노력이라 할 수 있다.[110] 그리스도인들은 자신들의 행위를 검증하고 살펴보고 승인해야 한다. 예를 들어, 예언하는 자들의 구체적이고도 정황을 고려한 선언들은 회중에 의해 검증되어야 한다(고전14:29, 살전5:20-21). 예언하는 자는 자신의 메시지를 독단적으로 판단해서는 안 된다. 사실, 성령께서 각자에게 다른 은사를 주시거나 각각 달리 나타나시기 때문에, 지혜, 지식, 예언, 그리고 분별을 얻기 위해 서로에게 의지해야 한다(고전12:7-11).

요컨대, 바울은 '하나님의 선하시고 기뻐하시고 온전하신 뜻이 무엇인지 분별하도록 하라'(롬12:2)고 지속적으로 요청한다. 이러한 분별적 판단은 개인의 몫으로만 할당된 것이 아니라, 공동체의 공동모색을 필요로 한다.

바로 이 분별적 판단이 덕 윤리와의 중요한 접촉점이 된다. 바울에게 도덕적 추론의 규칙 혹은 원칙이나 방법이 상대적으로 부족하다고 생각할 윤리이론은 거의 없다.[111] 바울의 윤리는 '상황윤리'에 흐르지 않으면서도 구체적이고도 특수하다.[112] 이는 덕 윤리의 '실천적 지혜' 혹은 '사려 깊음'의 개념과 깊은 유사성 혹은 병행가능성을 보여주는 대목이다(이에 대해서는 2장을 참고하라). 실천적 지혜는 구체적인 특수성과 관계들에 민감하다(규칙, 원칙, 그리고 결과들을 간과하지도 않는다). 더구나 분별을 위한 공동체적 자원에도 의존한다. 이처럼, 바울의 '분별'과 덕 윤리의 '실천적 지혜'는 상당한 유사성 내지는 서로 잘 들어맞는 측면을 지니고 있다.

**덕 윤리와의
다른 연관성**
지금부터는 마태복음과 유사한 내용들 이외의 부분들을 중심으로 바울서신의 윤리를 살펴보고자 한다. 특히, 덕 윤리와의 두 가지 연관가능성 즉 ① 도덕적 진보에 대한 바울의 관점, ② '직설법'(indicative)과 '명령법'(imperative)의 관계에 대한 바울의 설명에 주목하고자 한다.

① 도덕적 진보

4장에서, 성화론이 덕 윤리와의 중요한 유사성 및 연관성을 제공한다는 점을 살펴보았다. 바울사상에서는 성화에 대한 다른 이해가 나타난다. 바울서신에서, '성화'는 도덕적 성장과 유사한 개념이라 할 수 없다. 바울에게 성화는 그리스도 사건(Christ-event)이 원칙적으로 하나님을 예배하기 위한 헌신과 연관된 것임을 보여주기 위해 사용된 여러 개념들 중 하나이다.[113]

비록 성화 개념에 직접적으로 호소할 수는 없지만, 바울은 성장 혹은 진보를 위한 도덕적 여정을 제안해주는 몇 가지 용어들과 이미지들을 사용한다. 예를 들어, '걷다'(to walk)라는 동사(예: 롬6:4, 13:13, 살전2:12, 4:1, 12, *참고: 골1:10, 2:6, 엡4:1도)는 도덕적인 삶에 대한 언급과 연관이 있으며, '살다'(to live)

라는 동사로 번역되기도 한다.114 바울은 이 개념을 '행위의 패턴에 관한 셈족 언어의 일반적인 관용어'로 사용한다.115 예를 들어, 그리스도인들은 성령과 함께 가야하며, 육체를 따라 가서는 안 된다(롬8:4, 갈5:16). 마찬가지로, 교회 안에 시기나 다툼을 만들거나 남에게 해를 끼치는 것은 사람을 따라 행하는 것(고전3:3, *참고: 롬14:15)이 된다.

'걸음'(walking)이라는 것 그 자체로는 도덕적 성장 혹은 진보를 뜻하지 않는다. 하지만 현대윤리학의 많은 관점들과는 달리, '걸음'은 행위의 연속성을 보여준다. 도덕을 일차적으로 행위, 판단, 그리고 딜레마의 문제라고 간주하지 않는 셈이다. '걸음' 혹은 '삶'이라는 단어는 도덕을 일정한 행위 혹은 지속적인 여정에 비유한 것이라 할 수 있겠다.116

바울은 그리스도인의 삶을 경주(고전9:24-27, 빌3:11-17, *참고: 갈2:2, 빌2:16, 히 12:1-3)에 비유하기도 한다.117 경주의 목적지까지는 아직 도달하지 못한 상태이지만, 목적 없이 경주에 임할 것이 아니라, 푯대를 향하여 앞으로 달려가야 한다. 상을 얻기 위하여 달려야 하고 절제도 하고 육체도 단련해야 한다.

이러한 이미지를 통해 우리는 바울에게서 그리스도인의 삶이란 목적 지향적인 노력이라는 점을 알 수 있다. 완성에는 아직 이르지 못했지만, 경기장에 나선 것처럼 목표에 초점을 맞추고 열심히 달려가야 한다. 이 점에서, 바울의 윤리는 단순한 '걸음'의 문제가 아니라 진정한 노력으로 푯대를 향하여 나아가는 여정에 비유될 수 있겠다.

바울이 '변화'에 대해 언급한 것들 역시 큰 의의가 있다. 이 용어는 로마신화에서 차용한 것으로서, 바울 당시의 문화를 반영하고 있다. 바울은 이 용어를 통해 그리스도 사건의 의의와 함께 그리스도께서 점진적으로 우리를 새롭게 만들어 가신다는 점을 설명하고자 했다. 예를 들어, 고후 3:18에서는 구원을 그리스도께 대한 순종 혹은 그리스도를 닮아가는 목적

지향적 과정으로 묘사하고 있다. '우리가 다 수건을 벗은 얼굴로 거울을 보는 것 같이 주의 영광을 보매 그와 같은 형상으로 변화하여 영광에서 영광에 이르니 곧 주의 영으로 말미암음이니라.'[118] 마찬가지로, 롬8:29는 하나님께서 미리 아신 자들에게 그 아들의 형상을 본받는 단계에까지 성장하라고 강조하며, 롬12:2는 신앙인들에게 단순한 외적 변화가 아닌 마음을 새롭게 하라고 말한다.[119]

바울이 생각하는 그리스도인의 삶은 이미 완성된 상태의 정적인 것이 아니다. 믿음 안에서의 '성숙'되고 '증대'되어야 한다(빌1:25, 고후10:15). 바울은 '사랑을 지식과 모든 총명으로 점점 더 풍성하게 하사 지극히 선한 것을 분별'하라고(빌1:9-10, *참고: 살전3:12, 4:9-10) 권한다. 바울은 고린도교회가 성숙하지 못했다고 책망하면서(고전3:1-2, 고후6:13, *참고: 히5:13-6:1) 신령한 은사를 사모하고(14:1), 탁월한 공동체가 되라고 권했다. 요컨대, 그리스도인의 삶은 성장해야 한다.[120]

비록 우리가 바울의 '성화' 개념을 직접적으로 사용할 수 없기는 해도, 성화론은 신학적으로 바울사상에 그 뿌리가 있다. 바울은 그리스도인의 삶이 그리스도께 대한 순응이라는 목표를 향하여 성장하고 확대되며 진보해야 한다고 보았다. 필수적인 성장목표를 제공하고 있는 셈이다. 목표지향적인 도덕적 성장과 성품의 변화가 필요하다는 뜻이다.

덕 윤리처럼, 바울은 특정한 행위들 자체에 대한 관심을 줄이는 대신 행위의 연속성과 유형에 더 많은 관심을 가진다. 또한 그리스도인의 삶을 (그리스도의 형상에 이르는 것이라는) 부분적으로 이해된 목표를 향하여 자아와 성품의 변화를 일생동안 지속하며 '걸어가는' 과정으로 보고 있다는 점 또한 덕 윤리와 상통하는 대목이다.

② 직설법과 명령법

바울의 윤리에서 가장 많이 다루어지는 논변은 '직설법'과 '명령법'의 관계이다. 이 용어들은 바울서신에 신학과 윤리, 케리그마와 훈계, 선포와 권면이 담겨 있다는 사실을 일깨워준다. 직설법과 명령법이라는 용어를 사용하면서, 학자들은 바울서신에 나타난 두 요소들 사이에 어떤 관계가 있는지 관심을 가진다. 케리그마와 훈계, 선포와 권면의 관계라고도 할 수 있는 이 주제에 대한 바울의 진의는 과연 무엇이었을까?

대체로, 바울사상에서 두 요소를 엄격하게 분리시키거나 혹은 마치 바울의 진정한 관심은 신학적인 것이요 윤리문제는 주변의 문제에 불과하다고 말하는 경향이 있다. 그러나 이러한 해석은 충분한 증거를 가진 것이라고 할 수 없다. 바울은 분명히 직설법과 명령법 사이의 긴밀한 연계를 설정했다.

이러한 긴밀한 연관성은 바울서신에서 여러 권면적인(즉 윤리적인) 부분들을 시작하는 부분에 '그러므로'라는 접속사를 사용한 예들을 보면 분명하게 알 수 있다. 로마서(6:12, 12:1), 데살로니가전서(4:1), 그리고 갈라디아서(5:1) 등이 그 대표적인 예가 되겠다. 바울은 두 요소를 연결시키고 결합시킨다. 이는 바울이 주제를 변경하기 위한 장치였던 것이 아니라, 하나의 추론을 제시한 것이라 할 수 있다. 말하자면, 윤리는 케리그마에서 나오며 케리그마의 결론인 셈이다(*참고: 엡4:1, 골3:1,5).[121]

바울이 직설법적인 것과 명령법적인 것 모두에서 동일하거나 유사한 단어를 자주 사용한 점에서도 긴밀한 연관성을 확인할 수 있다. 예를 들어, 갈5:25에서는 성령으로 살면 또한 성령으로 행하도록 권면한다(*갈5:16도 참고하라). 롬6:2도 신앙인들이 죄에 대해서는 죽은 자라고 말했고 롬6:11에서는 우리 자신을 죄에 대해 죽은 자로 여기라고 말한다.[122] 이처럼 유사한 언어들이 직설법과 명령법 모두에 사용되고 있는 것을 보면, 두 요소

가 상호연관되어 있으며 두 요소 모두를 동등하게 대해야 한다는 사실을 알 수 있다.[123]

바울서신에서 직설법과 명령법이 긴밀하게 연관되었다는 점을 살펴보고 두 요소 사이의 긴밀한 관계에 대해 집중적으로 다루기는 했지만 이것으로 두 요소의 관계에 대한 모든 것을 다 살펴보았다고 장담할 수는 없다. 두 요소의 관계에 대한 바울의 관점에 종말론이 반영되어 있음을 놓쳐서는 안 된다.[124]

바울에 따르면, 우리는 지금 한 세대가 지나가고 새로운 세대가 다가오는 시점(고전10:11)에 살고 있다. 하나님께서 그리스도 안에서 구원을 이루셨기에, 지금은 구원의 때이며(고후6:2), 그리스도인은 '첫 열매'와 성령의 '약속'(롬8:23, 고후1:22, 5:5)을 받았다. 또한 하나님께서는 그리스도를 통하여 죄와 율법의 권세를 깨뜨리셨고 사망의 권세에 대한 궁극적 승리를 예표하셨다(고전15:21-26, 롬5:21, 6:7-10, 7:4-6, 8:1-5, 35-39). 하지만, 바울은 죄와 사망과 죽음의 권세가 여전히 현존하고 있으며 영향을 주고 있다는 사실을 부정하지 않는다. 우리는 지금 최후의 심판과 죽은 자들의 부활을 기다리고 있기 때문에(롬2:6-11, 6:5, 14:10, 고전6:14, 15:13-20, 고후5:7, 10), 이들 권세들과 영적 싸움을 계속해야 한다. 하지만 하나님께서 그리스도 안에서 이루신 일로 인하여 이러한 권세들을 능히 대적할 수 있다(롬6:1-14, 12:1-2, 갈4:6-9, 5:24).[125]

이러한 종말론적 관점이 바울이 직설법과 명령법 사이를 오고가는 맥락인 셈이다. 직설법은 하나님께서 이루셨고 행하시며 완성하실 것들을 말해준다. 명령법은 최종적인 완성에 대한 우리의 기다림을 반영해준다. 이 세대를 살아가는 동안, 우리의 삶이 하나님께서 이루신 일과 하실 일 모두를 반영하는 삶이 되도록 힘써야 한다(예: 롬13:11-14, 14:7, 갈6:9-10, 빌2:16, 3:14, 살전2:12).[126]

바울이 직설법과 명령법 사이를 오고간 것과 덕 윤리와의 연관성에 대해서는 그다지 할 말이 없을 듯 보인다. 하지만 바울의 이러한 관심은 덕 윤리와의 잠재적 연관성을 보여주는 것 같다. 특별히, 직설법-명령법의 관계가 ① '존재'와 '행위' 사이의 연계성을 가정하고 있으며, ② 도덕적 권면의 필요성은 우리가 어떤 존재이며(who we are) 또한 어떤 존재가 되도록 부르심을 받았는가(who we are called to be)의 문제에서 도출되는 것이라는 점을 보여준다.

첫째, 덕 윤리가 '존재'와 '행위'의 관계를 어떻게 이해하고 있는지 생각해 보라. '존재'가 '행위'에 우선한다는 말에는 중요한 의미가 담겨있다. 특정한 성향, 태도, 그리고 신념을 지닌 자는 특정한 방식을 따라 행위하게 될 것이라는 뜻을 담고 있다.

바울이 직설법에서 명령법으로 나아간 것에도 이와 유사한 내용이 담겨있다. 우리의 행위는 우리의 존재로부터 나온다. 직설법을 사용하는 부분에서, 바울은 그리스도인이란 누구이며 하나님께서 우리를 위해 행하신 일이 무엇인가를 말해준다. 예를 들어, 바울은 구원, 율법의 끝, 부활, 성령께서 우리를 변화시키시는 임재, 그리고 그리스도의 몸으로서의 교회에 대해 말한다. 명령법을 사용하는 부분에서는 행위와 태도가 직설법이 말해준 내용에서 기인한다는 것을 당연시 했다. 바울이 권면부분 도입부에 '그러므로'를 사용한 이유가 바로 여기 있다. 바울은 특정한 종류의 사람들은 특정한 방식으로 행위 할 것이라고 가정했다. 이는 그리스도인이란 이러한 존재들이며 이러한 존재가 될 것이기 때문에(직설법), 이렇게 행해야 한다(명령법)고 말하는 것과 다름이 없다. 바울은 직설법에서 묘사된 종류의 사람들이 특정한 방식으로 행위할 것이라는 기대를 당연하게 여겼다.

직설법과 명령법의 관계에 대한 이해에서, 바울이 은혜를 강조하고 있다는 점을 놓쳐서는 안 된다. 그리스도인의 정체성에 대한 바울의 이해에서, 그리스도인의 '존재'는 그리스도 사건의 열매이자 성령의 지속적인 역사의 결과라 할 수 있다.[127] 우리의 '존재'(직설법)가 하나님의 은혜에 빚진 것이라는 사실은 바울이 직설법에서 명령법으로 옮겨간 기본논리를 전혀 변경시키지 않는다. 바울이 직설법에서 명령법으로 옮겨간 것은 우리가 어떤 존재인가의 문제에서 무엇을 해야 하는가의 문제로 전환한 것이라 할 수 있다. 바울은 덕 윤리의 전제와 유사한 논리를 적용하고 있다. 존재는 행위에 우선하며, 특정한 종류의 사람들은 특정한 방식으로 행위할 것이라는 생각을 가지고 있었던 것이다.

둘째, 덕 윤리의 삼중구도, 즉 ① 완성되기 이전의 인간, ② 완성될 수 있는 인간의 모습, 그리고 ③ 습관, 성향, 계명, 권면, 금지사항 등이 우리들을 ①에서 ②로 옮겨갈 수 있도록 이끌어준다는 설명법을 기억해보라. 이 설명법과 바울의 관점 사이에 유사성이 있다. 완성될 수 있는 인간에 대한 설명은 바울의 직설법에 견줄 수 있을 듯싶다. 명령법은 ②로 나아가게 하는 ③에 대한 설명법에 해당할 것 같다. 그리고 ①은 명령법이 필요한 근거를 보여준 것이라 하겠다.

바울의 권면들은 그리스도인들로 하여금 '마땅히 되어야 할 모습'을 구현하도록 하는 것 그 이상의 의미를 지닌다.[128] 이미 이루어 놓으신 일을 기억하는 것 이상의 의미가 있다는 뜻이다. 도덕적 권면의 필요성은 그리스도인들이 그리스도인다움을 아직 완전하게 구현하지 못하는 상태에 있음을 반영한 것이다. 어떤 의미에서는, 아직 목적지에 도달하지 못한 상태라고 할 수 있겠다. 완전한 완성은 장차 이루어질 것이기 때문에, 우리는 미래를 바라보며 살아간다. 구원이 최종적으로 완성된 것은 아니라는 점에서, 우리는 우리 앞에 있는 목표에 순응하여 앞으로 나아가기를 힘써 행해야 하는 것이다.

바울의 도덕적 권면, 충고 및 훈계는 그리스도인으로 부르심을 받은 사건과 (행위와 태도를 통해 나타나는) 인간의 현재모습 사이에 괴리가 있다는 점에서 기인한다. 바울의 충고, 권면, 그리고 꾸짖음은 신앙인들로 하여금 현재의 모습으로부터 그리스도인으로서의 부르심에 합당한 존재가 되도록 이끌어준다.

이러한 뜻에서, 바울의 종말론적 관점은 덕 윤리와의 연관성을 보여준다. 하나님 나라가 여기에 완전하게 구현되었다면 훈계의 필요도 없고 인간이 죄 때문에 갈등해야 할 이유도 없을 것이다. 하지만 우리는 궁극적 완성을 기다리는 단계에 있기 때문에, 그리스도인으로 부르심을 받은 존재와 우리의 현재 모습 사이에 괴리가 드러나곤 한다. 이러한 종말론적 긴장이 없다면, 명령법의 필요성을 말할 근거도 없게 될 것이다. 이러한 괴리와 긴장이야말로 도덕적 훈계와 권면의 필요성을 반증해주는 것이라 할 수 있으며, 바로 이점이 덕 윤리의 삼중구도와 연관되는 요소라 하겠다.

덕 윤리의 수용을 위한 변경: 은혜

이 장을 마감하기 전에, 지적해 두어야 할 것이 있다. 마태복음과 바울서신의 윤리에 대한 성찰을 통해 우리는 덕 윤리가 아무 변경도 필요 없는 완벽한 것이 아니라는 사실을 깨닫게 된다. 바울서신을 근거로 삼아 덕 윤리를 보완시키고 변경시켜야 한다. 얼핏 말했었지만, 바울이 은혜를 강조한 것이 가장 중요한 예라 하겠다.

은혜에 대한 강조는 직설법과 명령법의 관계 및 도덕적 성장에 대한 논의에 반영되어 있다. 예를 들어, '변화'라는 용어 자체가 우리의 도덕적 성장에 하나님의 도우심의 섭리가 반드시 필요하다는 점을 보여준다. 마찬가지로, 명령법은 직설법에 의존하는 것인 동시에 직설법을 전제로 한다. 우리는 그리스도와 함께 죄에 대해 죽은 자들이기에, 이제 우리는 하나님의 의를 위한 도구(롬6:5-13)가 되어야 한다.

은혜에 대한 인식은 바울서신의 모든 곳에 스며들어 있다. 하나님은 만유의 근원이시며 모든 옳은 행위에 대해서도 원천이 되신다(롬8:28, 고전 3:21-23, 8:6, 빌1:6, 2:13). 가령, 예루살렘의 가난한 자들을 위한 연보는 하나님의 은혜에 속하는 일이다(고후8:1, 9:8,14). 바울의 사역 또한 다르지 않다(롬 15:15, 고전3:5-7, 15:10, 고후3:5-6, 4:7, 갈1:15-16).[129]

바울이 보기에, 하나님의 은혜를 힘입지 않으면 인간은 아무리 선을 행하려 해도 선을 행할 수 없다(롬3:9-10, 22-23, 7:9-25, *참고: 2:14-15). 우리는 율법과 죄와 사망의 노예가 되어 있다. 우리를 이러한 권세로부터 해방시키는 것은 그리스도를 통한 하나님의 역사하심이다(롬6:3-14, 7:4-6, 7:24-8:4, 갈 5:1). 그리스도 안에서, 우리는 사랑하고 섬길 수 있는 자유를 얻게 되었다(갈5:13). 그리스도 사건은 공동체를 형성시켰으며(롬12:3-8, 고전1:10-13, 3:3, 12:12-31) 그 공동체는 인종적, 사회적, 성적 소외를 뛰어 넘는다(갈3:26-28, * 참고: 롬1:16, 10:12, 고전7:22, 몬1:16).[130]

우리는 그리스도를 통하여 하나님께 의지한다. 우리는 또한 성령의 지속적인 역사하심에 의지한다. 여러 덕목들은 결과적으로 성령의 '열매'(갈5:22-24)이다. 다양한 은사들은 공동의 선을 위해(고전12:4-10) 성령께서 주신 것들이다. 성령을 보내신 것도 하나님의 은혜이며(롬8:23, 고후1:22, 5:5), 도덕적 삶 배후에서 능동적인 능력을 주시는 것 역시 하나님의 은혜이다(갈 5:17-18, 25).[131]

요컨대, 그리스도인의 삶은 그리스도 안에서, 하나님의 역사하심에서 나오는 것이며 성령께서 지속적으로 임재하심에 의해 능력을 공급받는다. 바울의 틀에서 볼 때, 하나님의 은혜를 말하지 않고서는 그리스도

인의 도덕을 설명할 길이 없다.[132]

    은혜의 필요성이 인간의 노력을 무력화시키는 것은 아니다. 바울이 하나님의 심판을 강조한 것은 그리스도 안에서 얻은 해방에 인간의 책임이 뒤따른다는 사실을 일깨워준다(롬2:6, 16, 14:10-12, 고전3:8-15, 고후5:10).[133] 마찬가지로, 바울이 자주 도덕적 권면을 주는 것은 인간의 노력이 필요하다는 반증이다. 예를 들어, 빌립보교회를 향한 바울의 다양한 도전들, 즉 구원을 이루라고 했던 부분(2:12)이나 복음에 함께 힘쓰던 자들을 도우라고 했던 부분(4:3) 및 바울 자신과 다른 모범이 되는 자들을 본받으라고 했던 부분(3:17, 4:8-9) 등은 인간의 노력이 필수적임을 보여준다. 하나님의 은혜에는 긍휼이 넘치고 능력을 공급해주어 인간의 노력을 가능하게 해주지만, 그에 합당한 인간의 노력 자체를 배제시키는 것은 아니다.[134]

    바울이 은혜를 강조했다고 해서 신앙과 윤리를 분리시켜서는 안 된다. 바울은 모세율법의 필요성을 부정하지 않았다. 그리스도께서 율법의 마침이 되신다고 생각했기 때문이다(롬10:4, 갈3:13). 하지만 이것은 신앙과 실천, 은혜와 윤리 사이의 간격을 만들고자 한 것이 아니었다. 바울은 그리스도인의 삶에 이웃사랑이라는 실천과 함께 믿음의 능력이 필요하다고 보았다(고전3:13, 갈5:6, 빌1:22, 살전1:3). 바울은 '믿음'을 '순종'의 유사어로 사용할 수 있다고까지 보았다(롬1:5, 8, 10:16, 11:23, 30, 31, 15:18, 16:19). 은혜는 바울 사상의 중심이다. 은혜는 인간의 노력을 배제하는 것이 아니며 신앙과 윤리를 분리시키지 않는다.[135]

    바울이 은혜를 강조한 것은 '기독교적' 요소가 '덕 윤리'를 어떻게 변경시키는지를 보여준다. 그리스도인의 삶에 대한 바울의 관점은 인간의 노력을 배제하지 않으며 신앙과 윤리를 분리시키지 않는다. 바울이 은혜에 초점을 맞춘 것은 이제까지의 덕 윤리에 대한 논의에서 단 한 번도 다루지 않았던 요소이다. 덕 윤리가 바울의 윤리를 반영하고 바울의 관점과

양립가능한 것이 되기 위해서는 그리스도 사건 및 성령의 지속적인 역사
하심에 대한 의존을 인정하는 것이어야만 할 것이다. 바울의 관점에서,
도덕적 성장과 변화는 본질적으로 하나님의 은혜에 의해서만 가능하다.

결론

　의심의 여지도 없이, 이 장은 마태복음과 바울서신에 나타난 윤리의
많은 측면들을 설명하지 않은 채 남겨두었다. 하지만, 우리의 초점은 마
태복음과 바울서신의 윤리를 종합적으로 조망하려는 것이 아니라, 덕 윤
리와의 잠재적 상호연관성과 변경의 필요성을 보여주는 것이었다. 몇 가
지 연계가능성들을 짚어 보았다. 마태복음과 바울서신 모두 '내적' 특질에
관심을 가지고 있다. 또한 특정 인물을 모범 혹은 가치 있는 본보기로 제
시하고 있으며 윤리가 개인적인 것인 동시에 공동체적인 것이라는 점에
도 주목하고 있다.

　덧붙여서, 마태복음의 윤리는 완성주의 윤리이며 성격특성을 강조하
는 것으로서, 규칙의 용법에 대한 마태복음의 관점은 덕 윤리와 잘 어울린
다. 바울서신의 경우, 도덕적 분별에 대한 관심과 도덕적 성장을 제안해
주는 이미지 및 직설법과 명령법의 관계에 대한 인식 등에 유의할 필요가
있다. 마태복음과 바울서신의 많은 부분들, 즉 주제, 관심, 그리고 도덕적
추론의 유형 등이 덕 윤리와 유사성을 지니고 있으며 일종의 카운터파트
가 된다.

　이 장에서, 우리는 덕 윤리와 신약성경 사이의 가능한 유사성과 연계
들을 살펴보았지만, 과연 그것들이 정확하게 병행되는 것이라 할 수 있을
지는 다루지 못했다. 덕 윤리의 기독교적 변경과 수용을 위한 신약성경의

세 가지 자산들, 즉 마태복음이 용서를 강조하고 예수 중심성을 말하고 있다는 점, 그리고 바울서신이 은혜를 강조하고 있다는 점 등 세 가지 요소를 집중적으로 보여준 것에 만족하고자 한다.

1   바울서신은 바울의 저작임이 널리 인정되는 서신들을 중심으로 다루었다. 바울서신
    에 관한 최근의 견해들은 다음의 자료들을 참고했다. J. Beker, *Paul the Apostle: The*
    Triumph of God in Life and Thought (Philadelphia: Fortress Press, 1980), pp. 32-33,
    Joseph A. Fitzmyer, "Pauline Theology", *The New Jerome Biblical Commentary*, ed.
    Raymond Brown, Joseph Fitzmyer, and Roland Murphy (Englewood Cliffs:
    Prentice Hall, 1990), p. 1384, Roger Mohrlang, *Matthew and Paul: A Comparison of*
    Ethical Perspectives (New York: Cambridge University Press, 1984), p. 4.

2   여기에서 복잡한 해석학적 이슈들을 다루고 싶지는 않다. 다만, 정경의 권위와 역사
    비평 및 문학비평에 나름의 유용성이 있음을 생각하고 있을 뿐이다. 또한 성경의 원
    뜻과 그 주석적 적용 사이의 연속성에 대한 기준이나 정밀한 내용들을 다루기에는 여
    유가 없을 듯싶다. 덕 윤리를 성경과 연관지어 검토하려는 취지는 덕 윤리가 성경의
    윤리를 설명해주기에 적합한 틀이 되리라 생각했기 때문이다. 윤리에 있어서 성경에
    관한 주석적 용법에 대한 논의는 7장에서 다시 다루게 된다.

3   Richard B. Gardner, Matthew, *Believers Church Bible Commentary* (Scottdale:
    Herald Press, 1991), pp. 90-98; Daniel J. Harrington, *The Gospel of Matthew*, Sacra
    Pagina Series (Collegeville: The Liturgical Press, 1991), 78-84.

4   버히(A. Verhey)는 마태복음의 팔복사상을 '특정한 성격특성'에로의 초청이라고 해석
    했으며, '덕목들의 목록'으로 간주했다. Allen Verhey, *The great Reversal: Ethics and*
    the New Testament (Grand Rapids: Wm. B. Eerdmans, 1984), p. 86.

5   Harrington, *Gospel of Matthew*, pp. 87-91; Daniel Patte, *The Gospel According to*
    Matthew: A Structural Commentary on Matthew's Faith (Philadelphia: Fortress
    Press, 1987), pp. 78-79.

6   복수에 대한 이러한 규정(5:38-41)은 특정한 행위에 대한 계명이라기보다, (내게 해악
    을 끼치려는 자의) 태도에 대한 설명에 해당한다. 참고로, Ladd, *Theology of New*
    Testament, p. 129.

7   경건한 행위(구제, 기도, 금식)에 대한 토론은 의도의 진실성 혹은 순수성에 주의를
    기울일 것을 요구한다(6:1-8, 16-18).

8   Garderm Matthew, p. 275, Harrinton, *Gospel of Matthew*, pp. 264-265.

9   Gardner, *ibid.*, 333-37, John p. Meier, *The Vision of Matthew: Christ, Church, and*
    Morality in the First Gospel (New York: Paulist Press, 1979; reprint ed., New York:
    Crossroad, 1991), pp. 161, 164, Mohrlang, *Matthew and Paul*, p. 20.

10 Mohrlang, *ibid.*, pp. 2, 114, Wolfgang Schrage, *The Ethics of the New Testament*,
    trans. David E. Green (Philadelphia: Fortress Press, 1988), pp. 43-45.

11 George Eldon Ladd, *A Theology of the New Testament* (Grand Rapids: Wm B.
    Eerdmans, 1974), p. 130; Meier, *Vision of Matthew*, p. 101; Mohrlang, *Matthew and*
    Paul, pp. 52- 112.

12 '긍휼'은 이스라엘을 향한 하나님의 연민과 그 연민을 예수 그리스도의 통해 구현하고
    드러내는 것을 뜻한다. (Gardner, *Matthew*, pp. 167,227) 이는 특정한 행위의 원천과

혹은 근원을 설명하기 위해 마태가 정서적 용어를 사용했던 것을 변경시키지 않는다. 참고로, 예수에 대한 마가(Mark)의 인식은 예수를 좀 더 충만한 정서를 가진 분으로 묘사하고 있다.(막1:41, 7:34, 8:12, 10:14, 10:21)

13 Mohrlang, *Matthew and Paul*, pp. 113, 181.

14 마태가 '내적인 것'에 대해 관심을 가졌던 것과 덕 윤리 사이의 가족유사성을 이해하기 위해 덕 윤리를 과도하게 옹호할 것 까지는 없다. 래드(George Ladd)는 산상설교를 율법 혹은 규칙이 아닌, '예중', '성품', 그리고 '태도'의 문제로 설명하고 있다. 래드는 덕 윤리와의 유사성을 말하지도 않고 관심도 없어 보인다. 하지만, 예수의 윤리를 말할 때, 특히 마태복음과 관련하여, 래드는 율법적 표현들보다는 성품, 태도, 그리고 의지라는 단어를 선호하고 있다. 이에 대해서는 래드의 책을 참고하라. *Theology of New Testament*, p. 129

15 Luz, *Matthew*, pp. 1-7, 99, 346-47.

16 Jack Dean Kingsbury, "The Place, Structure, and Meaning of the Sermon on the Mount Within Matthew," *Interpretation* 41 (April 1987): p. 143.

17 마19:21은 (5:48에서처럼) 완전을 모든 그리스도인의 책무로 간주한다. Meier, *Vision of Matthew*, pp. 270-72.

18 Meier, *Vision of Matthew*, pp. 173-76.

19 물론, 마태는 '이상적인' 이라는 표현을 사용하지 않았을 것이다. 마태에게 있어서, 윤리적 규범은 '하나님 나라'이며 성육신하시고 부활하신 예수에게서 드러나는 하나님의 종말론적 규칙이다.(예를 들어, 4:17) 이 부분은 다음 자료를 참고하라. Kingsbury, "Place, Structure, and Meaning", p. 143.

20 Gardner, *Matthew*, pp. 162, 229, Kngsbury, *ibid.*, and *Matthew as Story*, pp. 134-35, 144, Meier, *Vision of Matthew*, pp. 97-100, Ogletree, *The Bible in Christian Ethics*, pp. 95- 114.

21 완성주의적 갈망을 보여주는 또 다른 본문은 야고보서에서 볼 수 있다(약1:4, 3:2). 야고보의 완성주의는 마태의 관점보다 일종의 '취약한 완성주의'에 가까운 측면이 있다.

22 덕 윤리는 삶의 모든 측면과 모든 자발적인 행위들이 도덕적으로 연관성을 지닌다고 평가하는 의미에서, 일종의 완성주의에 해당한다. 마태가 완성주의를 이렇게 규정하는 것에 대해 어떻게 생각할지 모르겠으나, 여섯 개의 '반제들'(5:21-48)과 언어생활의 중요성에 대한 예수의 해석(12:34-37, 15:10-11,17-20)은 완성주의라는 뜻에 대해 긍정적인 평가를 내리고 있는 대목일 듯싶다.

23 Luz, *Matthew 1-7*, pp. 224-346, Schrage, *Ethics of New Testament*, p. 149.

24 써스톤(Bonnie Thurston)은 마태가 '온전해지는 것'을 온전한 제자도에 속한다고 보았다고 해석한다. 또한 이것이 '추상적인' 것으로서의 '복합적인 존재의 상태'를 말하는 것이 아니라, 예수를 따르는 것을 뜻하는 것으로 이해되어야 한다고 주장한다. '우리가 우리 자신을 성장시키기 위해 닮아가야 할 인격은 예수 그리스도이며 … 부자청년이 그토록 어렵게 생각하던 것은 예수를 따르는 것이었다.' ("Matthew 5:43-48," *Interpretation* 41, April 1987, p. 173) 써스톤이 특정 구절에 지나치게 집착하고 있기는 하지만, 마태복음 전체에 흐르는 완성주의적 요청에 유의할 것을 제안했다는 점에

서 의의가 있다. 이는 덕 윤리와 분명하게 비교해볼 수 있는 요소이다.

25   Jack Dean Kingsbury, *Matthew*, 2nd ed., Proclamation Commentaries (Philadelphia: Fortress Press, 1986), p. 83, Meier, *Vision of Matthew*, p. 73.

26   Meier, *ibid.*, pp. 45-51, Wayne A. Meeks, *The Moral World of the First Christians* (Philadelphia: Westminster Press, 1986), p. 138.

27   1세기 유대인 및 희랍인들의 모습과는 대조적으로, 예수와 제자들과의 관계에는 연구에 몰두하게 하거나 학문적 석의를 강조하는 요소가 없다. 더구나, 학생들이 공부를 위해 랍비를 따르는 것과는 달리, 제자들은 예수를 학문상의 이유로 따른 것이 아니었다. 오히려, 예수께서 제자들을 부르셨다(4:18-22, 9:9). 게다가, 마태복음의 제자도는 제자들이 선생 혹은 장인이 되면 끝나는 형태의 것이 아니었다. 예수는 항상 주이시며, 제자들은 언제나 종들일 뿐이다(10:24, 18:19-20, 24:35, 28:20. 눅6:40과는 대조적이다). 다음 자료들을 참고할 수 있겠다. Eduard Lohse, *Theological Ethics of the New Testament*, trans. M. Eugene Boring (Minneapolis, Fortress Press, 1991), p. 48, Schrage, *Ethics of New Testament*, 9 vols. trans. and ed. Geoffrey Bromiley (Grand Rapids: Wm. B. Eerdmans, 1964-1974), IV: 444, 448-49, 455 (다음 각주부터는 TDNT로 표기)

28   예수와 제자들의 긴밀한 유대관계는 마태가 사용한 단어, 예수와 '함께 함'(being with, meta+소유격) 및 예수께서 그들과 '함께 하심'이라는 관용구(18:20, 20:17-19, 26:18, 20, 36, 37-38, 40, 28:20)에서 잘 드러난다. 이 용어를 통해 마태는 예수와 내밀한 관계에 있는 사람들의 범위를 제자들과 교회로 한정짓는다. Jack Dean Kingsbury의 두 권의 책을 참고하라. *Matthew as Story*, 2nd ed. (Philadelphia: Fortress Press, 1988), p. 131, *Matthew*, pp. 83-85.

29   Lohse, *Theological Ethics*, p. 48; Mohrlang, *Matthew and Paul*, pp. 76-77, 90; TDNT, IV: 441-42, 448-49.

30   Kingsbury, *Matthew as Story*, pp. 139-140; Lohse, *ibid.*, pp. 48-49.

31   그리스철학에서, 장인과 제자의 관계(예: 소크라테스와 그 제자들 및 아리스토텔레스와 그 제자들)에 대한 설명은 예수와 제자들의 관계와 강한 유사성이 있다. 여기에는 더불어 식사하는 일도 포함된다. 예루살렘의 랍비학교와 그들의 사제관계 혹은 도제관계는 최소한 부분적으로나마 헬레니즘의 영향을 받았고 거기에 의존하고 있다. 따라서 예수께 익숙했던 사회적 관행들에 간접적인 영향을 주었을 것으로 보인다. 도제관계의 윤리를 최초로 강조했던 그룹의 관행에서도 마찬가지였을 것 같다.(TDNT, IV:417-40참고)

32   마태는 도제관계를 예수께서 지상에 계실 때의 동료들의 관계로 국한하지 않는다. 교회는 이러한 관계를 지속적으로 이어간다. 비록 분명하게 다른 방식이 되겠지만 말이다. 여기에는 세 가지 요소들이 결합되어 나타난다. ①마태가 독자들로 하여금 자신들을 제자들과 동일시하기 위해 애써 강조했던 점, ②마태가 열 두 제자, 특히 베드로를 모든 제자들의 보편적 유형으로 간주했던 점, 그리고 ③마태가 교회 안에 예수께서 항상 함께 하신다고 강조했던 점(18:18-20, 28:20) 등이 그것이다. 첫째 요소와 관련하여 보자면, 마태는 제자들에게 예수 혹은 다른 내러티브 전달의 태도를 동일시하거나 혹은 멀리하도록 가르치고 있다(Kingsbury, *Matthew as Story*, pp. 14-17). 또한,

마태는 가족관계의 용어들(12:47-50, 18:35, 28:10)로, 혹은 '소자'라는 표현 (18:6,10,14)으로 제자들을 언급함으로써 그들과 동일시하게 하는 효과를 추구하고 있다. (Harrington, *Gospel of Matthew*, p. 19) 둘째 및 셋째 요소에 관해서는 다음 자료들을 참고하라. Meeks, *The Moral World*, pp. 142-43, Meier, *Vision of Matthew*, pp. 97-100, 118-19, Schrage, *Ethics of New Testament*, p. 144. 베드로를 제자들의 대표유형으로 간주하는 것에는 물 위를 걸었던 사건(14:22-33)과 자기 십자가를 지라고 하신 부분(16:21-28) 등이 포함된다.

33 Schrage, *Ethics of New Testament*, pp. 89-90.

34 Harrington, *Gospel of Matthew*, pp. 246-72, Meier, *Vision of matthew*, pp. 106-35.

35 Harrington, *ibid.*, p. 267.

36 Gardner, *Matthew*, pp. 276-86, Harrington, *Gospel of Matthew*, pp. 263-72.

37 Patte, *Gospel According to Matthew*, pp. 276-86, Harrington, *Gospel of Matthew*, pp. 263-72.

38 여기에는 덕 윤리에서 규칙의 역할에 대해 설명하는 것에 비할 수 있는 요소가 담겨 있다. 덕 윤리에서는, 공동선을 추구하는 공동체라면 일정한 기준이 반드시 필요하다고 말한다. 예를 들어, 공동의 목표를 추구하는 공동체에서는 구성원들에게 배제하도록 권장하는 행위가 무엇인지를 말해주어야 한다. 그 행위는 목표를 향해 나아가는 공동체의 움직임에 어울리지 않는 것이기 때문이다. 마태가 어떤 행위는 무조건적 용서의 공동체로서의 교회에서조차도 용납될 수 없는 것이 있다고 말한 것이 이와 유사한 경우에 해당한다. 덕 윤리처럼, 마태는 '공동체적이고 사회적인 질서를 위한 근본적인 규칙'이 있어야 한다고 생각한 셈이다.(Ogletree, *The Bible in Christian Ethics*, pp. 90,199) 다만, 마태복음은 교회가 감당할 수 없는 개인의 죄에 대해 결단을 내려야 할 과정을 말해준다는 점에서 차별성을 지니고 있다. 개인을 공동체에서 배제시켜야 할 경우를 규정한 특정한 규칙을 제시하는 대신에, 마태복음은 제한을 넘어선 것이라고 말할 경우의 과정에 대해 주목하고 있었던 것이다(참고로, 마태는 '밀'과 '가라지'를 구분하시는 심판을 기대하는 것 자체를 기꺼워하지는 않았던 것 같다. 13:24-30, 36-43).

39 회복/화해에 초점을 맞춘다는 것은 본문을 통해 확인할 수 있다. 잃은 양의 비유를 주목하라. 이 비유는 '길을 잃은' 교회구성원을 되찾는 일에 헌신하려는 관심과 성공적으로 회복된 동료의 기쁨 두 가지 모두를 강조하고 있다. 다음 자료를 참고하라. Gardner, *Matthew*, p. 227. 몇 번이나 용서할 것인지를 묻는 베드로의 경우(18:21-22)와 용서하지 않는 종의 비유(18:23-35)에 관한 것도 여기에 해당한다. 이러한 이야기들이 강조해주는 것은 용서와 긍휼이다.

40 이 과정이 모든 형태의 죄를 폭로하기 위한 것인지 혹은 교회구성원에게 대적하는 죄를 지은 것에 대한 것인지는 불분명하다. 15절 영어성경의 'against you'라는 표현은 핵심설명이 결여되어 있으며 어쩌면 필사과정에 첨가된 것일지 모른다. 그렇다면, 죄를 범했다는 것은 본래의 본문에 드러난 것이 아닐 수 있다. 이 과정은 모든 죄의 경우에 해당하는 것이라 할 수 있겠다. 다음 자료들을 참고하라. Gardner, *Matthew*, p. 281, Harrington, *Gospel of Matthew*, p. 268, Bruce M. Metzger, *A Textual Commentary on the Greek New Testament* (New York: United Bible Societies, 1975), p. 45

41 도덕적 상호의존성은 '소자'에게 '장애물'을 놓지 말라고 경고했던 부분(18:6이하)에서
    도 볼 수 있다. 다른 사람으로 하여금 죄짓게 하지 말라는 이 경고는 서로 간에 도덕적
    으로 긍정적인 영향만 아니라, 해로운 영향을 줄 수 있다는 것을 깨우치고 있다. 어쩌
    면 마태 공동체가 선생들의 공동체로 작용하면서도 '선생', '랍비' 그리고 '아버지'라는
    표현들을 거절하는 이유가 여기에 있는 것일지도 모른다. 유대교의 권위있는 지도자
    들과는 달리 교회의 구성원들은 서로를 섬기며 모두가 '형제'이다. 이는 서로가 하나
    님께 의존하고 있다는 사실을 보여주는 것인 반면에, 서로서로를 의존하고 있다는 사
    실을 암묵적으로 보여주는 것일 수 있다. 10:41, 13:52, 23:2-12. 또한 Kingsbury의 두
    책을 참고하라. *Matthew*, pp. 103-5, *Matthew as Story*, pp. 156-58.

42 공동체적 맥락은 특별히 용서에 관한 부분에서 분명해진다. 이 부분은 '형제' 즉 교회
    의 구성원을 몇 번이나 용서해 주어야 하는지를 묻는 베드로의 질문(18:21, 35)에서
    시작된다. 기꺼이 용서하라는 부분은 5:21-26, 6:12,14-15를 참고하라. 겸손하라는 예
    수의 말씀(18:3-4)은 특별히 제자들에게 주신 것(18:1)으로서, 이는 교회공동체를 향
    한 것이기도 하다. 참고로, 교회 안에서 권위적 관계를 거부하는 맥락에서의 겸손을
    요청하신 것이라 할 수 있다.

43 Ogletree, *The Bible in Christian Ethics*, p. 121.

44 Meier, *Vision of Matthew*, pp. 28-29.

45 Ogletree, *ibid.*, p. 127.

46 내러티브에 관한 철학적, 신학적 설명으로는 다음 책들이 유용할 듯싶다. Stanley
    Hauerwas and Gregory Jones, eds., *Why Narrative? Readings in Narrative
    Theology* (Grand Rapids: Wm. B. Eerdmans, 1989) 편집자의 해설(pp. 1-18)은 내러
    티브에 대한 각각 상이한 이해 및 그 잠재적 양립불가능성에 유의하도록 강조하고 있
    다.

47 예를 들어, 맥킨타이어는 내러티브를 인간의 삶과 인간의 행위 사이의 일체성과 연계
    성을 이해할 중요한 카테고리로 인식하고 있다(*After Virtue*). 이와는 대조적으로 누
    스바움은 내러티브, 특히 비극과 픽션소설을 성품형성 및 소통을 위한 철학적 담론의
    기본형태로서 중요한 역할을 한다고 보고 있다. Nussbaum, *Fragility of Goodness*,
    pp. 378-94, "Flawed Crystals: James's The Golden Bowl and Literature as Moral
    Philsophy," *New Literary History* 15 (1983): 25-50, "Narrative Emotions: Beckett's
    Genealogy of Love," Hauerwas and Jones, *Why Narrative*, pp. 216-48

48 Kingsbury, *Matthew*, p. 92.

49 *ibid.*, pp. 92-93.

50 마태복음의 그리스도를 본받음에 대해서는, 다음 책을 참고하라. *Matthew and Paul*,
    pp. 76-77, 90.

51 Kingsbury, *Matthew as Story*, pp. 10-28.

52 *Ibid.*, p. 14.

53 Meier, *Vision of Matthew*, p. 180이하.

54 Kingsury, *Matthew as Story*, p. 111.

55 마태복음에 나타난 독자들을 위한 다양한 방법론에 대해서는 다음 책을 참고하라.

Kingsbury, *ibid.*, pp. 36, 107-11, Patte, *Gospel According to Matthew*, p. 63.

56 Meeks, *Moral World of First Christians*, pp. 136-37; Mohrlang, *Matthew and Paul*, pp. 48-52, 68-70.

57 Kingsbury, *Matthew as Story*, pp. 66-67, Mohrlang, *Matthew and Paul*, pp. 95, 107, Schrage, *Ethics of New Testament*, p. 148.

58 Ulrich Luz, *Matthew 1-7*, pp. 215- 430, Schrage, *Ethics of New Testament*, pp. 79-81.

59 모랭(Mohrlang)은 산상설교의 핵심 혹은 본질을 사랑이 아니라 '의'라고 제안했고 사랑은 결정적인 구성요소라고 해석한다.(*Matthew and Paul*, pp. 98-99, 107)

60 Mohrlang, *ibid.*, p. 21.

61 Mohrlang, *ibid.*, pp. 96-98. 몰랭이 마태와 바울은 사랑에 대해 약간씩 다른 인식을 가지고 있었다고 해석했던 것도 참고하라.(p. 109)

62 사랑이 중심이라고 주장하는 학자들이 그들 스스로 사랑에 대한 논변을 제한하지 못하고 있다는 점은 놀랄만하다. 예를 들어, 킹스베리(Jack Kingsbury)는 마태복음에 있어서 사랑의 역할을 강조한다. 하지만 사랑을 강조하는 대목에서, 킹스베리는 '더 나은 의', 율법의 역할, 하나님 앞에서의 겸손, 예수의 가르침을 따르는 일, 모든 사람의 종이 되는 일, 마태복음이 제시한 본보기 혹은 모범에 대해서도 역시 강조하고 있다. 다른 말로 하자면, 사랑이 핵심적인 역할을 한다고 주장함에도 불구하고, 사랑이라는 단어는 마태 윤리에 대한 현실적 해석에서 최소한의 역할만 수행하고 있을 뿐이다. 다음 자료를 참고하라. Matthew, pp. 85-93, 특히 pp. 92, 89

63 마태복음에서 '율법'이 단독으로 사용되는 경우, 그것이 지칭하는 것은 모세오경이다. 또한, '율법과 선지자'라는 표현은 마태의 교회에 알려진 것처럼, 구약 전체를 뜻한다. 다음 자료를 참고하라. Harrington, *Gospel of Matthew*, p. 91, Kingsbury, *Matthew*, pp. 85-86. 다른 말로 하자면, 마태복음에서 율법의 역할에 대해 말하는 경우, 일차적으로는 마태가 토라를 옹호하고 있었던 것으로 볼 수 있다.

64 7:12, 22:40, 23:23 등은 마태의 교회가 율법이 예수의 교훈 및 사랑의 요구와 갈등하지 않는 한 율법을 따르고 있었음을 보여준다. 다음 자료들을 참고하라. Kingsbury, *Matthew*, pp. 88, Luz, *Matthew 1-7*, p. 216.

65 Lohse, *Theological Ethics*, p. 70, Meier, *Vision of Matthew*, pp. 242-43, Harrington, *Gospel of Matthew*, p. 86, Luz, *Matthew 1-7*, p. 285, Schrage, *Ethics of New Testament*, p. 60. 중요한 것은 5:18,20의 반복되는 반제들에서, 예수께서 주권적으로 '나는 이렇게 말한다'고 하셨다는 점이다. 반제들은 예수께서 율법을 완성하셨으며 제자들은 '더 나은 의'를 구현해야 한다는 뜻을 담고 있는 셈이다. 다음 자료를 참고하라. Luz, *Matthew 1-7*, pp. 271, 279.

66 Kingsbury, Matthew as Story, p. 65

67 Lohse, *Theological Ethics*, p. 70, Meier, *Vision of Matthew*, pp. 242-43, Harrington, *Gospel of Matthew*, p. 60, Luz, *Matthew 1-7*, pp. 271- 279.

68 Luz, *Matthew 1-7*, pp. 285, 301-2, 317, 330, 344.

69 Gardner, Matthew, pp. 108-9, Kingsbury, *Vision of Matthew*, pp. 257-61; Schrage,

Ethics of New Testament, pp. 60-61.

70 출20:7, 22:6-6, 레24:20, 신19:21.

71 출21:24, 레24:20, 신19:21.

72 마5:31-32, 19;3-9, 15:10-11, 17-20.

73 Mohrlang, *Matthew and Paul*, pp. 19, 21, 25.

74 Luz, *Matthew 1-7*, p. 271, Mohrlang, *ibid.*, pp. 24-25, 42-43, 47, 73-75.

75 Luz, *Matthew 1-7*, pp. 383-84, 389, Schrage, *Ethics of New Testament*, pp. 37-38

76 Meeks, *Moral World of First Christians*, p. 140, 142

77 Luz, *Matthew 1-7*, p. 216, 그리고 pp. 328, 335도 참고하라. 다음 인용문은 덕 윤리
    와의 명백히 견줄 수 있는 대목이다. "그(마태)는 그리스도인의 삶에 대해 완전
    (5:20,48)이라는 목적을 가진 가장 쉽게 도달할 수 있는 길이라고 생각했다. 또한 그
    방향성과 근본성은 개별적인 계명들에 의해 분명하게 드러난다고 보았다. 목표를 비
    추어주는 예광탄처럼 말이다. 마태는 각각의 공동체와 그리스도인의 정황들을 한정
    지어 말하는 것은 적절하지 않다고 보았으며, 특히 얼마나 이 길을 더 가야만 하는지
    를 규정해줄 수 없다고 보았다. 그는 다만 이렇게 말할 뿐이다. 가능하다면, 서기관들
    과 바리새인들보다 더 나아야 한다(5:20)고 말이다.

78 Lisa Sowle Cahill, "The Ethical Implication of the Sermon on the Mount,"
    Interpretation 41 (April 1987) pp. 145-46, 또한 pp. 147-49도 참고하라. Guelich,
    "Interpreting the Sermon," p. 129, Ladd, *Theology of New Testament*, pp. 128-29, 또
    한 pp. 131-32, Richard Lisher, "The Sermon on the Mount as Radical Pastoral
    Care," *Interpretation* 41 (April 1987) p. 161,163, Schrage, *Ethics of New Testament*,
    pp. 79-81, A. E. Harvey, *The Strenuous Commands: The Ethic of Jesus* (Philadelphia:
    Trinity Press International, 1990) 하비는 예수께서 율법형식 및 명령법적 선언들을 사
    용하신 것을 엄격한 행위의 규칙이 아니라 교육도구인 동시에 도전적 예로 사용했다
    고 해석한다.

79 Ogletree, *The Bible in Christian Ethics*, pp. 90-114., Kingsbury, *Matthew as Story*,
    pp. 132-33, *Matthew*, p. 143.

80 마태가 율법을 사용했다는 것에 대해서는 광범위하게 동의를 얻고 있으며, 마태의 모
    세율법에 대한 평가에 대해 이 책에서 인용된 학자들 사이에 거의 동의가 이루어지지
    않고 있다는 점은 매우 놀랄만한 일이다.

81 비록 필자는 마태가 율법을 사용한 것이 교육적 목적 및 설명을 위한 것이었다고 생각
    하고 있기는 하지만, 이것을 단적으로 입증할 방법은 없다. 이는 마태의 내러티브 전
    체를 관통하는 규칙과 계명들의 순효과(net effect)이며, 새로운 몇몇의 특수구절들이
    있어서 생겨난 현상은 아니다. 루츠가 7:12(황금률)에 대해 성찰한 것이 어느 정도는
    도움이 될 듯싶다(Matthew 1-7, pp. 428-31, 특히 p. 431을 참고하라).

82 Ogletree, *The Bible in Christian Ethics*, p. 196, Patte, *Gospel According to Matthew*,
    pp. 73-74.

83 Patte, Gospel According to Matthew, pp. 73-74. 마태복음이 이러한 자료를 사용한
    다는 것은 규칙, 율법, 그리고 계명들의 적용에 있어서 분별과 지혜의 필요성을 설명

해주는 것이라고도 할 수 있다. 마태가 그 자료들을 변경시킨 내용에 대해 학자들의 관점이 엇갈리고 있는 동안, 마태복음이 이러한 자료들을 적용한 것을 두고 저자의 맥락 및 다양한 신학적이고 윤리적인 관심을 반영한 것이라는 데에는 많은 학자들이 동의하고 있다. 심지어 예수의 계명도 언제나 변경의 과정 없이 전달되거나 수용되지 않는다. 예수의 계명들은 마태 공동체의 필요, 관심 및 맥락에 의해 해석되었다. 다른 말로 하자면, 예수의 계명에 대한 마태의 관점은 율법의 해석 및 적용에서 그의 재량권과 판단이 작용했다는 것을 보여준다. 다음 자료들을 참고하라. Schrage, *Ethics of New Testament*, pp. 122-25, Lohse, *Theological Ethics*, pp. 29-30, 58-59.

84 Ogletree, *ibid*. 필자는 모든 의무론(과 결과론)이 지닌 행위지도의 능력은 덕 윤리의 사려 깊음에 유사한 질적인 기술적 판단에 의존한다는 점을 강조하고 싶다. 하지만, 대부분의 현대윤리와는 달리, 마태복음은 규칙의 적용이 연속적 혹은 연역적 과정에 해당한다는 점을 결코 수용하지 않는다. 마태복음에서 율법이 언급되는 곳이면 어디서나 마태의 관점은 현대의무론의 수리적 원칙들을 가지고 있다는 가정을 전혀 수용하지 않는다. 다음 자료들을 참고하라. David Solomon, "Internal Objection to Virtue Ethics," *Midwest Studies in Philosophy X III Ethical Theory: Character and Virtue*, ed. Peter A. French, Theodore E. Uehling, Jr., and Howard K. Wettstein (Notre Dame: University of Notre Dame Press, 1988), pp. 437-38.

85 Luz, *Matthew 1-7*, pp. 383-84, 389, Schrage, *Ethics of New Testament*, pp. 37-38.

86 Meier, *Vision of Matthew*, pp. 209, 245.

87 Meier, *ibid.*, pp. 52-68, 109, 116-19; Kingsbury, *Matthew*, pp. 33-65.

88 16:18-19, 28:20. 만일 베드로가 물 위를 걸어간 사건(14:25-33)이 교회의 은유라고 할 수 있다면, 우리는 교회가 예수께 의존한다는 점을 다시 한 번 확인한 셈이다. 베드로는 예수의 명령에 순종하고 예수의 권능을 맛보았지만, 여전히 그를 구원해 주시기를 위해 예수께 의지하고 궁극적으로 예수를 요청했다. (Gardner, *Matthew*, pp. 228-29, Meier, ibid, pp. 98-100)

89 Meier, *ibid.*, pp. 177-78.

90 필자는 마태와 바울의 관심과 조망이 이 부분에서 정확하게 같은 것이라고 말하는 것이 아니다. 그들은 같은 생각이 아니었다. 하지만, 차이점들이 종종 민감하게 부각되고 우리의 초점은 덕 윤리와의 잠재적 연계에 관한 것이기 때문에 이러한 민감성에 대해서는 여기에서 굳이 설명할 필요를 느끼지 않는다.

91 Jerme Murphy-O'Connor, *Becoming Human Together: The pastoral Anthropology of St. Paul* (Wilmington: Michael Glazier, 1982), pp. 83, 148-50, J. Paul Sampley, *Walking Between the Times: Paul's Moral Reasoning Power of the Gospel: A Structural Introduction to the Pauline Letters* (Philadelphia: Fortress Press, 1982), pp. 131-47, 171-75, 302-4.

92 Robert F. O'Toole, *Who Is a Christian? A Study in Pauline Ethics* (Collegeville: The Liturgical Press, 1990), pp. 67-70.

93 Beker, *Paul The Apostle*, p. 248.

94 바울은 예수를 본보기 혹은 모범으로 말하는 데 남다른 독특성을 지니고 있다. 공관

복음 이외에 벧전2:21, 3:18, 4:1을 참고하라.

95 　바울에게 있어서 덕과 악덕의 목록에 대해서는 다음 자료를 참고하라. Lohse, *Theological Ethics*, pp. 82-88, Murphy-O'Connor, *Becoming Human Together*, pp. 132-35, O'Toole, *Who Is a Christian?*, pp. 111-15.

96 　Mohrlang, *Matthew and Paul*, pp. 104, 119-120.

97 　O'Toole, *Who Is a Christian?*, p. 84. 이 책은 바울이 말하는 그리스도인에게 속한 것으로서의 몇 가지 특질, 행위, 그리고 정황들을 개괄하는 데 도움이 될 것이다.

98 　O'Toole, *Who Is a Christian?*, pp. 29, 48, 65.

99 　E. Earle Ellis, *Pauline Theology: Ministry and Society* (Grand Rapids: Wm. B. Erdmans, 1989), pp. 8-10, 42, 45-47, Murphy-O'Connor, *Becoming Human Together*, pp. 178-80. '몸'이라는 말은 바울서신의 몇 가지 공동체적 이미지 중의 하나라 할 수 있다(Beker, *Paul the Apostle*, pp. 307-8). 이러한 공동체적 차원은 바울이 자주 사용하는 단어, '그리스도 안에서'와 '그리스도와 함께'라는 표현에서 분명하게 드러나며, '세례', 하나님의 전으로서의 공동체, 새 '아담'으로서의 그리스도 등의 표현에서도 확인할 수 있다. 다음 자료들을 참고하라. Beker, *ibid.*, pp. 272-75, Ellis, *ibid.*, pp. 9, 10, 42, Murphy-O'Connor, *ibid.*, pp. 184-85, Sampley, *Walking Between the Times*, pp. 38-42.

100 　딜론(Richard Dillon)은 이 대목에서 덕 윤리와의 실체적인 차이를 볼 수 있으리라 제안해 주었다. 앞서 제시한 예에서 보듯, 바울 윤리의 공동체적 측면은 교회를 세워가는 것을 그 목적으로 하는 경우들이 많다. 사회적 연관관계에 영향을 받는 인격완성을 목적으로 삼는 것이 아니라는 뜻이다. 딜론의 바울이해는 전반적으로 옳다고 여겨지지만, 덕 윤리에 대해서는 오해를 하고 있다. 필자는 2장에서 덕 윤리가 개인의 완성뿐만 아니라, 인간의 텔로스로서의 인간의 선에 본래적인 다양한 사회적 관계들에 대해서도 관심을 가지고 있음을 말한 바 있다. 따라서 바울이 교회를 세우는 일을 강조하는 것은 덕 윤리의 사회적 혹은 공동체적 차원과 잘 어울리는 것이라 할 수 있다. 두 경우 모두, 비록 개인적으로 얻는 것이 없다 해도 교회의 건전성을 추구한다는 점에서 의미가 있다고 하겠다. 하지만, 이러한 언급이 필자의 관점에 균형감각을 준다는 점에서 의의가 있다. 즉 바울의 개인의 도덕적 책임과 개선에 대한 실재적인 관심에 대한 필자의 견해에 도움을 준다. 더구나 샘플 리가 말한 것처럼, 공동체에 대한 바울의 위탁은 부분적으로 '동료애는 개인들을 섬기고 조력한다. ... 공동체는 개인이 그 안에서 살아갈 것으로 기대되는 맥락에 자양분을 공급해준다.' (*Walking Between the Times*, p. 43)

101 　Murphy-O'Connor, *Becoming Human Together*, pp. 159-60, 209-10, O'Toole, *Who Is a Christian*, pp. 44-49, 61.

102 　필자가 보기에, '강한 자'와 '약한 자'의 갈등은 그 당시 로마교회의 정황을 반영하는 것으로, 단지 고전 8장~10장의 재현이라고는 할 수 없다. 이들 본문에 대한 주해와 로마의 경우에 대한 설명은 다음 자료를 참고하라. Karl p. Donfried, ed., *The Romans Debate: Revised and Expanded Edition* (Peabody: Hendrickson, 1991)

103 　Sampley, *Between the Times*, pp. 37, 42-47, 51, 55, 64-66, 70, 118-19.

104 　E.P Sanders, *Paul and Palestinian Judaism: A Comparison of Patterns of Religion*

(Minnesapoles: Fortress Press, 1977), p. 446.

105　Beker, *Paul the Apostle*, pp. 306-22.

106　이러한 차이를 보이는 가장 자명한 이유는 율법의 지속적인 역할에 대한 이해의 차이
에서 드러난다. 마태는 모세율법의 연속성을 강조하는 경향이 있다. 예를 들어, 예언
의 완성(2:5이하, 17이하, 23, 3:3, 4:14이하, 8:17)과 율법에 대한 긍정(5:19)에서 볼
수 있다. 바울은 율법을 이해함에 있어서, 죄와 사망의 권세에 결탁된 것으로 보고 있
으며(고전15:56, 또한 롬8:2-4도 참고하라), 그리스도 안에서 마침이 된다고 보는 부
분(예: 롬10:4, 갈3:13)이 그렇다. 다음 자료도 참고하라. Mohrlang, *Matthew and
Paul*, pp. 27-34

107　O'Toole, *Who Is a Christian?*, pp. 37-39, Sampley, *Walking Between the Times*, pp.
54, 63-64, Joseph A. Fitzmyer, "Pauline Theology," p. 1414; Schrage, *Ethics of New
Testament*, pp. 195-196.

108　Murphy-O'Connor, *Becoming Human Together*, pp. 201-2; O'Toole, *ibid.*, pp. 62;
121.

109　Lohse, *Theological Ethics*, pp. 98-99.

110　Beker, *Paul the Apostle*, p. 321, Ellis, *Pauline Theology*, pp. 35-39, Schrage, *Ethics
of New Testament*, p. 198.

111　Sampley, *Walking Between the Times*, pp. 95-99.

112　예를 들어, 상황윤리는 규범도, 그리스도를 모범을 삼는 것(롬8:29)도, 혹은 교회 구성
원들의 '세움'의 중요성(고전10:23, 14:4)도 인정하지 않는다. 하지만 바울의 윤리에서
는 구체적인 특수성에 대한 단일한 방향성을 지니고 있다. 다음 자료를 참고하라.
Schrage, *Ethics of New Testament*, pp. 187-94

113　Fitzmyer, "Pauline Theology," p. 1401; Ladd, *Theology of New Testament*, pp.
519-21.

114　O'Toole, *Who Is a Christian?*, pp. 17-18, 55-57; TDNT, V:944.

115　Murphy-O'Connor, *Becoming Human Together*, p. 35.

116　이 점은 특별히 갈5:16-25를 통해 볼 수 있다. 여기에서, 덕과 악덕의 목록은 걸어감
혹은 삶을 위한 두 가지 상이한 용어들 사이에 샌드위치가 되어버렸다.

117　Jerome Murphy-O'Connor, "The First Letter to the Corinthians," p. 807. Brendan
Byrne, "The Letter to the Philippians," pp. 796-97. *The New Jerome Bible
Commentary*, Sampley, Walking *Between the Times*, p. 20.

118　Fitzmyer, "Pauline Theology" p. 1401, Jerome Murphy-O'Connor, "The Second
Letter to the Corinthians," *The New Jerome Bible Commentary* p. 820.

119　C. E. B. Cranfied, *The Epistle to the Romans*, 2 vols. (Edingburgh: T. & T. Clark,
1975-1979), 2:605-11, Joseph A Fitzmyer, "The Letter to the romans," in *The New
Jerme Biblical Commentary*, pp. 855. 862. 롬12:2는 은혜와 인간의 책임이 모두 필
요하다는 점을 보여주는 바울의 관점을 반영하고 있다. 수동적인 명령법 '변화를 받
아'라는 표현을 사용함으로써, 바울은 변화를 위하여 성령의 도우심이 필요하며 이를
위해 인간의 노력이 또한 필요하다는 점을 보여주고 있다. 빌2:12-13에서는 '너희 구

원을 이루라 … 너희 안에서 행하시는 이는 하나님이시니'라고 말하고 있다.

120 Beker, *Paul the Apostle*, pp. 218-20. O'Toole, *Who Is a Christian?*, p. 86. Sampley, *Walking Between the Times*, pp. 20-22. 베커는 '죄'가 바울이 말하는 다양한 성장의 이미지들 중 어디에도 속하지 않는다고 제대로 지적해주었다. 죄는 마치 필요악인양 감내하거나 한탄해야 할 것이 아니며 그리스도인의 삶에는 거의 적용될 수 없는 요소이어야 한다. 죄는 '더 이상' 그리스도인의 삶에 속하지 않는다.(p. 219)

121 Beker, *Paul the Apostle*, pp. 255. Michael Parsons, "Being Precedes Act: Indicative and Imperative in Paul's Writing," *Evangelical Quarterly* 88(2), 114. Schrage, *Ethics of New Testament*, p. 171.

122 롬6장은 선포에서 권면으로 움직이는 바울의 모습을 가장 잘 보여준다. 직설법과 명령법이 사용된 다른 예들은 고전5:7을 보거나 혹은 갈3:27과 롬13:14를 비교해 보라.

123 Lohse, Theological Ethics, pp. 108-9, Parsons, "Being Precedes Act," p. 111. 이와는 대조적으로, Meinert H. Grumm, "The Gospel Call: Imperative in Romans," The Expository Times 93 (May 1982): 239-42. 그룸은 직설법(하나님의 은혜로운 역사하심)은 신앙인에게서 필수적으로 요구되는 노력 혹은 추구(명령법)가 없으면, 그 의미가 제대로 드러나지 않게 될 것이라고 주장한다. 직설법과 명령법 사이의 긴밀한 연관성을 보여주는 다른 예로 롬12:1-2와 빌2:12-13을 들 수 있다. 이 두 본문은 하나님의 은혜로운 역사하심과 인간의 노력을 동등하게 강조한다.

124 Beker, *Paul the Apostle*, pp. 227-78, Ladd, *Theology of New Testament*, pp. 524-25, Lohse, *ibid.*, pp. 109-10; Mohrlang, *Matthew and Paul*, p. 118.

125 Beker *ibid.*, pp. 152-59, 189-92, 215, 363-65, Fitzmyer, "Pauline Theology," pp. 1392-94, Ladd, *ibid.*, pp. 363-73, Sampley, *Walking Between the Times*, pp. 7-24.

126 Schrage, *Ethics of New Testament*, pp. 181-8.

127 파슨스는 "Being Precedes Act" p. 127에서, '존재가 행위에 우선한다'는 말을 조심스럽게 사용한다. 직설법과 명령법의 연계에서 성령의 역할을 표현해주지 않기 때문이다.

128 Contra Kilner, "A Pauline Approach to Ethical Decision-Making," p. 373.

129 Mohrlang, *Matthew and Paul*, p. 86, O'Toole, *Who Is a Christian?*, pp. 17-20.

130 Paul J. Achtemeier, *Romans, Interpretation* (Louisville: John Knox Press, 195), pp. 16-17, 193-94; Beker, *Paul the Apostle*, pp. 189-92, 215-17, Fitzmyer, "Romans," pp. 847-54, 865, O'Toole, *Who Is Christian?*, pp. 22, 29-31, 79.

131 Beker, *ibid.*, pp. 278-83, Ellis, *Pauline Theology*, pp. 34-36, 45, O'Toole, *ibid.*, pp. 23-25, Schrage, *Ethics of New Testament*, pp. 177-78.

132 Mohrlang, *Matthew and Paul*, pp. 86-89.

133 Achtemeier, Romans, p. 217, Mohrlang, *ibid.*, p. 59, Schrage, *Ethics of New Testament*, pp. 184-85.

134 Kilner, "A Pauline Approach to Ethical Decision-Making," p. 368, Mohrlang, *Matthew and Paul*, pp. 118, 123.

135 Beker, *Paul the Apostle*, pp. 182-89, 245-48, Cranfield, *Romans*, 1:67; Lohse, *Theological Ethics*, pp. 159, 162-63, O'Toole, *Who Is a Christian?*, p. 88.

최근, 덕과 성품의 문제가 재론되고 있으며 그 현상은 무시하지 못할 정도로 크게 나타나고 있다. 덕의 회복에 대한 관심은 이 문제를 면밀하게 성찰하고 있는 철학자들에게 시도 볼 수 있고 서점가의 베스트셀러 목록에서도 확인할 수 있을 만큼, 여러 분야에서 광범위하게 나타나고 있다. 실제로, 〈덕〉에의 복귀 문제가 〈뉴스위크〉의 표지로 등장하기도 했다. 비교적 최근의 시점인 1980년대 초반, 덕 윤리는 영미철학자들과 신학자들의 주제였다. 변화가 생긴 것은 분명하다. 덕 윤리에 관한 출판이 급속한 증가 추세에 있으며 전문 학술지에도 덕 윤리에 관한 글들이 많아지고 있다. 그중에 단지 윤리의 최신 유행과 경향에 휩쓸리는 것도 있기는 하다. 학문의 영역에서 〈덕〉 윤리가 수적으로는 소수이지만 의미 있는 위치를 점하고 있다는 것만은 확실해 보인다. 과연, 덕 윤리란 무엇인가? 그리고 덕 윤리가 이렇게도 새로운 관심의 대상이 되는 이유는 무엇일까? 제2장에서는 그리스도인들이 수용할 네오-아리스토텔레스주의 덕 윤리의 기본요소와 구조를 개괄하고자 한다. 일반적으로, 덕 윤리가 윤리적 성찰의 핵심을 전환시켰다는 점은 분명한 것 같다. 18세기 이후의 윤리는 일반적으로 규칙, 원칙, 선의 개념분석, 그리고 도덕적 난제를 해결할 각각의 결단에 초점을 맞추어왔다. 그 결과, 현대윤리학은 규칙, 원칙, 그리고 특정한 행위가 도덕적으로 어떤 의의를 지닌 것인지를 결정짓는 방식에 관심을 집중하고 있다. 이와는 반대로, 덕 윤리는 특정한 행위에 대한 분석보다는 행위자의 문제에 더 많은 관심을 기울인다. 덕 윤리는 윤리의 초점을 특정한 행위에서부터 그 행위의 〈배경〉으로 옮겨놓는다. 이를테면, 성품, 인격, 공동체의 전통, 그리고 인간의 탁월성을 드러내고 증진시키는 데 필요한 조건이 무엇인가에 관심을 가진다. 덕 윤리가 도덕의 초점을 전환시키고 있는 셈이다. 〈덕 윤리란 무엇인가〉를 설명하는 것보다 이러한 전환의 요점이 무엇인지를 보여주는 것이 훨씬 더 수월할 듯싶다. 여기에는 몇 가지 원인이 있으며, 다양한 주제가 반영되어 있다. 비록 개괄적인 설명이기는 하지만, 이를 통해 덕 윤리의 주제들 중에서 몇 가지라도 이해할 수 있다면, 덕 윤리가 보여줄 〈새로운〉 것이 무엇인지에 대해서 뿐만 아니라 기존의 접근법이 지닌 특징에 대해서도 파악할 수 있을 것으로 기대된다. 덕 윤리의 새로운 접근법을 이해하기 위해 특별히 세 가지를 다루고자 한다. ① 현대사회가 도덕적 위기에 처해있다

는 사실을 인식하는 경향이 크다는 점, ② 역사성을 강조한다는 점, ③ 현대윤리학이 인간의 도덕적 삶에 대해 바람직한 설명을 제시하지 못하고 있다는 점 등이다. 1. 위기의 사회 덕 윤리에로의 복귀 혹은 덕에 대한 관심을 촉발시킨 요인 중 하나는 대부분이 동의할 수 있을 정도로 현대사회가 도덕적 위기에 처해 있다는 사실이다. 많은 사람들이 현대 서구사회가 도덕적 파산의 위기에 직면해 있으며 사회제도들이 인간에게 선한 성품을 함양시켜주지 못했다고 말한다. 예를 들어, 〈뉴스위크〉에서는 미국성인의 76%가 〈미국이 도덕적, 영적 쇠퇴기에 접어들었다〉고 인식하는 것으로 나타났다. 이러한 도덕적 쇠퇴에 대한 인식은 학부모 모임에서, 신문 논평에서, 라디오 방송에서, 그리고 주일학교 분반공부에서도 확인된다. 또한 학교에서 기도를 재개해야 하고 성품교육이 필요하며 범죄에 대한 처벌을 강화해야 하고 텔레비전의 폭력성을 규제해야 한다는 요구들도 나타나고 있다. 이러한 관심과 논쟁들이 덕 윤리의 모습을 모두 다 보여줄 수 있는 것은 아니다. 하지만, 현대사회의 도덕적 쇠퇴에 대한 관심이 증대되고, 그것이 덕에 대한 회상 혹은 덕 윤리적 추론의 필요성을 강조하는 현상으로 이어지고 있다는 것은 고무적인 일이다. 예를 들어, 오늘날 〈전통적〉 가정의 와해 및 텔레비전의 폭력성에 대한 연설들은 이러한 인식을 반영해준다. 가정문제에 대한 토론은 어린이들이 부모의 세심한 지도와 적절한 역할모델을 상실할 경우 건전하고 균형 있는 도덕적 행위자가 될 수 없음을 일깨워주고 있다. 또한, 텔레비전에 문제가 있다는 생각에는 사람들이 텔레비전의 영웅을 모방하려는 경향이 있다는 우려와 함께 텔레비전 속 영웅들이 폭력적이거나 심지어 사악한 경우들이 많다는 인식이 반영되어 있다. 가정과 텔레비전에 대한 이러한 관심들은 덕 윤리의 주제들과 병행을 이룬다. 아리스토텔레스의 덕 윤리에서는 덕스러운 성품이란 책을 통해 배울 수 있는 것도 아니며 손쉽게 습득될 수 있는 것도 아니라고 말한다. 덕스럽게 되는 것은 실천을 통해서, 그리고 다른 사람들과의 우정을 통해서이다. 우리는 가치 있는 덕활모델을 본받으며 덕스러운 가르침을 주는 자들과 친구들에게 귀를 기울이고 덕스러운 인물들에 관한 이야기를 들으며 덕스러운 행위들을 본받아 살아감으로써 덕을 배운다. 이처럼, 가정과 텔레비전에 대한 관심은 덕 윤리와 직접적인 연관에 있다. 두 관심도 모두, 본받을만한 동료들과 역할모델이 되는 인물들이 덕스러운 성품의 계발에 결정적인 요소임을 인식하게 있다는 점에서 더욱 그렇다. 중요한 것은 현대사회의 도덕적 빈곤에 관한 이러한 관심이 덕 윤리와 깊은 연관성을 가질 뿐 아니라 심지어 현대적 덕 윤리의 관심사와 맞아떨어진다는 점이다. 가정문제, 텔레비전 문제, 그리고 교육문제의 쟁점들이 덕 윤리와 긴밀하게 연관되고 있는 셈이다. 따지고 보면, 덕 윤리는 이러한 문제들의 심각성을 인식시켜준다. 우리가 관심을 전환하여 개별 행위들에 대한 관심으로부터 행위자와 맥락에 집중하게 되면, 덕스러운 동료 및 역할모델의 중요성을 새삼 깨닫게 될 것이며, 텔레비전의 폭력성에 영향을 받지 않는 경지에 이르게 될 것이다. 현대사회의 도덕적 파산의 위기에 대한 인식으로부터 덕 윤리에 대한 관심을 새롭게 가지게 된 것은 공적담론에 우연하게 돌출된 현상이 아니다. 신학자들과 철학자들이 덕 윤리를 재존하는 데에는 현대사회의 도덕적 위기에 대한 인식이 작용하고 있다. 예를 들어 필립스(Derek Phillips)가 말한 것처럼, 현대사회는 과연 무엇이 이상적인 것인가에 대해 〈진술〉해제고 〈각자의 느낌의 충실〉해졌다. 하지만 이상적인 것에 대한 이러한 관점들을 사회가 용납해주지 않는다. 많은 사람들이 〈진술〉 해지는 것을 용납하지 못하고 지탱해줄 수 없는 탓에, 길들여지지 않은 개인적 주장들과 욕구가 문제라고 생각해 버리고 만다. 쇠락해가는 사회를 구해내고자 한다면, 도덕원칙들을 내면화시키고 다양한 덕목들을 함양해야 할 것이다. 다시 말해, 건전한 사회는 덕스러운 시민성에 달렸다. 이러한 시민성이 없다면, 우리의 〈삶〉은 점점 더 치열로 변해갈 것이며 야만의 상태로 치닫게 될 것이다. 〈맥킨타이어(Alasdair MacIntyre)는 현대사회의 도덕적 파산의 위기를 감지하고 자신의 책, 〈덕의 상실〉(After Virtue)에 그 문제의식을 담아냈다. 큰 영향력을 발휘하는 그의 관점들은 우리가 지금 다루는 문제, 즉 현대사회가 위기에 처해 있다는 인식에서 나온 것이었다. 특별히 도덕에 관한 담론이 단순한 언어적 분석에 치우쳐있다는 점, 그리고(결과적으로 인간을) 타인에 대한 조작자에 불과한 존재로 간주하는 도덕개념에 고착되어버렸다는 것이 그의 문제의식이었다. 현대사회의 도덕에 대한 맥킨타이어의 이러한 문제제기는 아리스토텔레스적 덕의 전통을 회복해야 한다는 주장으로 이어진다. 맥킨타이어는 덕 윤리가 현대사회의 도덕적 우월성을 극복시켜줄 매력적인 대안이 될 수 있으리라 기대했다. 하지만, 왜 덕의 윤리이어야 하는가? 비록 현대의 도덕적 위기에 대한 맥킨타이어의 관점에 동의한다고 해도, 칸트의 관점이나 공리주의자들의 관점이 아니라 덕의 윤리이어야 하는 이유는 무엇인가? 맥킨타이어는 현대사회의 도덕적 무질서가 현대윤리학의 실패에 대한 강력한 증거가 된다고 보았다. 사실, 맥킨타이어는 현대윤리학이 도덕적 위기에 대한 처방으로는 실패작이라고 보았을 뿐 아니라, 현대윤리학이 추구한 내용들이 사회적이고 지적인 변화와 뒤엉키어 오늘과 같은 문제를 야기한 것이라고 주장하기도 한다. 다른 말로 하자면, 현대윤리학은 해법이 아니라, 오히려 문제 거리가 되었다고 보는 셈이다. 현대사회가 광범위한 위기에 처해있다는 인식은 덕 윤리에의 복귀를 독려해준다. 필립스의 경우에서처럼, 어떤 이들은 덕에 관한 사유를 통해 현대사회의 위기를 바로잡을 수 있으리라 생각한다. 그런가하면, 맥킨타이어와 같은 사람들은 현대사회의 위기를 현대윤리학의 실패를 입증해주는 증거라고 생각하기도 한다. 두 경우 모두, 아리스토텔레스적 덕의 전통을 이러한 예견들로부터 도출된 가장 적절한 해법으로 제시하고 있다. 2. 역사의식의 발흥 덕 윤리에 대한 관심을 새롭게 해주는 또 다른 요소로 20세기 후반에 나타났던 〈수준別 의미에서의 〈역사의식〉(historical consciousness)의 발흥을 들 수 있겠다. 도덕철학과 기독교윤리에서 인간이 역사적 본성과 연관성을 지닌다는 인식이 증대된 것이다. 인간이란 역사적 존재로서, 특정한 신념, 실천 및 소속과 연관된 특수한 역사적이고 문화적인 맥락 속에서 살아간다. 도덕적 지식까지도 예외 없이, 모든 지식은 역사적으로 근거 지워져 있으며, 어떤 의미에서는 일정한 맥락에 지배를 받는 측면이 있나. 역사적 연관성에 대한 인식이 증대됨에 따라 일반적으로 윤리이론은 적어도 두 가지 변화를 맞이하게 된다. ① 규칙의 역할과 지위를 제한하고, ② 행위자의 맥락에 더 많은 관심을 기울인다. 첫째, 역사적 연관성에 대한 관심

덕 윤리의 기독교적 수용과 관련된 비판들 모두를 샅샅이 살펴볼 수는 없겠지만, 현재까지 두드러지게 제기되는 몇 가지 비판들에 대해서는 깊이 생각해 볼 필요가 있다.[1] 특히, 주목할 비판들은 대략 네 가지 정도이다. ① 덕 윤리는 자아중심적 혹은 나르시스적 요소를 지니고 있어서, 진정한 의미에서 기독교적인 것이 될 수 없다는 주장, ② 덕 윤리는 귀족적 특징을 지니고 있어서, 기독교가 추구하는 평등주의적 성향 및 정의관과 어울리지 않는다는 주장, ③ 덕 윤리는 '소종파적'이어서, 사회로부터의 퇴거를 부추기거나 혹은 상대주의적 색채가 일부 드러난다는 관점, 그리고 ④ 덕 윤리보다 다른 윤리 이론이 기독교의 도덕적 조망을 반영하기에 더 적합해 보인다는 주장 등이 있다.

가장 보편적인 것은 넷째 것으로서, 기존의 기독교윤리에 적용되고 있는 윤리이론들의 후원자 격에 해당한다. 유심히 살펴보면 이 반론들은 다른 세 가지 반론과 서로 연계되어 있다. 부분적으로, 이 반론들은 덕 윤리가 지니고 있는 자기완성적 특징에 대한 반응이기도 하다. 덕과 성품의 함양에 관한 개인과 공동체의 관심이 과연 기독교적일 수 있을지 주목하고 있는 셈이다. 특히, 덕 윤리가 자기완성적 특징을 지니고 있다는 점에서, ① 나르시스적이며, ② 기독교적 사회정의관에 어울릴 수 없고, ③ 퇴거 내지는 관계단절을 부추기는 윤리가 될 수밖에 없다는 것이라고 생각하는 점에서 이 반론들은 서로 연관되어 있을 듯싶다.

그럼에도 불구하고, 각각의 비판들은 독자적인 특성을 지닌 것이라는 점을 고려하여 각각 별도로 살펴보고자 한다. 이 비판들은 각각 다른 학자들에 의해 제기되었으며 서로 다른 관심사를 가지고 있기 때문이다. 첫째 비판은 둘째 및 셋째 비판에 비해 개인의 문제에 더 많은 관심을 가지고 있다. 둘째 비판에 대한 사회적 차원의 관심은 그 유형상 셋째 비판에 대한 것과 같지는 않다. 셋째와 넷째 비판은 첫째와 둘째 비판에 결여된 인식론적 요소를 부가적으로 보여주고 있다. 비판들 각각은 독자적인 것인 동시에 그 각각에 대해 서로 다른 관점에서 접근할 필요가 있다는 뜻 이다.

나르시시즘

이 비판은 그 형태가 다양하다. 예를 들어, 슈라게(Wolfgang Schrage)는 사랑이란 자기를 내어주는 것(self-surrender)이라고 주장한다.

> 사랑은 자아실현일 수 없다.… 사랑은 자기완성을 위한 수단이 아니다. 모든 것의 목적과 척도는 … 자신의 덕스러운 삶이 아니라, 다른 사람들의 웰빙이어야 한다.[2]

로세(Edward Lohse)도 비슷한 관점을 보인다.

> 초대 기독교의 윤리적 교훈은 자기이해의 발전 혹은 자아실현의 전개와 는 무관한 것이었다. 그리스도인이 어떻게 하면 하나님을 찬양하며 하나님 을 영화롭게 하는 삶을 살고 바른 행위를 할 수 있을지에 관심을 가지고 있 었다.[3]

그 외의 학자들은 덕 윤리가 '자기중심적'인 것이라는 점에서 우려되 는 부분이 있다고 말하는 경우도 있고, 자신의 덕으로 윤리적 결단을 내릴 수 있으리라는 생각 자체를 반대하기도 한다.[4] 이들은 덕 윤리가 자기중 심적이거나 자기애적인 것인 데 반하여, 기독교윤리는 자아가 아닌 하나 님께 초점을 맞추고 있다는 점을 강조하고 싶어 한다.

이러한 비판은 우리에게 신중한 접근의 필요성을 일깨워준다. 우리 자신을 스스로 변화시켜갈 수 있으리라 생각하거나 혹은 그러한 의도를 가지고 선을 추구하거나 옳은 행위를 하려는 것에는 심각한 문제가 있다. 더구나, 개인의 탁월성 취득, 즉 덕성함양만을 강조하게 된다면, 기독교의 핵심을 반영해내기 어려울 것이다.

이러한 비판들이 놓친 것이 있다. 첫째, '의를 행함' 혹은 '하나님께 영광을 돌림' 혹은 '다른 사람들의 웰빙추구'를 목적으로 하는 윤리에도 자아에 대한 관심이라는 덕 윤리적 요소가 공유되어 있음을 간과해서는 안 된다. 말하자면, 의를 추구하거나 하나님을 영화롭게 하거나 혹은 다른 사람의 웰빙을 추구하는 윤리들 모두가 그 목적을 달성하는 데 필요한 욕구, 경향성, 성향, 그리고 기술에 대한 관심을 전제하고 있다. 하나님과 이웃이라는 대상, 즉 자아 이외의 대상에 초점을 맞추는 윤리에도 덕 윤리에 내재된 특성들이 반영되어 있는 셈이다. 특히, 다른 사람들을 위한 존재가 되고자 한다는 점에서 덕 윤리가 말하는 경향성, 성향, 그리고 행위의 기술에 대한 관심을 반영하고 있다.

예를 들어, 옳다는 이유만으로 옳은 일을 행해야 한다고 말하는 윤리에 대해 생각해 보자. 인간이란 더 나은 혜택을 누릴 수 있는 특수한 예외사항의 경우에서조차 옳음을 추구해야 하는 존재라는 관점이다. 하지만, 이 역시 따지고 보면 덕 윤리의 관심과 크게 다르지 않다. 특정한 종류의 인간이 되어야 한다는 생각을 반영하고 있기 때문이다. 다른 점이 있다면, 옳은 일 그 자체에 관심을 집중시키고 이와 관련된 정의, 선의, 그리고 옳은 일을 행하려는 욕구 등을 강조하고 있을 뿐이다. 덕 윤리에서 보자면, 결국 이것도 정의를 비롯한 덕목들의 실천을 강조하는 것에 다름 아니다.

여기서 유의해야 할 것이 있다. 덕 윤리는 자아중심적이지 않다. 하나님과 이웃에 대한 관심을 가진 윤리의 대부분이 내용상으로는 덕 윤리의 관점을 공유하고 있다는 사실을 인정하지 않고 있을 뿐이다. 사실, 이 점이 더 큰 문제가 아닐까 싶다. 자아 이외의 대상, 즉 하나님과 이웃을 향하는 윤리도 내용상으로는 덕 윤리와 크게 다르지 않다는 사실을 놓쳐서는 안 된다.

둘째, 성경은 자아의 실현 또는 완성에 관심이 없다고 말하는 로세의 주장 자체에 문제가 있어 보인다. 예를 들어보자. 바울이 그리스도인의 삶을 경주에 비유한 부분(고전 9:24-27, 빌 3:1-17), '영적 은사'를 '추구하는 것'과 교회를 세우기 위해 교회에서 '추방해야 할 것'을 다룬 부분에서, 로세가 간과했던 완성에 대한 성경적 근거들을 찾을 수 있다.

그런가하면, 신약성경은 완성에 대해 역설적으로 설명하기도 한다. 자아의 추구가 아니라, 이웃에게 내어줌을 통한 인간의 완성 혹은 실현을 말해주는 부분들이 있다. 예수께서는 천국에서는 먼저 된 자가 나중 된다(막10:31)는 교훈, 겸손해야 한다(막23:12)는 말씀과 모든 사람의 종이 되어야 한다(막9:35)는 가르침을 주셨다. 목숨을 얻고자 하는 자는 목숨을 버려야 한다(마10:39, 16:25, 막8:35)고 말씀하시기도 했다. '하늘의 보화'를 얻고자 하는 자는 자기 소유를 나누어주고 하나님을 믿어야 한다(마6:20, 막10:21-25, 눅12:33)는 점을 강조하셨다. 생명을 얻고자 하는 자는 많은 사람이 다니는 길 대신에 좁은 길을 가야 한다(마7:14)는 말씀도 있다.

이 구절들은 비록 '역설적인' 교훈이지만, 인간완성에 관한 선언이라는 점은 분명하다.[5] 사랑을 실천하는 자들이 완성, 생명, 온전함, 그리고 구원을 얻는다는 사실을 보여주는 구절들이다. 온전함과 웰빙을 향한 인간의 욕구를 긍정하고 있는 셈이다. 다만, 그 욕구가 이기주의적 관심을 통해서가 아니라 이웃에 대한 배려의 행위와 태도를 통해 채워질 수 있다는 점을 강조한다는 점이 다를 뿐이다. 신약성경에 자아실현 혹은 완성에 대한 관심이 분명하게 나타나 있으며, 그 성취의 방법과 관점은 자아중심적인 관점과는 확연하게 다르다는 사실을 제대로 보아야 할 것이다.

비록 이러한 주장 자체가 역설적인 것처럼 보일 수 있지만, 목적론적 덕 윤리에 대입해보면 그 뜻이 분명해진다. 2장에서 살펴본 것처럼, 사물의 진정한 기능, 목적, 혹은 역할은 그것의 텔로스 혹은 목표에 달려있다. 신약성경이 말하는 것처럼, 하나님께서 우리에게 부여하신 기능 혹은 역할에 하나님과 이웃에 대한 사랑의 실천이 포함되어 있다면, 이웃을 향한 관심을 인간의 텔로스 혹은 목표에 해당하는 것으로 해석할 수 있으며 신약성경이 강조하는 덕목들 역시 이러한 목표에 기여하거나 혹은 그것을 향하도록 이끌어주는 것들이라 할 수 있겠다.

말하자면, 이웃에 대한 배려의 행위를 통해 인간완성에 이를 수 있다는 설명법은 시계의 기능이 시간을 알려주는 것이라고 말하는 설명법과 유사성을 지니고 있는 셈이다. 시계의 기능 혹은 역할이 시간을 알려주는 것이듯, 인간의 역할 혹은 기능에 이웃을 배려하는 특성과 행위가 포함된다. 진정한 탁월성, 즉 인간의 진정한 선에 하나님과 이웃에 대한 사랑의 섬김이 포함된다는 뜻이다.

요컨대, 성경은 인간완성에 관심을 가지고 있으며, 다만 자기중심적 혹은 나르시스적 방식과는 다른 설명법을 취하고 있을 뿐이다. 덕 윤리를 대입해보면, 인간의 완성이란 이웃을 배려하는 특성과 행위를 통해 구현된다는 신약의 비전이 쉽게 이해될 수 있을 듯싶다.

셋째, 신약성경에서 우리에게 특정한 종류의 인간이 되라고 지속적으로 요청하고 있음을 간과해서는 안 된다. 팔복 선언, 그리고 사랑과 겸손에 관한 예수 그리스도의 교훈 및 바울의 덕과 악덕의 목록, 심지어 양과 염소의 비유까지도 특정한 특성과 태도를 지닌 특정한 종류의 인간이 되라고 독려해준다.[6]

이러한 독려를 존중한다면, 우리의 도덕적 성찰에 자기완성적 요소가 내재해 있다고 말한다고 해서 지나친 것은 아닐 듯싶다. 이러한 맥락에서, 도덕과 관련된 제도와 관계, 습관, 관행, 그리고 특정한 행위들은 우리로 하여금 성경이 제시한 이상적 인간상을 향해 나아가게 하거나 혹은 걸림돌이 될 수 있다는 뜻이 되겠다.[7]

만일 특정한 종류의 사람이 되어야 하겠다는 목적의식이 없다면, 특정한 관계, 정책, 관행, 그리고 행위의 중요성을 깨달을 수 없을 것이다. 이러한 관심이 결여되면, 인간의 구체적이고 역사적이며 유한한 본성에 대한 인식조차 불가능하게 될 것이다. 인간은 행위와 무관한 영적 존재가 아니며, 신념, 역사, 관계, 욕구 및 개인적인 특성들과 무관한 존재일 수 없다. 하나님의 창조질서에 속하는 피조물로서, 인간은 생물학적, 사회적, 역사적 요인들에 깊이 연관되어 있다.[8] 따라서 성경을 존중하는 자라면, 이러한 요소들이 우리의 자아형성에 깊은 영향을 준다는 사실에 유의해야 할 것이다.

이러한 뜻에서, 도덕적 성찰과 숙고에 일정한 자기완성적 요소가 내재되어 있음을 인정해야만 할 것이다. 성경의 윤리가 이웃에 대한 배려를 지향하고 있는 것은 분명하지만, 일정부분 자기완성적 요소 또한 지니고 있음을 깨달아야 한다. 도덕적 성찰과 숙고에 이러한 자기완성적 요소가 전혀 없다면, 과연 성경의 요구를 구현할 수 있을까?

넷째, 덕 윤리가 나르시스적이고 자기중심적인 것이라고 몰아세우는 것은 이상하기 짝이 없다. 덕목들 중에는 이타적인 것들이 얼마든지 있기 때문이다.[9] 정의, 용기, 그리고 관대함과 같은 덕목들은 본질적으로 이웃을 위한 배려의 덕목들이다. 더구나, 기독교적 덕 윤리가 제시할 수 있는 많은 덕목들은 이웃에 대한 배려의 특성을 지니고 있다. 예를 들어, 믿음, 사랑, 정의, 그리고 호의 등이 그렇다. 과연 이러한 덕목들을 나르시스적이고 자기중심적이며 혹은 과도한 자기완성적인 것이라고 몰아세운다면,

도대체 윤리라는 것 자체가 가능할 수 있을까?

요약해 보자. 덕 윤리가 자기중심적이라거나 나르시스적이라고 말하는 반론들은 중요한 요소들을 놓치고 있다. ① 자아 이외의 대상을 추구하는 윤리조차도 내용적으로는 덕 윤리의 관심사항을 공유하고 있다는 점, ② 자기완성에 대한 관심은 성경에서도 분명하게 나타나고 있으며, 다만 이웃에 대한 배려의 특성과 역설적 설명법이라는 요소가 다를 뿐이라는 점, ③ 성경이 제시하는 특정한 종류의 인간이 되게 하는 윤리에는 불가피하게 자기완성적 특성을 반영할 수밖에 없다는 점, ④ 기독교적 덕 윤리는 이웃을 배려하는 덕목들이 많다는 점 등을 간과해서는 안 될 것이다.

귀족적 성향

이것을 문제 삼은 학자는 오글리트리이다. 그는 덕 윤리가 '성향상 … 민주적이기보다 귀족적'이라고 말한다. 덕 윤리가 자아의 실현을 강조하면서 제시한 인간상 자체가 '이상적 인간상'에 속하는 것이라는 점에서 이러한 현상이 생긴다는 것이 오글리트리의 진단이다. 결과적으로, '인간의 탁월성을 성취하기 위해 현재 과연 어떤 자원들을 지니고 있는가에 따라' 인간의 비참함, 불평등, 그리고 노예상태'를 용인하게 될 소지가 있다는 것이다.[10] 오글리트리에 따르면,

많은 것을 성취하기 위해서는 대가를 지불해야 하며, 그 과정에서 다른 사람들에 대한 지배와 착취가 발생하게 마련이다. 이러한 방식으로 성취된 탁월성은 도덕적으로는 정당성을 인정받기 어렵다. 사회적 불의의 구조적 여건이 되어 버린다면, 이는 도덕적으로 소극적인 의의를 가질 뿐이다.[11]

문제는 개인이 탁월성을 추구하는 노력이 과연 사회정의, 즉 분배정의 문제와 양립할 수 있는가 하는 점이다. 기독교가 덕 윤리를 수용하려면, 이 문제를 다루어야만 한다. 특히, 성경은 정의문제에 분명한 관심을 가지고 있다.

문제의 열쇠는 인간의 탁월성, 즉 인간의 선 혹은 텔로스를 어떻게 이해할 것인가에 달려있다. 2장에서 말한 것처럼, 인간의 선 혹은 텔로스와 다양한 덕목들은 본성상 공동체적이다. 하지만 선이란 공동체적이고 공유된 것이며 덕목들이 지니고 있는 목적 자체가 선을 추구하려는 공동의 관심에서 기인한다는 점에서 보면, 공동체적 선을 개인의 덕목들과 분리시키는 것은 결국 공동체로부터 자신을 분리시켜버리는 것과 다르지 않다. 말하자면, 인간의 선은 공유된 것이요 공동체적인 것이기 때문에, 이웃을 배제하고서는 자신의 텔로스 내지는 선 혹은 목적을 완전히 실현할 수 없다.[12]

사회정의와 관련된 갈등의 핵심은 선을 오로지 개인의 몫으로만 간주하는 오류에 있다. 2장에서 인간의 선 혹은 텔로스가 개인적인 것인 동시에 공동체적인 것이라는 점을 확인할 수 있었다. 우리가 목적으로하는 선은 공유된 사회적인 실재인 동시에 개인의 탁월성도 포함하고 있다. 개인이 다른 사람의 희생을 통해 자신의 선을 성취한다는 말 자체가 성립될 수 없다. 공동체가 탁월해질 때, 개인도 탁월해질 수 있다.[13]

이 점은 기독교 덕 윤리에서 분명하게 확인할 수 있다. 기독교는 인간의 탁월성, 즉 진정한 인간의 선의 개념에 하나님과 이웃에 대한 사랑의 섬김을 포함시킨다. 창조주께서 주신 인간의 역할 혹은 기능에는 이웃 배려적인 특성과 행위가 포함된다. 따라서 개인이 다른 사람의 희생을 통해 탁월해진다는 것 자체가 불가능하다. 착취와 지배는 인간의 탁월성에 관한 기독교적 관점에 정반대되는 것이라 할 수 있다.

사랑, 정의, 선의와 같은 가치들이 인간의 선 혹은 텔로스를 구성하는 요소들이라면, 사랑 없고 불의한 행위를 통해 개인이 탁월해질 가능성은 거의 없다. 기독교적 관점에서 볼 때, '다른 사람의 희생을 통해' '성공'하거나 '성취'하는 것은 진정한 인간의 탁월성이 아니다.[14] 인간의 탁월성이 다른 사람에 대한 불의와 착취를 통해 성취된다고 말하는 것은 네오-아리스토텔레스주의 혹은 기독교의 관점이라기보다는 니체가 말한 '힘에의 의지'와 '초인'에 더 가까운 것일 수 있다.[15]

　그럼에도 불구하고, 우리는 성경에 기초한 기독교 덕 윤리가 현대 네오-아리스토텔레스주의의 '정의' 개념과 정확하게 동일한 것일 수 없음을 인정해야 한다. 예를 들어, 맥킨타이어는 아리스토텔레스가 '공동의 선을 추구함에 있어서 공동체의 책무에 대한 기여에' 기초한 분배정의의 형태를 지지했다고 해석한다.[16] 정의를 개인이 성취해야 할 공로의 문제이거나 공동의 선에 대한 개인의 기여를 기준으로 설명하려는 시도인 셈이다.

　성경에 나타난 정의의 뜻을 개괄적으로 정리하는 것이 쉽지는 않겠지만, 적어도 맥킨타이어가 말하는 '기여' 혹은 '공로'에 따른 정의개념과는 확연히 다르다는 점은 분명하다. 성경적 정의관은 가난한 자, 약한 자, 버려진 자, 혹은 억압받는 자의 필요를 채우는 것(신24:17, 시10:17-18, 사10:1-2, 렘5:28, 눅4:18-19)과 관련이 있다.[17] 성경적 정의는 개인의 공로 혹은 탁월성보다는 개인의 약함과 개인의 필요에 더 큰 관심을 가진다. 공동체에 대한 기여보다는 힘없는 자를 보호하고 모든 사람으로 하여금 공동체에 기여할 수 있도록 배려하는 데 초점을 맞춘다는 뜻이다. 성경적 맥락에서, 분배의 가장 기본적인 기준은 약함과 필요의 문제이다. 이 요소들이 충족된 이후에라야 능력과 기여의 문제를 다룰 수 있을 것이다.[18]

　그렇다고 해서, 성경적 정의관이 덕 윤리와 양립불가하다는 말은 아니다. 맥킨타이어가 공과의 개념을 다룬 것은 현대의 정의론이 개인주의에 휩쓸리고 있음을 지적하려는 의도에서 나온 것이었다. 맥킨타이어는 자신의 관점이 롤즈와 노직의 사회관, 즉 '낯선 자들의 집합체로서의 사회에서 각자 최소한의 제한조건 하에서 자신의 이해관심을 추구한다'는 전제와 다르다는 점을 강조하고 있는 셈이다.[19]

롤즈의 정의론은 필요와 자유의 평등한 분배에 초점을 맞춘다. 노직은 정의가 재산의 정당한 취득의 문제에 관여하는 것이라고 본다. 서로 다른 듯싶지만, 맥킨타이어가 보기에 롤즈와 노직에게 공통점이 있다.

> 그들은 사회를, 최소한 이상적으로나마, 합리적인 개인들의 자발적인 행위에 의해 이루어진 것으로 본다. 그들은 다음과 같은 질문을 공유하고 있다. '내가 다른 사람들과 함께 가입하기 적절한 사회계약은 어떤 것인가?'[20]

말하자면, 롤즈와 노직은 사회에는 공통점이란 거의 없고 이해관계를 보호받으려는 개인들의 결사체로 인식하고 있다. 그들의 관점은 공통의 기초를 지닌다. 롤즈와 노직은 '개인이란 공동선을 추구한다는 점에서 본래적으로 결합되어있다'는 관점을 회피하고 있는 셈이다.[21]

이와는 반대로, 덕 윤리에서는 인간을 공동의 선을 추구하는 공동체의 구성원으로 본다. 정의의 근거는 공동체에 있다는 점, 그리고 공동선이란 개인의 선과 공동체의 선 모두를 포함하는 것임을 인식하고 있다. 덕 윤리의 정의관에서는 바람직한 공동체의 구성요소에 대한 인식과 함께 자아가 사회와 우연적인 관계가 아닌 긴밀하게 연계된 존재라는 사실에 대한 인식을 요구한다.[22] 이러한 요구사항들은 현대정의론자들이 탐탁하지 않게 여기는 관점들이다.

맥킨타이어가 공로의 개념에 호소한 것은 현대정의론에 나타난 개인주의적 관점을 덕 윤리가 말하는 인간의 공동선에 대한 인식과 대조시키려는 의도에서 나왔다. 공동선에 대한 공동의 위탁은 사회적 맥락에서만 의미가 있다는 관점은 개인의 가치에 대한 설명에 중요한 기초가 된다. 맥킨타이어에 따르면, 아리스토텔레스의 설명법에서 가격과 임금의 가치는 자신의 노동이 공동체의 선에 기여하는 것인가의 기준을 따라 결정된다.[23] 가격과 임금을 이러한 관점에서 평가하는 것은 시장경제적 관점과는 확연하게 구분된다. 현대정의론에서 회피하는 내용, 즉 공동선에 대한 공동의 위탁이라는 문제를 부각시켜 준 셈이다.

맥킨타이어가 이러한 관점을 '정의에 대한 아리스토텔레스의 관점에 더 가깝고 기독교적 관점에 해당한다'고 말한 것은 지극히 옳다.[24] 성경적 정의관의 성경의 맥락은 계약공동체에 있다. 이스라엘과 초대교회에서, 정의는 하나님의 언약백성이 된 사람들 사이의 사회적 관계와 연관되어 있다. 성경적 정의의 기초는 하나님께서 압제자에게서 그들을 구원하여 민족을 이루신 사건(출22:21, 23:9, 레19:33-34, 신10:17-19, 24:17-22)에 있다. 정의는 특정한 종류의 공동체(레25:35-36, 시107:31-43, 또한 마6:33도 참고하라)의 창조와 보존에 연관되어 있다. 정의는 또한 공동체의 건전성을 평가하는 기준이 된다. 약한 자와 필요를 채워야 할 사람들에 대한 의무라는 관점에서, 건전한 공동체란 무엇인가를 말해주는 기준이 된다(겔22:7, 슥7:8-12, 약2:1-12).

성경적 정의관은 특정한 역사와 특정한 자기이해에 따른 특정한 공동체를 전제로 한다. 롤즈와 노직의 경우와는 달리, 성경적 정의관의 근거는 공동체에 있으며 공동체의 선에 기여할 공동의 위탁을 강조한다. 즉 언약의 비전을 따르는 것이어야 한다는 주장이다. 이 점은 덕 윤리와 제대로 들어맞는다. 물론, 맥킨타이어가 공과의 기준을 적용한 것과 같을 수는 없지만, 성경적 정의관은 롤즈와 노직의 것보다는 덕 윤리에 더 잘 어울린다.[25]

4장과 5장은 기독교사상이 덕 윤리의 틀을 어떻게 보완하고 변경시켜야 하는지를 보여준다. 성경적 정의관 역시 그 하나의 예라 하겠다. 성경적 정의관은 공동체 지향적인 덕 윤리에 잘 어울리는 것이기는 해도, 인간의 필요, 특히 약한 자, 버림 받은 자, 그리고 억압 받는 자의 필요를 채워주어야 한다는 특징을 가지고 있다. 이러한 관점에서는 공과 혹은 기여에 대한 계산을 이차적인 요소로 간주한다.[26]

이제까지 우리는 덕 윤리가 분배정의론과 양립가능하다는 점, 성경적 정의관은 필요에 초점을 맞추고 있다는 점을 살펴보았다. 다음 단계로 나아가기 전에, 오글리트리에게 부분적으로 옳은 면도 있음을 지적해두고 싶다. 덕 윤리가 '그 성향상 … 민주적이라기보다 귀족적이다'라고 말했던 것은 일부 타당한 측면이 있어 보인다. 특정 정치체계를 칭송하려는 것은 아니다. 다만, 언제 어디에서라도 보통 사람들보다는 더 완전하게 덕목들을 실행에 옮기려는 사람들이 있다는 사실에 주목해야 한다는 뜻이다. 말하자면, 덕의 실천에서 교사와 리더가 있다면, 그들과는 덕의 실현에 정도의 차이를 보이는 자로서의 학생과 제자도 있게 마련이다.[27]

이러한 뜻에서, 덕 윤리는 덕에 대한 선호도와 태도에 관한 한, 민주적이라기보다 귀족적이다. 덕 윤리는 모든 사람이 자신의 상황에 대한 통찰을 대등하게 지니고 있다고 생각하지 않으며, 모든 사람의 주장을 중요성에 대한 고려 없이 평등하게 취급해야 한다고 생각하지도 않는다. 남용될 여지가 있기는 하지만, 이것을 두고 불공정하다고 말할 수는 없을 듯싶다. 사람마다 도덕적 통찰의 수준이 다르고, 도덕적 책무와 역할의 수행에서도 부모와 자녀 혹은 스승과 학생이 다를 수밖에 없다. 이것을 두고 정의롭지 못하다고 말하는 것은 적절하지 않은 듯싶다.[28]

요약해 보자. 인간의 탁월성이 다른 사람에 대한 착취와 지배를 통해 성취된다는 생각은 덕 윤리에서 용납될 수 없다. 기독교적 덕 윤리에서 더욱 분명해진다. 다른 사람에 대한 지배를 통해 성취되는 '탁월성'은 위조된 탁월성일 뿐이다. 기독교적 관점에서 볼 때, 진정한 탁월성은 사랑으로 이웃에게 배려하는 데 있다. 또한 정의란 기여보다는 필요를 기준으로 삼는 것이어야 한다. 덕 윤리에 '귀족적' 요소가 내재되어 있다는 주장은 분배정의에 관한 논의에서 역할, 필요, 그리고 능력의 차이를 인정해야 한다는 취지로 해석되는 것이 좋겠다.

소종파주의

덕 윤리에 대한 비판 중에서, '소종파주의'라는 비판은 흔히 들려오는 반론이기는 해도, 구체적인 내용이 적시되어 있는 경우는 드물다.[29] 그 의미 역시 불분명하지만, 아마도 덕 윤리가 ① 사회적 책임을 멀리하고 퇴거한다는 뜻과, ② 역사적 혹은 인식론적 상대주의에 속한다는 비판일 듯싶다.[30] 덕 윤리를 소종파주의로 몰아세우는 것은 덕 윤리가 자신의 공동체 이외의 더 광범위한 사회에 대해 무관심하고 그곳으로부터 고립되어 있다거나 혹은 일종의 상대주의를 수용하여 공공의 영역으로부터 고립되는 성향이 있다는 취지일 듯싶다.

사회적 무책임성과 퇴거 '소종파'라는 비판에는 몇 가지 문제가 있다. 우선, 사회적 무책임성 혹은 퇴거라는 말을 사용하려면 덕 윤리가 지닌 내재적 사회성부터 검토해야 할 것이다. 앞에서 살펴본 것처럼, 덕목들은 그 자체로 고립된 방식으로 획득되는 것이 아니다. 우리는 덕목들의 의미를 배우고 다른 사람들을 관찰하고 그들과 더불어 살아감으로써 덕목들을 서서히 획득해간다. 더구나, 많은 덕목들은 사회적 연관성을 지니고 있다. 호의, 정의, 용기, 우정, 그리고 사랑과 같은 덕목들은 우리를 다른 사람들과 연관지어주며 다른 사람들의 복지를 추구하는 행위를 하도록 이끌어준다.[31] 덕 윤리는 사회적일 수밖에 없다. 덕 윤리를 사회적 무책임과 퇴거에 해당한다고 말하는 것은 옳지 않다.

물론, 이 비판은 덕 윤리가 지나치게 개인적이거나 사적인 것이라는 뜻보다는, 특정한 공동체 외부의 일들에 대해 너무 관심이 적거나 문화 및 사회에 관한 관심이 너무 적다는 점을 지적하려는 취지에서 나온 것일 수 있다. 이는 도덕적 성장의 시작과 전개가 언어, 습관, 성향, 기술 등 우리에게 필요한 것들을 공급해주는 공동체에 의존한다는 덕 윤리의 관점을 빗대어 놓고 제기하는 비판일 수 있다. 이 경우, 공동체에는 많은 신념과 관행들에 대한 동의가 필요하며 일정한 제한성이 나타난다고 볼 수 있다.[32] 공동체를 이러한 관점에서 설명하게 되면, 더 큰 사회에 대한 관심과 참여를 위한 여지가 거의 없는 것처럼 보일 수 있다.

덕 윤리가 자신이 속한 공동체 외부의 사회들에 대해 무관심하다는 점을 말해주는 것처럼 들릴 수 있다는 뜻이다. 역사에서 낯선 자들, 특히 여성, 어린이, 가난한 자, 다른 인종과 민족에 속하는 사람들을 배제시키면, 결과적으로 윤리이론에서도 이들을 배제하게 될 것이다. 하지만, 덕 윤리는 이러한 관점을 지니고 있지 않다. 오히려 덕 윤리는 더 큰 사회에 대한 관심과 참여가 본래적으로 불가능한 것이라고 말하지 않는다.

이 문제는 공동체가 다양한 가치들을 어떤 방식으로 이해하고 있는가에 달려있다. 호의는 누구에게 베풀어야 하는 것인가? 공동체 외부의 사람들에게 베풀어야 하는가, 혹은 공동체 안에서만 적용해야 하는 것인가? 정의의 기준은 무엇인가? 공로인가, 필요인가, 혹은 다른 기준을 따라야 하는가? 이러한 질문들은 대부분의 덕목들에 적용될 수 있으며, 어떻게 답을 하느냐에 따라 덕 윤리로 하여금 더 큰 사회에 대한 관심을 어느 정도나 수용할 것인지 결정될 것이다. 덕 윤리의 기본개념과 틀은 더 큰 사회에 대한 관심 및 헌신과 양립 가능하지만, 그 양립의 범위는 공동체들의 특정한 덕목들에 대한 이해정도에 따라 달라진다. 덕목들에 대한 이해정도에 따라 공동체는 더 큰 공동체의 어느 부분까지 참여할 것인지 결정할 수 있을 것이다.

여기서 유의할 것이 있다. 덕 윤리를 향한 이러한 질문이 양자택일에 해당하지 않는다는 점이다. 개인이나 공동체가 더 큰 사회에 관심을 보이고 참여하든지 혹은 무관심과 퇴거의 태도를 취하든지 결정해야만 하는 것은 아니다.[33] 개인이나 공동체는 덕스러운 삶에 대한 이해에 부합하지 않는 더 큰 문화에의 참여를 거부할 수 있다. 이러한 거부가 더 큰 사회를 전적으로 거부하는 것이라고 할 수도 없다.

행위와 제도들 중 어떤 것은 덕목들과 어울리지 않는 것도 있게 마련이다. 이것을 두고 더 큰 사회에 대한 거부라고 말하는 것은 옳지 않다. 사실, 더 큰 사회가 특정 공동체의 덕목들을 폐지할 권한을 가진 것은 아니다. 이러한 사실을 인정하는 것은 적절한 헌신에 대한 확신의 한 부분이 될 수 있다. 제도와 행위가 공동체의 덕목들과 어울리지 않는다고 말하는 것은 결국 더 큰 사회에 대한 공동체의 분별과 선택적 참여를 대변해주는 것이라 할 수 있다. 어떤 덕을 추구하는 공동체인가에 따라 '적절함'과 '선택적'인 것의 내용이 달라질 듯싶다.[34] 문제는 이것이 과연 분별적이면서도 확장적일 수 있는 것인가 하는 점이다.

특히 기독교적 덕 윤리에 이러한 요소를 대입시키면, 더 분명해질 듯싶다. 덕스러운 삶에 대한 공동체적 이해를 벗어난 행위들에 대해 얼마나 깊이 관여해야 하고 혹은 얼마나 배격해야 하는지를 결정짓는 중요한 기준을 얻을 수 있다. 기독교 공동체는 무비판적 참여에도 기울어지지 않고 전적인 무관심에 함몰되지도 않는 결정을 내리게 될 것이다. 물론, 어느 정도나 관여할 것인가의 문제는 특정한 기독교공동체의 몫이며 그 공동체의 사회적, 문화적, 정치적 여건에 달렸다. 전적인 무관심을 배격해야 하는 이유는, 복음이 사랑 안에서 원수까지도 포함하는 이웃에 대한 관심을 강조한다는 데 있다. 무비판적 참여 역시 배격되어야 한다. 복음이 현세에 편만한 문화와 어울리지 않는 경우도 있으며, 문화를 변혁의 대상으로 인식하고 있기 때문이다.[35] 요컨대, 덕 윤리, 특히 기독교 덕 윤리가 더 큰 사회와 문화에 무관심하거나 거부하는 성향이 있다는 주장에는 마땅한 근거가 없다. 하지만 참여의 문제는 선택적이면서도 분별에 따른 것일 수 있다.

상대주의   덕 윤리를 상대주의라고 몰아세우기에는 어색한 측면이 있다. 정직, 신실함, 실천적 지혜와 같은 덕목들을 제시해주는 윤리를 강한 의미의 상대주의에 속한다고 말하는 것은 옳지 않다. 덕목들 자체가 정직한 것, 신실한 것, 그리고 합리적인 것과 연관되어 있기 때문이다. 다시 말해, 정직하고 합리적이며 신실한 삶을 권장하는 윤리를 상대주의로 몰아가는 것은 어불성설이다.

물론, 이러한 '어색한' 비판에 강점이 있는 것도 사실이다. 덕 윤리가 일종의 인식론적 상대주의를 기반으로 삼고 있기 때문이다. 목적론적 덕 윤리는 인간의 선 혹은 텔로스를 규정해주는 요인들을 다루고 있으며, 현재의 상태에서 장차 이루어질 목적의 성취에 이르는 과정(2장을 참고할 것)에 주목하고 있다. 기본구조는 상대주의에 기초를 두고 있다. 예를 들어, 인간의 현재 상태가 텔로스에 아직 도달하지 못했다는 인식 자체가 일종의 평가능력에 따라 달라지기 때문이다. 인간의 진정한 본성을 파악할 능력, 그리고 인간의 본성과 인간의 현재 상태 사이의 간격을 평가할 능력은 차이가 있게 마련이다.

텔로스란 무엇이며 어떻게 파악될 수 있는가에 대해 논의할 필요가 있기는 하다. 텔로스를 파악하지 못한 경우, 텔로스를 발견할 수 있도록 돕거나 혹은 방해하는 만남, 기술, 혹은 학습의 방식을 놓고도 찬반논변을 벌일 수 있다. 만일, 덕 윤리가 모두에게 획일적인 체계성을 지니고 있다면, 인간의 선 혹은 텔로스가 누구에게는 발견되고 누구에게는 발견되지 못하는 것인가에 대한 논의 자체가 무의미해질 뿐 아니라, 인간의 현재 상태를 텔로스에 따라 평가하는 일 자체도 의미가 없을 것이다. 목적론적 덕 윤리는 그 어떤 류의 상대주의와 결부된다고 해도, 여전히 삶의 지침을 제시할 능력을 지니고 있다. 덕 윤리가 상대주의와 전혀 무관하다면, 덕 윤리의 기본구조 자체가 성립될 수 없었을 것이다.[36]

이러한 뜻에서, 덕 윤리를 상대주의라고 몰아세우는 자들이 말하고자 했던 것을 제대로 읽어낼 필요가 있다. 그들의 의도는 덕 윤리가 세상이란 완전하게 파악될 수 없는 것으로 간주하고 있으며, 다른 관점을 지닌 자들과의 대화를 중요시 하지 않는 윤리라고 단정지으려는 것이 아니었다.[37] 말하자면, 덕 윤리에 대해 사소한 문제를 제기했던 셈이다. 이것을 큰 문젯거리로 확대해석해버리면, 문제는 달라진다. 덕 윤리가 공동의 인식을 위한 공동체를 필요로 한다는 관점, 그리고 바른 도덕 판단을 내리는 과정에서 덕을 갖춘 사람이 덕을 결여한 사람보다 더 올바른 판단에 이를 것이라는 관점을 무턱대고 뒤섞는 것은 옳지 않다. 덕 윤리에 대해 상대주의의 혐의를 두는 것은 덕 윤리학자들 사이에 널리 수용되고 있는 생각을 오해한 탓도 있다. 또한 덕 윤리의 관점 즉 도덕적 확신이란 공동체의 확신으로서, 그들의 역사, 언어, 관행, 그리고 신념을 반영한 것이라는 생각을 상대주의로 곡해하여 받아들인 것이 문제라 하겠다.[38]

덕 윤리에 대한 비판은 바로 이러한 관점들을 특정 공동체의 신념이

다른 공동체의 신념과는 다르다고 말하는 부분과 결합시킨 데서 기인한 것이라 할 수 있다. 앞서 우리는 덕 윤리가 지닌 '귀족적' 특성에 대해 살펴보았다. 특정한 시대의 특정한 사람들은 다양한 덕목들을 더 완전하게 구현할 것이며 상황에 대한 통찰에서 다른 사람들보다 더 깊은 생각을 지닌다는 점이 그것이다. 만일, 이러한 '귀족적' 추정이 두 가지 요소, 역사적 특수성과 공동체의 중요성을 곧이곧대로 결합시키면, 마치 덕 윤리가 이방인들을 덕에 대한 바른 판단에 필요한 교육을 받지 못한 자들이라고 간주하거나 혹은 그 이유로 그들을 배제시키는 것처럼 보일 수 있다. (공동체 밖에 있는)자들은 적절한 훈련, 언어, 그리고 관행을 통해 적실성 있는 덕목들을 심어주어야 할 대상으로도 간주하지 않았다는 주장이 되는 셈이다. 이렇게 되면, 덕 윤리는 그 자체로 고립된 것처럼 보일 수 있으며, 이론적 의미는 아니어도 실천적 의미의 상대주의를 독려하는 것처럼 비춰질 수 있다.

하지만, 이것은 덕 윤리에 대한 일종의 상상일 뿐이다. 실제로는 꼭 그런 것만도 아니며 유사한 측면조차도 없다. 다른 사람들에게 조언듣기를 싫어하거나 혹은 듣지 못하는 마음상태라면 타당한 태도라 할 수 없을 것이다. 비록 덕 윤리가 우리를 다른 사람들로부터 고립시킬 수 있기는 해도, 덕 윤리는 다른 공동체, 전통, 그리고 관점들에 대한 개방성을 아주 분명하게 인정한다. 공동인식을 위한 공동체의 필요성은 이러한 개방성에 제한요소가 될 수 있지만, 덕 윤리는 공통관심사를 두고 다른 사람들과의 대화가 가능하다는 점은 충분히 인정하고 있다.

예를 들어, 다양한 덕목, 삶의 본성과 내용 등에 관한 토론에 다양한 공동체들이 참여할 수 있다. 더구나, 신실함과 용기와 같은 개념이 결여된 공동체와 문화란 상상조차 할 수 없다. 물론 각각의 개념은 그 내용상 차이가 있을 수 있지만, 그 개념들 자체는 가장(완벽의 의미는 아닌) 바람직한 공동체의 기능과 유지를 위한 필요조건이다. 대부분의(모든 공동체라는 뜻은 아닌) 공동체에는 중요한 접점 및 잠재적 공통관심사가 있는 셈이다.[39]

마찬가지로, 어떤 공동체가 인간의 텔로스에 대한 완전하고도 종합적인 이해를 지니지 못했다면, 인간의 선에 대한 통찰을 지닌 다른 공동체와의 접촉 및 소통이 필요하다. 인간의 선을 더 잘 이해하고자 하는 욕구야말로 다른 공동체와의 대화를 독려하는 강력한 장려책이라 하겠다.

하지만, 각각의 공동체의 진보를 위해 무엇을 반드시 교정해야 하는지, 혹은 공동체 구성원들에게서 어떤 신념을 폐지시켜야 하는지를 다른 누군가가 결정해줄 수는 없다. 상대주의라고 몰아세우는 일을 피해가기 위해서는 한 공동체가 다른 공동체와 신념에 대해 완전히 폐쇄적인 것은 아니라는 점을 보여줄 필요가 있다. 나아가, 다른 공동체에 대해 부분적으로 개방되어 있어야 덕 윤리에 대한 이해를 개선시켜줄 수 있다.

요약해보자. 목적론적 덕 윤리의 가정, 구조, 그리고 정합성은 일정한 의미에서 역사적이고 인식론적 상대주의를 띠고 있는 것 같다. 하지만, 덕 윤리는 실천적 상대주의라는 비판을 피할 수 있을 만한, 개방성이라는 요소를 지니고 있다.

다른 윤리이론들

덕 윤리의 기독교적 수용을 반대하는 사람들이 제시하는 이유 중 하나는, 덕 윤리보다 다른 윤리이론이 기독교의 도덕적 조망을 더 잘 반영해준다는 것이다. 이러한 주장은 덕 윤리 이외의 여러 기독교윤리학의 관점들에 명백하게 혹은 암시적으로 담겨있다. 사실, 특정한 유형의 기독교윤리에 발을 디디어 놓은 사람이라면, 으레 그 윤리가 기본적인 기독교적 확

신을 위한 윤리적 설명들이 있을 것으로 생각하기도 하고 그렇게 주장하기 마련이다.[40]

다른 윤리이론이 기본적인 기독교적 관심과 도덕적 사유를 더 잘 반영해 줄 것이라는 선입견 자체를 제거할 수는 없다. 사실, 필자로서는 서양윤리의 모든 유형을 익히 알고 있는 상태가 아니기 때문에, 또한 필자가 알고 있는 서양 이외의 윤리적 사유들에 비추어 볼 때, 덕 윤리가 그리스도인들에게 가장 유용한 것이라고 잘라 말하기 어렵다. 네오-아리스토텔레스적 덕 윤리가 현대서양윤리학의 다른 주요 윤리보다 기독교사상에 적합하며 더 유용하다는 점은 분명하다.

4장과 5장에서 조직신학 및 신약성경에서 도출한 기독교의 도덕적 추론에 담긴 풍요로운 비전을 일부 살펴보았다. 이를 통해 기독교의 도덕적 추론이 인격적 성장과 변화에 대한 관심을 가지며, 개인과 공동체 모두에 초점을 맞추고 있으며, 서로의 도덕적 여정에서 중요한 역할을 하고, 규칙과 계명 모두에 관심을 가지며, 그리스도의 삶과 교훈을 기초로 삼고 '분별'과 '평가'의 기술에 의존하며, 서로 간의 용서와 하나님의 은혜를 요청한다는 점을 살펴보았다. 또한 이러한 관심들과 덕 윤리 사이에 수많은 잠재적 연계성 및 유사성이 있다는 점을 다루었다.

덕 윤리 이외의 다른 주요 윤리이론들이 이러한 다양한 관심과 추론 양식을 가지고 있을지에 대해서는 확신할 수 없다. 규칙 혹은 의무에 집중하는 윤리의 경우, 몇 가지 난점이 있다. 바울이 규칙에 그다지 자주 호소하지 않았다는 점, 또한 바울이 분별과 평가를 강조하고 있다는 점, 또한 그가 인생을 경주에 비유했던 점 등에서 말이다. 마찬가지로, 결과론적 윤리는 마태복음이 율법을 존중하면서도 그리스도의 삶과 교훈에 주목했던 점에서 곤혹스러운 측면이 있다.[41] 말하자면, 의무론이건 혹은 결과론이건 간에, 덕목, 분별, 역할모델, 그리고 개인의 도덕적 성장 등과 같은 요소들에 대한 기독교적 관심 및 그 중요성을 강조하는 특성을 제대로 담아내지 못하고 있는 셈이다.

분명, 대부분의 윤리이론에는 규칙, 의무, 결과, 공동체, 그리고 덕목들과 같은 다양한 요소들이 포함된다. '순수' 이론적 윤리는 거의 없다. 하지만, 구체적인 실행단계에서, 대부분의 '혼합된' 이론들은 한 가지 혹은 두 가지 관점을 기초로 다양한 요소들을 동화시키곤 한다.[42] 이들에게, 덕이란 누군가의 의무감을 불러일으키는 요소나 의지 혹은 적절한 목적을 결정짓는 능력 및 그 목적을 위한 수단쯤으로 인식되곤 한다.[43] 또한 공동체에 대한 관심은 우리가 마땅히 의무를 실천해야 할 대상에 대한 관심 혹은 최대의 웰빙 혹은 행복을 추구해야만 한다는 생각으로 환원되곤 한다. 네오-아리스토텔레스주의 덕 윤리 혹은 기독교 성경과 신학에 비견되는 경우, 대부분의 윤리는 덕, 공동체, 그리고 인격적 성장과 같은 개념들에 대해 얄팍한 설명만을 제공할 수 있을 뿐이다.[44]

이와 관련하여 또 다른 문제가 남아있다. 현대윤리학이 고차원의 체계화를 추구하고 있으며 성문법 수준의 일반화를 추구하고 있다는 점이다. 형식적 요소들 및 기하학 같은 명료성을 추구하는 윤리학을 추구하는 것은 계몽주의가 남긴 유산이다. 시즈윅(Henry Sidgwick), 칸트(I. Kant), 무어(G. E. Moore), 헤어(R. M. Hare)와 같은 윤리학자이든, 혹은 롤즈(John Rawls)이건 간에, 그들이 추구하는 윤리학의 목적은 불편부당, 보편성, 체계성, 그리고 연역적 계산가능성에 있다.[45] 이들은 기독교가 제시하는 여러 관심들과 추론양식들을 어설픈 것이라고 치부해버리고 만다.

계몽주의 이후 윤리학의 대부분에 깔려있는 비전은 성경과 신학이 성찰하는 다층적 관심들 및 추론과 어울리지 않는다. 대부분의 윤리는 고차원의 일반화, 체계화, 그리고 수학적 엄밀성을 지닐 수 있다는 생각으로 가득 차 있다. 이는 성경과 신학이 제안하는 윤리에 나타난 구체적이고 세밀하고도 복합적이며 '주관적인'(특히 분별 혹은 사려깊음) 특성들과 동일한 계열에 속한다고 볼 수 없다.

다양한 형태의 '상황' 혹은 '맥락'의 윤리를 제시한다고 해서 이 문제가 해소되는 것은 아니다. 이러한 윤리는 환원주의적 성향을 지니고 있기 때문이다. 아가페에 대한 응답 혹은 하나님의 역사하심에 대한 응답과 같은 윤리적 원칙을 구체적인 상황에 적용하려는 윤리이론들의 경우가 여기에 해당한다.[46] 이러한 윤리에서는 규범과 지침을 중요하게 여기지 않으며, 개인의 성향 혹은 능력의 함양, 인간의 선에 대한 비전 등등에 관심이 없다. 상황윤리나 맥락윤리는 계몽주의적 윤리들처럼 도덕의 다층적 측면들을 심각하게 고려하지 않는 우를 범하고 있다.[47]

요컨대, 대부분의 윤리는 기독교적 확신과 기독교의 도덕적 추론이 지닌 풍요로운 다양성과 복합성을 표현하기에 적합하지 못하다. 또한 대부분의 윤리는 다양한 윤리적 요소들을 하나 혹은 둘 정도의 관념에 흡수시켜 버린 탓에 덕, 공동체, 인격적 성장, 그리고 인간의 선에 대해서는 얄팍한 설명 밖에 줄 수 없게 되어버렸다. 더구나, 계몽주의 이후 윤리학의 대부분이 전제하고 있는 것은 성경과 신학이 제기하는 복합적이고도 다면적인 비전에 대해 호의적이지 않다. 이는 앞서 4장과 5장에서 살펴본 덕 윤리와 기독교적 확신 사이의 수많은 병행구조 및 연계와는 크게 대조된다.

다른 윤리들이 덕 윤리에 대해 유익한 비판을 제공해주리라는 것 자체를 부정하는 것이 아니다. 아무 변경도 없이 기독교의 관점을 담아낼 덕 윤리는 없다. 인간의 선에 대한 비전은 항상 변경되어 왔으며 각각의 상이한 기독교 전통들은 덕스러운 삶에 대해 약간씩 다른 설명을 줄 수 있다.[48] 기독교적 덕 윤리가 해방신학, 여성윤리로부터 배울 것이 있다는 점, 또한 생명윤리의 발전 및 다른 실천적이고 지성적인 설명들의 전개를 따라 배워야 할 것이 있음을 부정할 필요는 없다.[49] 덕 윤리에 대한 비판들은 인간의 선에 대한 비전을 향상시켜줄 것이기 때문이다.

덕 윤리가 보여주는 확장적이고 다채로운 도덕적 비전에 대한 관점을 강조하지 않는 학자들에게도 이러한 비판은 기꺼이 수용될 수 있다. 예를 들어, 요더(John H. Yoder)의 저서는 덕 윤리 및 내러티브 윤리에 관심을 가진 학자들이 자주 사용하는 책이다.[50] 하지만 요더의 저서는 덕의 획득 혹은 개인의 성장 및 성화에 대해 말해주는 것이 거의 없다. 요더가 말하는 공동체, 평화주의, 그리고 교회와 국가의 관계에 대한 논의는 그 자체로 유용하기는 하지만, 요더(혹은 해방신학 혹은 여성주의 윤리)가 덕 윤리를 대체할 만한 확장된 형태의 도덕적 비전을 제공해주리라는 기대를 가지는 것은 옳지 않다.

덕 윤리 이외의 윤리에 대해 필자가 품는 의구심에는 과연 덕 윤리와 가족유사성을 지닌 비판 및 이론이 가능할 것인가 하는 점도 포함된다. 쿠란(Charles E. Curran)의 '합리성-책임성 모델'은 덕 윤리와 유사성을 지니고 있으며 많은 것을 공유하고 있기는 하다.[51] 하지만, 그의 관점에는 한계가 있다. 예를 들어, 쿠란의 관점은 도덕의 근거를 철저하게 책임의 관계성에서 찾고 있기 때문에 목적론적 비전을 결여하고 있다. 특히 성화, 기독론, 바울의 경주자 이미지, 마태복음의 그리스도의 규범 등에서 제시하는 요소들을 반영할 수 없다. 합리성-책임성 모델은 인간이란 그리스도를 닮아가는 목적을 향한 여정에 올라 있는 존재라는 사실을 설명해줄 수 없다. 합리성-책임성 모델보다 더 심층적인 비전을 제공해주는 측면이 있다고 하더라도, 이러한 모델로서는 궁극적으로 신학적이고 성경적인 관심들이 지닌 풍요로움을 표현해내기 어렵다.

요약해 보자. 덕 윤리 이외의 대부분의 윤리들은 기독교적 관심과 그 도덕적 추론의 범위들을 완전하게 표현하기에는 부족하다. 덕 윤리가 참고해야 할 이론 혹은 덕 윤리와 유사성을 지닌 이론이라 할지라도 여전히 한계가 있다. 그 이론들은 성경과 신학이 제안하는 도덕적 비전의 다양한 측면들을 표현하지 않거나 혹은 표현할 수 없다.[52]

덕 윤리 이외에 기독교의 기본적인 도덕적 조망을 더 잘 설명해줄 수 있는 윤리가 있을 것이라는 생각을 하지 않는 것은 아니다. 하지만, 신학과 성경에 무수하고도 다양하게 연계되고 유사성을 지닌 요소들이 네오-아리스토텔레스주의 덕 윤리에 담겨 있으며, 이것이 현대서양윤리학의 다른 유형들보다 더 기독교사상에 적합할 것이다.[53]

분명히, 여기에서 다룬 것 이외의 비판들이 기독교 덕 윤리를 향하여 제기될 수 있을 것이다. 몇 가지 비판들을 살펴보았을 뿐이다. 덕 윤리, 특히 명백하게 기독교적으로 수용된 덕 윤리는 이웃을 배려하는 윤리로서, 자기중심적 혹은 나르시스적인 것일 수 없다. 또한 자기완성적 특성은 성경이 말하는 특정한 종류의 인간이 되라는 부르심에 응답하는 과정에서 필수적인 측면일 수 있다.

우리는 또한 덕 윤리가 사회정의와 양립가능하다는 점도 살펴보았다. 진정한 탁월함이란 사랑으로 이웃에게 다가서는 것이며 착취를 통해 획득될 수 있는 것이 아니기 때문이다. 덕 윤리를 찬성하는 것을 더 큰 세상으로부터의 퇴거 혹은 무관심으로 몰아세워서도 안 된다. 오히려 덕 윤리는 자신이 속한 공동체를 넘어 확장적 참여를 독려해 준다. 이러한 참여는 선택적이고도 분별에 따른 것이지만, 그것이 더 넓은 사회와 문화에 대한 참여의 거부를 뜻하는 것은 아니다.

상대주의 논란에 관하여, 우리는 덕 윤리가 역사적이고 인식론적인 상대주의를 전제하고 있으며 덕목 및 인간의 선에 관하여 다른 사람들과의 대화 가능성을 열어두고 있음을 살펴보았다. 다른 윤리가 덕 윤리보다 더 기독교의 도덕적 조망을 잘 반영할 수 있을 것이라는 반론에 대해서는 다른 윤리들이 성경과 신학에 드러난 확신 및 도덕적 추론의 다양성과 복합성을 표현해주기에는 어색함이 있음을 살펴보았다.

　비록 모든 비판을 만족시킬 수 있는 것은 아니겠지만, 덕 윤리가 기독교를 향해 지니고 있는 장점들에 관한 더 심층적인 설명과 논변을 위한 문을 열어주었다는 점에 큰 의의가 있다.

1   필자의 관점은 덕 윤리가 기독교윤리에 적합하고도 유용하다는 것이다. 이 부분의 토론은 그 특성상 좀 더 신학적이거나 성경적인 것들에 관한 반론으로 제한하고자 한다. 좀 더 철학적인 논변들은 2장에서 인용했던 학자들의 몫으로 남겨두고자 한다.

2   Wolfgang Schrage, *The Ethics of the New Testament*, trans. David E. Green (Philadelphia: Fortress Press, 1988), p. 79.

3   Eduard Lohse, *Theological Ethics of the New Testament*, trans. M. Eugene Boring (Minneapolis: Foress Press, 1991), pp. 215-16.

4   Oliver O'Donovan, *Resurrection and Moral Order: An Outline for Evangelical Ethics* (Grand Rapids: Wm. B. Eerdmans, 1986), pp. 211-25; Gilbert C. Meilaender, *The Theory and Practice of Virtue* (Notre Dame: University of Notre Dame Press, 1984), pp. 36-40; David Solomon, "Internal Objections to Virtue Ethics," in *Midwest Studies in Philosophy XIII Ethical Theory: Character and virtue*, ed. Peter A. French, Theodore E. Uehling, Jr., and Howard Pp. 434-35. 이하의 인용문에서는 *Midwest Studies XIII*로 표기하기로 한다.

5   이러한 주장이 지닌 종말론적 특성은 세대의 끝이라는 뜻으로만 읽어서는 안 된다. 복음서는 하나님의 나라가 장차 완성될 것이라고 말하지만, 현재에도 영향을 준다고 말한다. 예수께서는 사35:5-6, 61:1-2의 메시아 예언이 자신에게서 실현되었다고 선언하신다(마11:2-6, 눅4:21). 예수께서 하나님의 영으로 마귀를 쫓아내신 것을 보면, '하나님의 나라는 너희 안에'(마12:28) 있는 것이다. 하나님의 나라는 '밭에 감추인 보화와 같으며, 이를 위해 자신이 가진 모든 소유를 다 팔아 그 밭을 사는 것'(마13:44-46)이요, 지금 여기에서 구해야 할 그 무엇(마6:33)과도 같다. 또한 예수께서는 삭개오에게 '오늘 구원이 이 집에 임했다'(눅19:9)고 말씀하셨다. 이러한 예들은 복음서가 하나님의 나라를 미래의 것일 뿐 아니라 '너희 안에 있는 것'(눅17:21)으로 선언하고 있음을 보여준다. 다음 자료들을 참고하라. George Eldon Ladd, *A Theology of the New Testament* (Grand Rapids: Wm. B. Eerdmans,1974), pp. 65-77, Allen Verhey, *The Great Reversal: Ethics and the New Testament* (Grand Rapids: Wm. B. Eerdmans,1984), pp. 16, 18, 22.

6   5장을 참고하라. 우리로 하여금 특정한 종류의 사람이 되라고 부르신 것은 맞지만, 신약은 이와 관련된 성품과 태도에 대해 구체적으로 설명해주지 않는다. 몇 가지 단서들을 제공할 뿐이다(예: 기도, 예수를 모범으로 삼을 것, 제자됨의 역할, 기독교공동체 안에서의 배려와 책임 등). 하지만 어떤 성품을 함양해야 하는지를 포괄적으로 반영하고 있지는 않다. 이를 위해서는 성경 이외의 요소들을 참고할 필요가 있을 듯싶다.

7   이것이 지나친 것처럼 보인다면, 목회활동이 얼마나 교구민들에 대한 자기준거를 따라 이루어지는 것인지 생각해 보기 바란다. 기도, 상담, 그리고 설교를 통해 우리는 교구민들로 하여금 자신들의 행동이 성경에서 권하는 종류의 사람이 되는 데 도움이 되거나 혹은 장애가 되는지를 검증하도록 독려한다. 이것이야말로 덕 윤리가 요구하는 자기준거의 유형이다.

8   Hendrikus Berkhof, *Christian Faith: An Introduction to the Study of the Faith*, Revised ed. trans. Sierd Woudstra (Grand Rapids: Wm. B. Eerdmans, 1986), pp.

189-90; James Wm. McClendon, Jr. *Systematic Theology: Ethics* (Nashville: Abingdon Press, 1986), pp. 62-67, 78-109.

9 Solomon. "Internal Objections," pp. 434-35.

10 Thomas W. Ogletree, *The Use of the Bible in Christian Ethics* (Philadelphia: Fortress Press1983), p. 32.

11 Ibid., p. 33; cf. Sarah Conly, "Flourishing and the Failure of the Ethics of Virtue," in *Midwest Studies XIII*, pp. 92-93.

12 Alasdair MacIntyre, *After Virtue*, 2nd ed. (Notre Dame: University of Notre Dame Press, 1984), pp. 174, 220, 258, *Whose Justice? Which Rationality?* (Notre Dame: University of Notre Dame Press, 1988), pp. 104, 111, 203.

13 Cardinal Joseph Bernardin, "Why Virtues Are Basic to the Common Good," *Origins* 23 (October 21, 1993): 337-41; G. Simon Harak, *Virtuous Passions: The Formation of Christian Character* (New York: Paulist Press, 1993), pp. 37-40; Daniel Mark Nelson, *The Priority of Prudence: Virtue and Natural Law in Thomas Aquinas and the Implications for Modern Ethics* (University Park: The Pennsylvania State University Press, 1992), p. 83; Nancy Sherman, *The Fabric of Character: Aristotle's Theory of Virtue* (Oxford: Clarendon Press, 1989), pp. 25, 109-11, 132-33.

14 오글리트리에 따르면, 정의의 문제와 씨름하는 것은 '철학적 분석보다는 대중적 의미의 완성주의에 더 가깝다.' (Bible in Christian Ethics, p. 45 각주30번)

15 MacIntyre, *After Virtue*, p. 258.

16 MacIntryre, *After Virtue*, p. 251. pp. 192, 202, *Whose Justice?*, pp. 104-7, 119.

17 시72:2; 82; 146:5-10; 사1:17; 말5:28; 마25:31-46, 눅1:47-55; 7: 21-30.

18 *The Anchor Bible Dictionary*, 1992 ed., s.v. "Just, Justice," III1127-29; *The Eerdmans Bible Dictionary*, 1987 ed,. s.v. "Just, Justice," 613-14; *Harper's Bible Dictionary*, 198 ed., s.v "Justice," *the Rest of Us Have Claims to Equality* (New York: Oxford University Press, 1986), pp. 23-39; Perry B. Yoder, *Shalom: The Bible's Word for Salvation, Justice, and Peace* (Newton: Faith and Life Press,1987), pp. 28-38. Donald E. Gowan, "Wealth and Poverty in the Old Testament: The Case of the Widow, the Orphan, and the Sojourner," *Interpretation* 41 (October 1987): 341-53.

19 MacIntrye, *After Virtue*, p. 251.

20 Ibid

21 Robert B. Kruschwitz and Robert C. Robert C. Roberts, eds., *The Virtues: Contemporary Essays on Moral Character* (Belomont: Wadsworth, 1987), p. 194.

22 MacIntryre, *After Virtue*, pp. 244, 250-51, *Whose Justice?*, pp. 122-23.

23 MacIntryre, *Whose Justice?*, p. 112.

24 MacIntryre, *After Virtue*, p. 251.

25 성경적 정의관은 덕 윤리와 양립가능하다. 탐욕(pleonexia)의 악덕에 대해서도 좋은

설명법이 될 수 있을 듯싶다. 맥킨타이어에 따르면, 'pleonexia'는 정의에 상반되는 악덕이며 '더 많은 것을 얻기 위해 행위하는, 획득욕'으로 이해하는 것이 가장 좋은 방법이다.(*Whose Justice?* p. 111) 'Pleonexia'는 단지 더 많이 획득하려는 목적에서만 획득하려는 행위에 관계된 경향성을 뜻한다. 맥킨타이어가 이러한 획득욕이 근현대사회에서 경제적 덕목으로 간주되고 있다고 지적했던 것은 매우 적절해보인다.(*ibid.*, p. 112, *After Virtue*, p. 254) 성경적 관점 역시 이것을 덕이 아니라, 악덕으로 간주했던 아리스토텔레스의 관점과 일치한다. 사실, 성경의 관점은 아리스토텔레스보다 더 강하다고 볼 수 있다. 성경은 획득욕 혹은 탐욕을 정의에 반대되는 악덕이자 우상숭배의 하나로 말하고 있기 때문이다. 예를 들어 다음 성구들을 참고하라. 시10:2-3, 잠1:19, 막10:21-25, 눅12:15-21, 16:13-15,19-25, 19:8-9, 롬15:26-27, 엡5:3,5, 골3:5, 약2:2-7.

26 맥킨타이어의 아퀴나스 해석은 아리스토텔레스 해석에서도 유용한 설명법이 된다. 각자에게 각자의 몫을 주어야 한다고 말하는 것은 같지만, 맥킨타이어는 아퀴나스가 각자의 몫이라는 개념 안에 인간에게 공통된 것의 소유 및 필요라는 기준에 의해 제한되는 소유권을 포함시킨 것으로 해석한다. *Whose Justice?* p. 199.

27 MacIntyre, *Whose Justice?*, pp. 105-6.

28 정의에 대한 바른 이해는 각자의 역할, 필요, 그리고 능력이 상이하다는 점을 인정한다. 이것을 인정하지 않으면, 정의는 부모가 모든 자녀를 동등하게 대할 때 드러나는 것 같은 특성을 요구하게 될 것이다. 하지만 좋은 부모라면, 자녀들을 대할 때 우선순위와 선호도가 적용된다는 점을 인정할 수 있을 것이다. 또한 자녀들 각자의 독특한 인성, 성품, 결점, 그리고 적성에 따라 대하는 것이 옳다. 부모는 모든 자녀를 정확하게 동등하게 대할 수 없으며 이러한 차이들을 본래적으로 불공정한 것이 아님을 인정한다면, 정의의 개념에는 다양한 역할, 필요, 능력을 위한 여지가 포함되어야 할 것이다.

29 이 문제를 좀 더 심층적이면서도 다른 각도에서 다룬 글로, 다음 자료를 참고하라. Joseph J. Kotva, Jr., "Christian Vietue Ethics and the 'Sectarian Temptation'", *Heythrop Journal* 35(January 1994) pp35-52.

30 James Gustafson, "The Sectarian Temptation: Reflections on Theology, the Church, and the University," *Proceedings of Catholic Theological Society* 40(1985): 83-94; Scott Holland, "The Problems and Prospects of a 'Sectarian Ethic's: A Critique of the Hauerwas Reading of the Jesus Story," *The Conrad Grebel Review* 10(Spring1992): 162-67; David Hollenbach, *Justice, Peace, and Human Rights: American Catholic Social Ethics in a Pluralistic World* (New York: Crossroad, 1988), p. 79; Wilson D. Miscamble, *Narrative and Morality: A Theological Inquiry* (University Park: The Pennsylvania State University Press, 1987), pp. 122-39. O'Donovan, *Resurrection and Moral Order*, pp. 221-22; Gilbert C. Meilaender, *Faith and Faithfulness: Basic Themes in Christian Ethics* (Notre Dame: University of Notre Dame Press, 1991), p. 11. 소종파적 경향에 대한 비판이 덕 윤리 전반에 관한 것일지 혹은 덕 윤리의 특정한 요소에 관한 것일지는 불분명하다. 더구나, 이러한 논변은 과연 어떤 개념, 사상, 그리고 이론들이 문제가 되는지를 말하지 못할 정도의 격양된 논조로 진행되고 있다. 이 논변은 무척이나 격양된 감정을 드러낸 것으로서, 특정한 도덕 혹은 기독교적 개념들

의 장점과 단점에 대한 논변을 마치 인격체들 사이의 충돌의 문제인 것처럼 다루고 있다. 이 논변에 대해 필자는 소종파적 경향성에 대한 비판이 주로 덕 윤리 전반에 관한 것이며 특히 퇴거와 상대주의에 초점을 맞춘 것이라고 본다.

31 MacIntyre, *After Virtue*, pp. 156, 223, 229, 244-55; Gilbert C. Meilaender, *Friendship: A Study in Theological Ethics* (Notre Dame: University Press, 1981); Martha C. Nussbaum, *The Fragility of Goodness: Luck and Ethics in Greek Tragedy and Philosophy* (New York: Cambiridge University Press, 1986), pp. 350-52, 362-66.

32 Alasdair MacInyre, *Three Rival Versions of Moral Enquiry: Encyclopaedia, Genealogy, and Tradition* (Notre Dame: University of Notre Dame Press), pp. 17, 69-64; Gilbert Meilaender, "Virtue in Contemporary Religious Thought," in Virtue-Public and Private, ed. Richard John Neuhaus (Grand Rapids: Wm. B. Eerdmans, 1986), pp. 18, 29.

33 Stanley M. Hauerwas, *Chritian Existence Today,: Essays on Church, World and Living in Between* (Durham: The Labyrinth Press, 1988), pp. 11, 15-16, 84, 113-22, 183-85, "Will the Real Sectarian Stand Up?" *Theology Today* 44 (April 1987):87; Meilaender, *Faith and Faithfulness*, pp. x, 9, 12, 20, 32-33, 116,133-38, 146-50.

34 덕 윤리에서 볼 때, 덕을 추구하는 공동체는 단순히 '다수' 혹은 '더 큰 사회'(즉 소속된 공동체 외부의)가 '적절한 헌신'을 결정짓도록 방임하지 않을 것이다. 공동체 외부에 있는 사람들이 덕스럽지 않은 사람들이라면, 그들로 하여금 '적절한 헌신'을 결정짓게 하는 것은 매우 중요한 이 결정을 지혜롭게 판단할 수 있는 기술, 성향 및 특성이 결여된 사람에게 내어 맡겨두는 것과 다름이 없다.

35 기독교적 확신과 지배적인 문화 사이의 긴장관계는 니버(H. R. Niebuhr)의 '비소종파주의자'(nonsectarians)라고 이해될 수 있을 것이다. 기독교적 관심과 더 큰 사회의 관행 및 신념 사이의 불일치와 긴장은 '그리스도를 통한 사회적 변혁'이라는 니버적 주제 전체에 … 해당할 것이다.' Charles Scriven, *The Transformation of Culture: Christian Social Ethics after H. Richard Niebuhr* (Scottdate: Herald Press, 1988) p. 60.

36 L. Gregory Jones, *Transformed Judgment: Toward a Trinitarian Account of the Moral Life* (Notre Dame: University of Notre Dame Press, 1990), p. 39; MacIntyre, *Three Rival Versions*, pp. 9, 200.

37 상대주의라는 반박을 이렇게 해석하는 것은 필자의 글, "Christian Virtue Ethics and the 'Sectarian Temptation'"을 읽은 익명의 독자가 보내온 내용이다.

38 MacIntyre, *Whose Justice?*, pp. 1-11, 388-403; Stanley Hauerwas, with Richard Bondi and David Burrell, *Truthfulness and Tragedy: Further Investigations into Christian Ethics* (Notre Dame Press, 1977), pp. 9-10l; Stanley Hauerwas, *The Peaceable Kingdom: A Primer in Christian Ethics* (Notre Dame: University of Notre Dame Press, 1983), pp. 1, 35, 59-62, 69.

39 MacIntyre, *After Virtue*, pp. 191-93. *Three Rival Versions*, pp. 5, 58-126, 170-205, 225-36, *Whose Justice?* pp. 326-88. Lee H. Yearley, "Recent Work on Virtue." *Religious Studies Review* 16 (January 1990), pp. 2-3. 하우어워스는 아리스토텔레스

와 아퀴나스가 '용기'의 덕을 서로 매우 다르게 이해했다고 본다. "The Difference of Virtue and the Difference it Makes: Courage Exemplified," *Modern Theology* 9 (July 1993) pp. 249-64. 이것은 우리에게 용기와 신실함과 같은 덕목들조차도 보편적인 직설적 의미로 해석될 수 없음을 일깨워준다. 개인과 공동체마다 그 의미가 달라질 수 있으며, 용기와 신실함이 서로 양립할 수 없는 경우도 있을 수 있다. 하지만, 하우어워스가 아퀴나스와 아리스토텔레스를 비교할 수 있었던 것은 양자 모두가 '용기'의 개념을 인식할 수 있었다는 점에 기인한다. 양자 사이의 차이점에도 불구하고, 충분한 가족유사성, 유비적 유사성 혹은 공동관심이 드러나 있다. 사실, 이러한 가족유사성의 문제가 다음의 책의 주제가 되고 있다. Lee H. Yearley, *Mencius and Aquinas: Theories of Virtue and Conceptions of Courage* (Albany: State University of New York Press, 1990)

40   분명한 예 하나로, 퀸(Philip L. Quinn)에 따르면, 기독교윤리는 '근본적으로 덕 윤리가 아니라 의무의 윤리이다.' 다음 글을 참고하라. "Is Athens Revived Jerusalem Denied?" *Asbury Theological Journal* 45(1) p. 50.

41   결과 혹은 '비례성'에 초점을 맞추는 윤리 또한 신약성경이 결과의 계산이라는 실제적인 결함에 직면하고 만다. 필요 혹은 결과계산의 유용성을 부정하지 않지만, 신약성경의 풍요로운 윤리적 자원에서 이러한 계산을 누락하고 있다는 것은 결과에 초점을 맞춘 기독교윤리의 충분성에 의문을 제기해준다. 다음 글을 참고하라. Ogletree, *Bible in Christian Ethics*, pp. 204-5.

42   Ogletree, *ibid.*, 31; William Spohn, "The Return of Virtue Ethics," *Theological Studies* 53 (March 1992): 64-65; Trianosky, "What Is Virtue Ethics all About?" *American Philosophical Quarterly* 27 (October 1990): 340.

43   프랑케나의 경우, 의무가 덕의 기능과 유사한 것처럼 보인다. '덕목들의 기능은 … 우리에게 무엇을 해야 할지를 말해주는 것이 아니라, 우리가 직면하는 상황이 어떠한 것이든 간에 그 일을 해야만 한다는 것을 보증해주는 것이다.' (Ethics, 2nd ed. [Englewood Cliffs: Prentice-Hall, 1973], p. 67, pp. 62-70). 비치(Robert M. Veatch)도 덕목을 '바른 행위를 하기 위한 도구적 중요성만을 가진 것'이라고 생각한다. "The Danger of Virtue," *Journal of Medicine and Philosophy* 13 [November 1988]: 445. "Against Virtue-A Deontological Critique of Virtue Theory in Medical Ethics" in *Virtue and Medicine: Explorations in the Character of Medicine*, ed. Earl E. Shelp [Dordrecht: D. Reidel, 1985], pp. 329-45). MacIntryre, *After Virtue*, pp. 232-33; Walter Schaller, "Are Virtues No More Than Dispositions to Obey Moral Rules?" *Philosophia* (July 1990): 1905-207.

44   '비례주의' 논쟁은 도덕을 통약가능성 혹은 비례성의 문제로 환원시키고 결단, 행위, 행적에 초점을 맞춘다. 덕목들, 도덕적 성장, 공동체적 상호의존성, 그리고 규칙의 훈육적 기능 등에 관한 질문들은 거의 관심을 기울이지 않는다. 이러한 한계를 지닌 관점은 부분적으로 크나우어(Peter Knauer)의 주장, 즉 통약가능한 이성이 '모든 도덕판단을 위한 기준을 제공한다'는 관점에서 볼 수 있다. 다음 글을 참고하라. "The Hermeneutic Function of the Principle of Double Effect," *Readings in Moral Theology No. 1: Moral Norms and Catholic Tradition*, ed., Charles E. Curran and Richard A. McCormick (New York: Paulist Press, 1979) p. 2.

45   Stanley G. Clarke and Evan Simpso, eds., *Anti-Theory in Ethics and Moral Conservatism* (Albany: State University of New York Press, 1989); Albert R. Jonsen and Stephen Toulmin, *The Abuse of Casuistry: A History of Moral Reasoning* (Berkeley: University of California Press, 1988), pp. 278-303.

46   *The Westminister Dictionary of Christian Ethics*, 1986, "Situation Ethics," by James F. Childress.

47   Nelson, *Priority of Prudence*, p. 139.

48   이 책의 2장과 3장을 참고하라.

49   이러한 비판과 이론들은 덕 윤리에서 배워야 할 것이 있다. 예를 들어, 퍼트남(Daniel Putnam)은 '덕 윤리는 배려 및 관계 윤리에 대한 토론 배후에 있는 가정 중 일부를 분류해내는 데 도움을 줄 수 있다'고 주장한다. 다음 자료를 참고하라. "Relational Ethics and Virtue Theory" *Metaphilosophy* 22(3) p. 231. 필자가 보기에, 대체적으로는 퍼트남의 주장이 옳다. '배려와 동정에 대한 분석이 (덕) 윤리 재론의 일부분에 속하기 때문이다.' (*ibid.*, p. 238)

50   예를 들어, 요더의 저서는 하우어워스의 책, *The Peaceable Kingdom*과 맥클랜돈의 *Ethics*의 색인에서 반복적으로 확인할 수 있다.

51   *Directions in Fundamental Moral Theology* (Notre Dame: University of Notre Dame Press, 1985), pp. 12-14, 21-23, 63-97, 188-94, 226-35. H. Richard Niebuhr, *The Responsible Self: An Essay in Christian Moral Philosophy* (New York: Harper and Row, 1963) 필자는 니버가 그의 책을 시작만 해놓고 사망했기 때문에, 쿠란의 책을 예로 들었다.

52   덕 윤리 이외의 윤리는 비록 유용한 것이라 해도, 기독교적 도덕의 비전 전체를 담아 내지 못한다고 말할 때, 필자가 생각하고 있는 것은 '종합적인 보완'을 염두에 두고 있는 것은 아니다. 다음 글을 참고하라. Edward L. Long, Jr., *Survey of Christian Ethics* (New York: Oxford University Press, 1967), p. 312, Ogletree, *The Bible in Christian Ethics*, p. 45 각주31. '종합적 보완'은 윤리적 성찰의 다양한 요소들이 서로 독립적이라는 생각을 담고 있다. 마치 덕에 기초한 추론은 단순히 규칙, 의무, 그리고 결과에 대한 평가와 같은 다른 요소에 병행되는 혹은 부가적인 것이 될 필요가 있다고 말하는 것과 같다. 이러한 접근이 간과한 것이 있다. 덕에 기초한 추론을 모든 의미있는 정도에서 수용할 경우, 규칙이나 의무와 같은 것들은 독립적인 것으로 간주될 수 없다는 사실을 놓치고 있다. 그 대신, 규칙, 의무, 결과 등등의 것들은 그 기능과 이해가능성을 특정한 맥락으로부터 도출해내는 것이라는 사실을 깨달아야 한다. 즉 인간의 텔로스에 대한 비전에 의해 방향을 지시받은 공동체 안에서의 성품의 형성이 그것이다. 다시 말해, 우리는 이들 다른 종류의 접근법에 덕을 간단하게 추가하기만 하면 되는 것이 아니다. 덕의 중요성을 인식함에 있어서, 우리는 근본적으로 이들 다른 요소들이 이해되는 방식을 변경시키기 때문이다. 다음 자료들을 참고하라. Stenphen E. Fowl and L. Gregory Jones, *Reading in Communion: Scriptura and Ethics in the Christian Life* (Grand Rapids: Wm. B. Eerdmans, 1991), pp. 9-12, 24-25. 이와 유사 하면서도 그 정도는 심하지 않은 문제들이 이른바 '다층적 관점'에서도 나타난다. 다 음 글을 참고하라. David Clowney, "Virtues, Rules, and the Foundations of Ethics"

Philosophia (July 1990), pp,49-68. 특히 p. 66.

53   대조되는 관점으로, 다음 글을 참고하라. Tom L. Beauchamp, "What's So Special about the Virtues," Shelp, Virtue and Medicine, pp. 307-27. 특히 p. 323. 뷰참은 덕의 전통이 윤리이론에 추가적으로 도움을 준 것은 아무것도 없다고 주장한다. 덕 윤리 이외의 경쟁적 윤리이론들과 대등하게 다루어질 만큼의 새로운 것을 더해주지 못했다는 관점이다.

최근, 덕과 성품의 문제가 재론되고 있으며 그 현상은 무시하지 못할 정도로 크게 나타나고 있다. 덕의 회복에 대한 관심은 이 문제를 면밀하게 성찰하고 있는 철학자들에게 서도 볼 수 있고 서점가의 베스트셀러 목록에서도 확인할 수 있을 만큼, 여러 분야에서 광범위하게 나타나고 있다. 실제로, '덕'에의 복귀 문제가 《뉴스위크》의 표지로 등장하기도 했다. 비교적 최근의 시점인 1980년대 초반, 덕 윤리는 영미철학자들과 신학자들의 주제였다. 변화가 생긴 것은 분명하다. 덕 윤리에 관한 출판이 급속한 증가 추세에 있으며 전문 학술지에도 덕 윤리에 관한 글들이 많아지고 있다. 그중에 단지 윤리의 최신 유행과 경향에 휩쓸리는 것도 있기는 하다. 학문의 영역에서 '덕' 윤리가 수적으로는 소수이지만 의미 있는 위치를 점하고 있다는 것만은 확실해 보인다. 과연, 덕 윤리란 무엇인가? 그리고 덕 윤리가 이렇게도 새로운 관심의 대상이 되는 이유는 무엇일까? 제2절에서는 그리스도인들이 수용할 네오-아리스토텔레스주의 덕 윤리의 기본요소의 구조를 개괄하고자 한다. 일반적으로, 덕 윤리가 윤리적 성찰의 핵심을 전환시켰다는 점은 분명한 것 같다. 18세기 이후의 윤리는 일반적으로 규칙, 원칙, 선의 개념분석, 그리고 도덕적 난제를 해결할 각각의 결단에 초점을 맞추어왔다. 그 결과, 현대윤리학은 규칙, 원칙, 그리고 특정한 행위가 도덕적으로 어떤 의의를 지닌 것인지를 결정짓는 방식에 관심을 집중하고 있다. 이와는 반대로, 덕 윤리는 특정한 행위에 대한 분석보다는 행위자의 문제에 더 많은 관심을 기울인다. 덕 윤리는 윤리의 초점을 특정한 행위자에서부터 그 행위의 '배경'으로 옮겨놓았다. 이를테면, 성품, 인격, 공 동체의 전통, 그리고 인간의 탁월성을 드러내고 증진시키는 데 필요한 조건이 무엇인가에 관심을 가진다. 덕 윤리가 도덕의 초점을 전환시키고 있는 셈이다. '덕 윤리란 무 엇인가'를 설명하는 것보다 이러한 전환의 요점이 무엇인지를 보여주는 것이 훨씬 더 수월할 듯싶다. 여기에는 몇 가지 원인이 있으며, 다양한 주제가 반영되어 있다. 비록 개괄적인 설명이기는 하지만, 이를 통해 덕 윤리의 주제들 중에서 몇 가지라도 이해할 수 있다면, 덕 윤리가 보여줄 '새로운' 것이 무엇인지에 대해서 뿐만 아니라 기존의 접근법이 지닌 특징에 대해서도 파악할 수 있을 것으로 기대된다. 덕 윤리의 새로운 접근법 을 이해하기 위해 특별히 세 가지를 다루고자 한다. ① 현대사회가 도덕적 위기에 처해있다 는 사실을 인식하는 경향이 크다는 점. ② 역사성을 강조한다는 점. ③ 현대윤리학이 인간 의 도덕적 삶에 대해 바람직한 설명을 제시하지 못하고 있다는 점 등이다. 1. 위기의 사회 덕 윤리에로의 복귀 혹은 덕에 대한 관심을 촉발시킨 요인 중 하나는 대부분이 동의할 수 있을 정도로 현대사회가 도덕적 위기에 처해 있다는 사실이다. 많은 사람들이 현대 서구사 회가 도덕적 파산의 위기에 직면해 있으며 사회제도들이 인간에게 선한 성품을 함양시켜주 지 못했다고 말한다. 예를 들어, 《뉴스위크》에서는 미국성인의 76%가 '미국이 도덕적, 영적 쇠퇴기에 접어들었다'고 인식하는 것으로 나타났다. 이러한 도덕적 쇠퇴에 대한 인 식은 학부모 모임에서, 신문 논평에서, 라디오 방송에서, 그리고 주일학교 분반공부에서도 확인된다. 또한 학교에서 기도를 재개해야 하고 성품교육이 필요하며 범죄에 대한 처벌을 강화해야 하고 텔레비전의 폭력성을 규제해야 한다는 요구들도 나타나고 있다. 이러한 관 심과 논쟁들이 덕 윤리의 모습을 모두 다 보여줄 수 있는 것은 아니다. 하지만, 현대사회의 도덕적 쇠퇴에 대한 관심이 증대되고, 그것이 덕에 대한 희상 혹은 덕 윤리적 추론의 필요성을 강조하는 현상으로 이어지고 있다는 것은 고무적인 일이다. 예를 들어, 오늘 날 '전통적' 가정의 와해 및 텔레비전의 폭력성에 대한 연설들은 이러한 인식을 반영해준다. 가정문제에 대한 토론으로 어린이들이 부모의 세심한 지도와 적절한 역할모델 를 상실할 경우 건전하고 균형 있는 도덕적 행위자가 될 수 없음을 일깨워주고 있다. 또한, 텔레비전에 문제가 있다는 생각에는 사람들이 텔레비전의 영향을 모방하려는 경 향이 있다는 우려와 함께 텔레비전 속 영웅들이 폭력적이거나 심지어 사악한 경우들이 많다는 인식이 반영되어 있다. 가정과 텔레비전에 대한 이러한 관심들은 덕 윤리의 주제들과 병행을 이룬다. 아리스토텔레스의 덕 윤리에서는 덕스러운 성품이란 책을 통해 배울 수 있는 것도 아니며 손쉽게 습득할 수 있는 것도 아니라고 말한다. 덕스럽게 되는 것은 실천을 통해서, 그리고 다른 사람들과의 우정을 통해서이다. 우리는 가치 있는 덕행모델을 본받으며 덕스러운 가르침을 주는 자들과 친구들에게 귀를 기울이고 덕스러운 인물들에 관한 이야기를 들으며 덕스러운 행위들을 본받아 살아감으로써 덕을 배운다. 이처럼, 가정과 텔레비전 문제에 대한 관심은 덕 윤리와 직접적인 연관이 있다. 두 관심들 모두, 본받을만한 동료들과 역할모델이 되는 인물들이 덕스러운 성품의 계발에 결정적인 요소임을 인식하고 있다는 점에서 더욱 그렇다. 중요한 것은 현대 사회의 도덕적 빈곤에 관한 이러한 관심이 덕 윤리와 깊은 연관성을 가질 뿐 아니라 심지어 현대적 덕 윤리의 관심사와 맞닿아떨어진다는 점이다. 가정문제, 텔레비전 문제 그리고 교육문제의 쟁점들이 덕 윤리와 긴밀하게 연관되고 있는 셈이다. 따지고 보면, 덕 윤리는 이러한 문제들의 심각성을 인식시켜준다. 우리가 관심을 전환하여 개별 행 위들에 대한 관심으로부터 행위자와 맥락에 집중하게 되면, 덕스러운 동료 및 역할모델의 중요성을 새삼 깨닫게 될 것이며, 텔레비전의 폭력상에 영향을 받지 않는 경지에 이르게 될 것이다. 현대사회의 도덕적 파산의 위기에 대한 인식으로부터 덕 윤리에 대한 관심을 새롭게 가지게 된 것은 공적담론에 우연하게 돌출된 현상이 아니다. 신학자 들과 철학자들이 덕 윤리를 재론하는 데에는 현대사회의 도덕적 위기에 대한 인식이 작용하고 있다. 예를 들어 필립스(Derek Phillips)가 말한 것처럼, 현대사회는 과연 무엇 이 이상적인 것인가에 대해 '진술'해왔고 '각자의 느낌에 충실'해왔지만, 하지만 이상적인 것에 대한 이러한 관점들을 사회가 용납해주지 않는다. 많은 사람들이 '진 술'해지는 것을 용납하지 못하고 지탱해줄 수 없는 탓에, 길들여지지 않은 개인적 주장들과 욕구가 문제라고 생각해 버리고 만다. 쇠락해가는 사회를 구해내고자 한다면, 도덕원칙들을 내면화시키고 다양한 덕목들을 함양해야 할 것이다. 다시 말해, 건전한 사회는 덕스러운 시민성에 달렸다. 이러한 시민성이 없다면 우리의 '삶은 점점 더 점 글로 변해갈 것이며 야만의 상태로 치닫게 될 것이다.' 맥킨타이어(Alasdair MacIntyre)는 현대사회의 도덕적 파산의 위기를 감지하고 자신의 책 '덕의 상실』(After Virtue) 에 그 문제의식을 담아냈다. 큰 영향력을 발휘하는 그의 관점들은 우리가 지금 다루는 문제, 즉 현대사회가 위기에 처해 있다는 인식에서 나온 것이었다. 특별히 도덕에 관 한 담론이 단순한 언어적 분석에 치우쳐졌다는 점, 그리고 과격적으로 인간을 타인에 대한 조작자에 불과한 존재로 간주하는 도덕개념에 고착되어버렸다는 것이 그의 문제 의식이었다. 현대사회의 도덕에 대한 맥킨타이어의 이러한 문제제기는 아리스토텔레스적 덕의 전통을 회복해야 한다는 주장으로 이어진다. 맥킨타이어는 덕 윤리가 현대 사회의 도덕적 무질서를 극복시켜줄 매력적인 대안이 될 수 있으리라 기대했다. 하지만, 왜 덕의 윤리이어야 하는가? 비록 현대의 도덕적 위기에 대한 맥킨타이어의 관점에 동의한다고 해도, 칸트의 관점이나 공리주의자의 관점이 아니라 덕의 윤리이어야 하는 이유는 무엇인가? 맥킨타이어는 현대사회의 도덕적 무질서가 현대윤리학의 실패 에 대한 강력한 증거가 된다고 보았다. 사실, 맥킨타이어는 현대윤리학이 도덕적 위기에 대한 처방으로는 실패작이라고 보았을 뿐 아니라, 현대윤리학이 추구한 내용들이 사회적이고 지적인 변화들과 뒤엉키어 오늘과 같은 문제를 야기한 것이라고 주장하기도 한다. 다른 말로 하자면, 현대윤리학은 해법이 아니라, 오히려 문제 거리가 되었다 고 보는 셈이다. 현대사회가 광범위한 위기에 처해있다는 인식은 덕 윤리에의 복귀를 독려해준다. 필립스의 경우에서처럼, 어떤 이들은 덕에 관한 사유를 통해 현대사회의 위기를 바로잡을 수 있으리라 생각한다. 그런가하면, 맥킨타이어와 같은 사람들은 현대사회의 위기들을 현대윤리학의 실패를 입증해주는 증거라고 생각하기도 한다. 두 경우 모두, 아리스토텔레스적 덕의 전통을 이러한 예견들로부터 도출된 가장 적절한 해법으로 제시하고 있다. 2. 역사의식의 발흥 덕 윤리에 대한 관심을 새롭게 해준 또 다른 요 소로 20세기 후반에 나타났던 느슨한 의미에서의 '역사의식'(historical consciousness)의 발흥을 들 수 있겠다. 도덕철학과 기록교훈에서 인간이 역사적 본성과 연관 성을 지닌다는 인식이 증대될 것이다. 인간이란 역사적 존재로서, 특정한 신념, 실천 및 소속과 연관된 특수한 역사적이고 문화적인 맥락 속에서 살아간다. 도덕적 지식까지 도 예외 없이, 모든 지식은 역사적으로 근거 지워져 있으며, 어떤 의미에서는 일정한 맥락에 지배를 받는 측면이 있다. 역사적 연관성에 대한 인식이 증대됨에 따라 일반적 인 덕 윤리이론은 적어도 두 가지 변화를 맞이하게 된다. ① 규칙의 역할과 지위를 제한하고, ② 행위자의 맥락에 더 많은 관심을 기울인다. 첫째, 역사적 연관성에 대한 관심

이 책을 통해 우리는 덕 윤리가 기독교적 확신 및 기독교의 도덕적 추론과 양립가능하며, 서구의 신학과 철학에 지배적인 다른 어떤 이론들보다 덕 윤리야말로 기독교적 확신을 가장 잘 표현해줄 수 있다는 점을 살펴보았다. 한 마디로, 이 책은 기독교 덕 윤리에 대한 성찰이라 하겠다.

우리는 덕 윤리가 신학 및 성경에 나타난 기독교적 확신과 양립가능하며 연관성이 충분하고 심지어 병행되는 요소들을 지니고 있음을 알 수 있었다. 성화의 교리는 덕 윤리에서처럼 도덕적 성장을 일생에 걸친 목적 지향적인 것으로 인식하고 있으며, 성품의 변화를 중요시하고 있다. 기독론 또한 성화에 대한 이해를 증진시켜 준다. 말하자면, 예수 그리스도의 삶과 그리스도의 삶의 방식에서 볼 수 있는 삶의 목표와 그 의미에 대한 단서를 제공해준다. 또한 기독론을 다루는 과정에서, 덕 윤리가 텔로스에 대해 말하는 것처럼 그리스도인의 텔로스는 예수 그리스도이시며 예수 그리스도의 모범적 인성에 초점을 맞추어야 한다는 사실도 알 수 있었다. 덕 윤리를 적용하면 예수 그리스도의 삶, 교훈, 죽으심과 부활하심이 우리의 진정한 본성과 목적이라는 사실을 깨달을 수 있으며, 덕 윤리에는 다른 윤리로서는 표현해낼 수 없는 예수 중심성을 분명하게 보여주는 장점이 있음을 살펴보았다.

신학적 인간학과 덕 윤리 사이에는 행위자로서의 인간개념과 공동체 개념이라는 유사성이 두드러진다. 덕 윤리와 신학적 인간학은 인간을 자아형성의 행위자로 인식하고 있으며, 인간이란 완전히 결정론적인 존재도 아니고 완전히 자유로운 존재도 아니라는 점을 보여준다. 또한 신학적 인간학과 덕 윤리에서는 공동체를 도덕적 삶의 본질적 요소로 인식하고 있다.

마태복음과 바울서신을 다루면서, 덕 윤리에서처럼 성향과 태도에 관심을 가지고 있다고 해석했다. 개인의 도덕적 변화가 공동체적 관계와 행위라는 맥락에서 인식되어야 함을 주장하는 것 역시 덕 윤리와 유사한 측면이라 하겠다. 또한 가치 있는 모범적 인물의 중요성을 인식하고 있었다는 점은 덕 윤리에서 인간의 도덕적 통찰이란 우리에게 발생하는 유사하거나 유비적인 상황들을 헤쳐 나아간 모범적 인물들의 대처방식을 수용함으로써 획득된다고 말하는 것과 일맥상통하는 대목이다.

덧붙여서, 마태복음이 완성주의를 추구하고 있으며 규칙과 율법을 사용한다는 점도 주목할 만하다. 마태복음의 완성주의는 덕 윤리의 텔로스 개념과 유사하다. 텔로스는 인간의 탁월함의 이상으로서, 우리로 하여금 인간의 선을 더 완전하게 구현하도록 독려해준다는 의미가 담겨 있는 셈이다. 마태복음이 규칙과 율법을 사용한 것 역시 덕 윤리에서 규칙과 법칙들을 다양한 모범적 기능으로 간주한 것과 잘 어울리는 대목이다.

또한 바울서신에 나타난 분별의 개념 및 '걷기'와 '경주'의 이미지도 살펴볼 수 있었다. 바울이 말하는 분별은 덕 윤리의 실천적 지혜 혹은 사려 깊음과 병행되는 부분이다. 더구나 바울이 규칙, 원칙, 혹은 도덕적 계산가능성을 거의 말하지 않았다는 점에서 바울의 윤리가 덕 윤리 이외의 다른 윤리와는 긴장관계에 있음을 알 수 있었다. 바울서신의 '걷기'와 '경주' 이미지는 덕 윤리에 나타난 도덕적 삶의 연속성과 성장에 대한 강조와 잘 어울린다. 이는 대부분의 현대윤리학이 개별적인 행위와 딜레마에 초점을 맞추고 있는 것과는 대조를 이룬다.

바울서신에 나타난 직설법-명령법의 관계 역시 덕 윤리와 유사한 요소이다. 직설법-명령법의 관계는 사람 됨됨이와 그의 행위, 즉 '존재'와 '행위' 사이의 연관성을 전제하는 덕 윤리와 밀접하게 연결되는 측면이 있다. 직설법-명령법은 인간이란 아직 완성되지 않은 존재로서, 장차 완성되어야 할 존재라는 점에서 도덕적 권면과 훈계가 필요하다는 점을 말해준다. 이는 덕 윤리의 삼중구도에서도 볼 수 있다. 덕 윤리와 바울서신에서 도덕적 교훈(계명, 권면, 금지를 포함한)들을 강조하는 것은 완성되지 못한 존재로부터 완성되어야 할 존재에 이르게 하는, 변화에 대한 관심을 반영한 것이라 할 수 있다.

이러한 유사성과 병행관계를 토대로, 덕 윤리의 기독교적 수용을 위해 보완되고 변경되어야 할 요소들이 있을 듯싶다. 대표적으로, 성화론과 바울서신이 하나님의 은혜를 강조한다는 점을 들 수 있겠다. '기독교'라는 수식어를 사용하기 위해서는 그 어떤 윤리라도, 하나님의 은혜에 의해 윤리적 성찰을 시작할 수 있으며 또한 하나님의 은혜가 지탱해주어야만 윤리적 성찰이 가능하다는 뜻에서 하나님 은혜에 대한 의존성 그 자체를 간과해서는 안 된다. 이러한 뜻에서, 덕 윤리는 개인의 종말론적 소망, 즉 '사후의 삶'에 대한 메시지에 어울릴 수 있도록 변경되어야 한다. 또한 마태복음에서 강조하는 용서의 가치, 그리고 기독론과 마태복음이 강조하는 예수 중심성이라는 요소에 어울릴 수 있도록 변경될 필요가 있다. 6장에서 말한 것처럼, 덕 윤리의 정의관 역시 수정이 필요하다. 성경적 정의는 공로가 아닌 필요에 초점을 맞추고 있기 때문이다.

이러한 요소들은 기독교가 덕 윤리를 어떤 관점에서 어떻게 변경하여 수용해야 할지를 보여준다. 그렇다고 해서, 기독교와 덕 윤리 사이에 본래적 긴장 혹은 반대관계가 전제되어 있다는 뜻은 아니다. 용서와 정의에 대한 성찰에서 볼 수 있듯이, 기독교와 덕 윤리는 반대관계에 있다기보다 공동체적 관심을 강조하는 덕 윤리와 적극적으로 연계될 수 있다. 성화론을 다룬 부분에서는 도덕적 성장 혹은 그것을 위한 인간의 적극적 노력의 필요성과 함께 하나님의 선행적 은혜의 중요성을 강조할 수 있었다. 개인의 종말을 다룬 부분에서, '죽음 이후의 삶'에 대한 소망을 통해 텔로스란 죽음이라는 계기로 종결되는 것이 아니라 무덤의 권세를 넘어서는 영역으로 이어진다는 사실을 깨달을 수 있었다. 기독론에서, 덕 윤리야말로 그리스도 중심성을 다른 윤리이론들보다 훨씬 더 잘 표현해줄 수 있는 구조라는 점을 확인할 수 있었다.

우리는 덕 윤리가 기독교적 확신과 병행한다는 점, 그리고 기독교적 수용의 여지가 충분하다는 점을 확인하는 데 그치지 않고, 기독교 덕 윤리에 대한 반론들까지 살펴봄으로써 논의를 보강했다. 사실, 덕 윤리가 기독교와 어울리지 않는 부분들이 있기는 하다. 덕 윤리는 기독교가 하나님의 은혜를 강조하는 점과 어울리지 않으며, 덕 윤리 자체가 자기중심적일 뿐 아니라, 분배정의의 문제에 적합하지 못하며, 심지어 '소종파주의', 즉 더 큰 사회로부터 퇴거를 조장하거나 일종의 상대주의에 흐르게 하는 측면이 있다는 비판들을 살펴보았다. 우리는 이러한 비판들이 덕 윤리에 대한 오해에서 나온 것임을 확인할 수 있었다.

이들 비판에 대해 ① 은혜는 인간의 노력과 도덕적 성장을 촉발시키지만 그 노력과 성장의 필요성을 무력화시키는 것은 아니라는 점, ② 덕 윤리는 배려적인 특성을 지니고 있어서 자기중심성을 지나치게 강조하는 데로 흐르지 않는다는 점, ③ 덕 윤리는 분배정의에 무관한 것이 아니라 인간의 탁월성에 대한 바른 이해가 있어야 분배정의를 바르게 다룰 수 있음을 강조하는 입장이라는 점, ④ 덕 윤리는 더 큰 사회로부터의 퇴거를 필연적으로 조장한다기보다 자신이 속한 공동체 이외의 사회에 대한 확장적 참여를 선택적으로 권장한다는 점, ⑤ 이론적 혹은 실천적 상대주의가 묻어나기는 해도 덕 윤리 자체의 내적 정합성에 문제가 될 정도는 아니라는 점 등을 응답으로 제시해 보았다.

덧붙여서, 이 책의 요점, 즉 덕 윤리야말로 기독교적 확신을 표현할 만한 더 나은 조건들을 가지고 있다는 주장에 대해서도 반론이 제기될 수 있을 듯싶다. (6장을 참고할 것)이와 관련하여 우리는 덕 윤리 이외의 윤리들이 기독교적 확신 및 기독교의 도덕추론이 지닌 다양성과 복합성을 보여주기에 적합하지 못하다는 점을 입증하고자 노력했다. 덕 윤리에는 기독교사상의 여러 측면들과 병행하고 연계되는 측면이 있지만, 덕 윤리 이외의 윤리들은 신학 및 성경에서 제안하는 도덕적 비전의 풍요로움을 보여주지 못한다는 내용이었다. 추가적으로, 기독론과 바울의 분별개념 및 도덕적 성장 개념을 놓고 볼 때 현대윤리학을 주도하고 있는 덕 윤리 이외의 윤리들보다, 덕 윤리야말로 기독교적 확신에 더 잘 들어맞는다는 점도 살펴보았다.

이 책의 요점은 크게 네 가지이다. 첫째, 덕 윤리는 기독교적 확신 및 기독교의 도덕추론과 여러 면에서 유사성을 지니고 있으며 병행하는 요소들을 지니고 있다. 그 유사성의 범위는 도덕적 성장에 관한 성화 개념의 적용 및 바울의 직설법-명령법 구조에 이르기까지 실로 광범위하다. 둘째, 분명한 병행성을 말할 수 없는 경우라 해도, 덕 윤리는 기독교적 확신을 위해 기꺼이 변경을 수용할 준비가 되어있음을 볼 수 있다. 예를 들어, 용서와 덕 윤리 사이는 긴장관계가 아니다. 게다가, 덕 윤리가 기독교적 확신 중에서 찾아내준 신학적 개념도 있다. 그리스도의 규범적 인성을 강조할 수 있게 해준 것이 대표적인 경우이다. 셋째, 기독교 덕 윤리를 반대하는 입장들은 공통적으로 성품함양에 대한 덕 윤리의 관점을 곡해하고 있다. 넷째, 덕 윤리 외의 윤리는 기독교적 확신에 적합하지 않다. 대부분의 현대윤리학이 예수의 규범적 인성과 바울의 '걷기' 및 '경주'의 이미지들은 다른 윤리에서는 거의 언급하지 않거나 혹은 배제시키고 있다는 점이 그 예가 되겠다. 비록 기독교적 확신 중에서 한 두 가지 정도는 수용할 수 있을지 몰라도, 성경과 신학이 제시하는 윤리적 내용을 덕 윤리만큼 광범위하게 표현해낼 윤리이론은 없을 듯싶다.

우리가 다룬 내용들이 타당하다면, 기독교 덕 윤리가 필요하다거나 혹은 기독교 덕 윤리가 여러 장점을 가지고 있다는 사실을 인정해야 할 것이다. 그렇다면, 왜 기독교 덕 윤리이어야 하는가? 가장 기본적인 이유는 기독교적 확신과 기독교의 도덕추론이 덕 윤리와 잘 어울리고, 덕 윤리를 통해 제대로 표현될 수 있다는 사실이다. 다른 윤리들로서는 기독교적 확신을 통전적으로 적절하게 표현해낼 수 없다는 사실 자체도 또 다른 동기가 된다. 더구나, 덕 윤리에 대한 반론들이 공통적으로 덕 윤리를 잘못 알고 있다는 점에서, 덕 윤리의 기독교적 수용을 가로막을 만한 요소는 없을 듯싶다. 요컨대, 덕 윤리가 기독교적 확신 및 기독교의 도덕추론을 통전적으로 풀어내주는 틀이 된다는 점에 기독교 덕 윤리의 필요성이 있는 셈이다.

덕 윤리가 주는 부가적인 혜택

이 책의 기본적인 주장들은 다 설명한 셈이다. 결론을 짓기 전에, 기독교가 덕 윤리를 통해 얻을 수 있는 몇 가지 부가적인 혜택에 대해 살펴보고자 한다. 이제까지 다룬 중심논제 주변을 둘러싸고 있는 몇 가지 제안들을 살펴보려는 것이다. 기독교가 덕 윤리를 통해 얻을 수 있는 혜택 혹은 장점에 대해, 덕 윤리를 통해 기독교의 도덕적 성찰이 어떤 면에서 풍요로워질 수 있을지에 대해 말하고 싶은 셈이다.

물론, 이 제안들은 제대로 정리된 것들이 아니다. 다만, 더 심층적인 논의를 위한 상상력 제고의 차원에서 나온 제안사항 쯤 될 듯싶다. 이 책이 제안하는 관점과 더불어 그 주변에서 찾을 수 있는 건설적인 논의의 가능성들을 알려주는 것이라 하겠다.

환원주의적 압력에 대처하게 해준다 덕 윤리의 수용은 기독교의 여러 관심사들과 추론에 나타나는 윤리적 단초들을 하나의 틀에 넣어 설명할 단초가 된다. 덕 윤리는 기독교윤리가 어느 한 가지 요소로 환원될 수 있는 것이라기보다 다층적이고 다면적인 요소들로 구성되어 있음을 일깨워 준다. 기독교윤리의 이러한 특성이야말로 여러 주제들을 다룰 수 있는 자원이 될 수 있을 것이다.

우리들 대부분은 기독교적 확신의 모든 것을 구현하지 못하고 있으며, 다만 몇 가지 강조점에 주목하고 있다. 솔직히, 기독교적 관점에 속하지 않는 많은 요소와 자원 및 이슈들이 있겠지만, 그것 모두를 아우르는 것조차도 어렵다. 그러한 탓에, 대부분의 사회적, 학술적 관점들에서 다층적이고 다면적인 요소들을 자신들만의 관점에서 취사선택하여 축소되고 제한된 도덕적 비전을 강조하려는 환원주의적 경향을 보이고 있다. 현대사회에서는 개인의 선택과 자율성이 강조되는 반면, 공동체적 상호의존성은 무시되고 있다. 또한 읽어야 할 책, 영화, 학교, 그리고 우정의 문제를 단지 개인의 선호도 문제로 환원시킴으로써, '세속적'인 관심들만을 반영하고 있으며 도덕적 성품의 함양에 관한 관점들을 무시해버리는 경향이 있다. 현대윤리학 서적들 대부분은 도덕적 계산가능성 혹은 딜레마와 난제들에 초점을 맞추지만, 성품함양, 역할모델, 인간의 선에 대한 비전 따위는 도무지 고려하지 않는 경향이 있다. 마찬가지로, 기독교의 이야기를 어떤 관점에서 읽느냐에 따라 이러한 도덕적 비전의 제한성을 심화시키는 결과를 낳을 수 있다. 예를 들어, 개인구원을 강조하는 그리스도인들은 공동체와 분배정의 문제를 소홀히 여기는 경향이 있다. 이와는 반대로, 정의를 강조하는 그리스도인들은 개인의 도덕적 성장의 문제를 간과하기도 한다.

다른 말로 하자면, 현대사회에는 도덕적 비전을 제한시키는 경향이 두드러지게 나타나고 있으며 그 압력은 결코 작지 않다. 기독교의 많은 관심사들을 통합시키는 바른 인식이 필요하다는 주장을 하고 싶은 셈이다. 기독교적 관심사 전체를 담아낼 수 있는 노력이 있어야 한다는 뜻이다. 덕 윤리야말로 그 적임자일 듯싶다.

덕 윤리의 기독교적 수용을 통해 기독교 덕 윤리를 전개하면 우리사회에 나타난 여러 환원주의적 압력을 상쇄시킬 수 있을 것이다. 방금 말했던 몇 가지 환원주의적 경향성에 대해 생각해보자. 덕 윤리는 개인과 공동체라는 두 요소를 강조한다는 점에서, 우리에게 중요한 자원이 될 수 있을 듯싶다. 기독교 덕 윤리에서는 공동체를 형식적으로 다루지 않는다. 덕 윤리는 개인을 이해함에 있어서 여러 사회적 관계들 속에 있는 존재로 보기 때문이다. 덕 윤리가 성품함양을 강조하는 것 역시 중요한 통찰이다. 덕 윤리는 개인의 도덕적 성장에 초점을 맞추고 있기 때문이다. 일상의 '세속적' 선택 각각에 대한 관심 역시 덕 윤리의 완성주의적 특성을 통해 더 풍요로워질 수 있을 것이다. 또한 6장에서 다룬 것처럼, 기독교 덕 윤리는 분배정의의 문제를 인간의 탁월성에 대한 기독교적 관점에서 성찰할 자원을 제공해 줄 수 있을 것이다.

요약하자면, 덕 윤리는 도덕에 대한 통전적이고 다면적인 설명을 제공함으로써 환원주의적 압력에 대항할 수 있게 할 것이다. 개인의 선택 혹은 도덕적 딜레마에 집중하는 현대윤리강의 경향성에 대한 중요한 대안이 될 수 있을 듯싶다. 윤리란 공동체의 상호의존성과 성품함양이라는 주제들과 연관되어야 한다는 사실을 일깨워줌으로써 일종의 균형을 맞춰주는 역할을 할 수 있을 것이다.

성경 및 신학 이외의 주제들을 설명할 수 있게 한다

덕 윤리가 지닌 더 큰 가능성은 기독교의 관행, 신학 및 성경에 포함되어 있기만 하거나 결여된 관심과 주제를 설명해 줄 수 있다는 점이다.

예를 들어, 우정의 도덕적 역할은 기독교윤리에서 거의 언급되지 않았으며 신학적, 성경적, 혹은 예전적 성찰에 대한 관심은 매우 드물다. 이와는 대조적으로, 덕 윤리학자들은 우정의 여러 유형에 담긴 도덕적 의의에 관심을 가진다. 사실, 우리가 '우정'이라는 이름으로 결속된 여러 관계들에 대해 토론하지 않은 채 성품함양에 요구되는 인간의 선과 능력의 공유에 대해 말하기 어렵다. 따라서 덕 윤리를 수용하게 되면, 이러한 관계의 중요성을 설명할 자원을 얻을 수 있는 셈이다. 나아가, 덕 윤리학자들로부터 내러티브, 행운, 기억, 사회적 역할 등등에 대한 통찰을 얻을 수 있을 것이다.[1]

말하자면, 덕 윤리는 기독교적 확신의 수용 및 적용 그 이상의 부가적인 장점을 지니고 있는 셈이다. 덕 윤리는 우리의 도덕적 성찰을 보완시키고 확장시켜 줄 것이며, 성경과 신학이 지닌 풍요롭고도 무제한의 도덕적 자원을 풀어낼 기반이 될 듯싶다. 덕 윤리가 우리의 도덕적 비전을 풍요롭게 해주며 확장시켜 줄 수 있으리라는 기대인 셈이다.

성경활용의 가능성을 확장시킨다

5장에서, 덕 윤리와 성경 사이의 연계와 병행관계에 대해 다루었지만, 성경의 역할에 대한 성찰은 미루어 둔 상태였다. 여기에서 이 사항을 간략하게 말하자면, 기독교가 덕 윤리를 수용할 경우 성경의 도덕적 역할과 의의를 더 다양하게 설명할 방법이 생기는 셈이다. 덕 윤리의 수용은 성경이 도덕에 지속적으로 작용하는 방식들을 더 잘 이해할 수 있도록 이끌어 줄 것이다.

몇 가지 예를 들어 보자. 성경에는 계명과 율법이 기록되어 있다. 덕 윤리에서는 계명에 대한 노예적인 종속을 말하지 않지만, 계명 자체를 무의미한 것이라고 거부하지 않는다. 덕 윤리에서 볼 때, 성경의 계명과 율법들은 신앙을 따라 살아간 조상들을 위한 도덕적 지침과 지혜의 축약판이라 할 수 있다. 율법은 공동체가 분별의 과정, 즉 과연 공동체의 현재 정황에 적절한 것인지 여부를 검증하는 기준으로 활용되었다. 덕 윤리는 사려 깊은 판단을 내릴 수 없는 경우, 즉 시간상으로 판단능력상 촉박한 순간에 규칙을 따르는 것이 좋다고 말한다. 기독교 덕 윤리 역시 성경의 율법을 인간의 텔로스를 위한 것으로 활용할 수 있을 것이다.

마찬가지로, 덕 윤리를 적용하면 성경은 인간의 선을 제시하는 역할을 수행한다. 출애굽 이야기, 예수께서 제자들과 이방인들과 더불어 교제하신 일, 예수께서 제시하신 비유들과 하나님 나라에 대한 계시적 이미지들이 인간의 선을 이해할 수 있도록 이끌어주는 자원이 되는 셈이다.

덕 윤리를 수용하면, 성경을 특정한 덕목들에 대한 설명에도 적용할 수 있다. 예를 들어(6장에서 본 것처럼), 성경적 정의관은 필요에 초점을 맞춘다. 이와 마찬가지로, 성경의 지침들은 겸손, 평화, 선의, 신실함, 용기를 비롯한 여러 덕목들을 설명할 자원이 될 것이다.

부가적으로, 덕 윤리는 성경의 예전적 역할과 그 도덕적 의의까지도 설명해 줄 수 있다. 예를 들어, 매주 정기적으로 예배에 참여하는 것은 도덕성 함양 및 성품형성에 큰 영향을 준다. 말하자면 성경이 성품함양을 위한 핵심요소라는 것을 깨닫게 해준다는 점에서, 성품형성에 대한 덕 윤리의 설명법은 큰 의의가 있다.

성경의 이러한 잠재적 활용가능성은 하나의 예일 뿐이다. 그 외에도 덕 윤리를 통해 설명할 수 있는 주제들은 얼마든지 있을 수 있다.[2] 특히 성경의 현재적이고 지속적인 도덕적 중요성을 설명할 탁월한 방식을 제공해준다는 점에서 그 의의는 결코 작지 않다. 덕 윤리를 통해, 성경이 심오한 도덕적 역할을 설명할 여러 방식들이 제공되는 셈이다.

요컨대, 덕 윤리는 도덕에 있어서 성경의 역할을 강조해주는 중요한 틀이 될 수 있다. 성경이 율법들에 축약적으로 도덕적 지침을 담고 있다는 점, 성경이 인간의 텔로스 인식에 중요한 역할을 한다는 점, 기독교적 덕목들을 이해하게 해준다는 점, 그리고 매주 정기적으로 성경을 읽는 것이 우리의 정체성과 성품의 형성에 영향을 준다는 점 등을 덕 윤리를 통해 효과적으로 주장할 수 있게 된 셈이다.

덕 윤리와 기독교적 확신: 상호유익의 관계

기독교가 덕 윤리로부터 얻을 수 있는 혜택들에 대한 설명이 '일방통행식' 관점으로 비춰지지 않았으면 좋겠다. 강조하고 싶은 것은, 기독교적 확신과 덕 윤리가 상호유익을 줄 수 있다는 점이다. 덕 윤리가 기독교적 성찰의 목소리를 효과적으로 드러내어 보여주고 그것을 확장시켜줄 수 있다면, 기독교적 확신 역시 덕 윤리를 교정시키고 보완하여 더욱 발전시켜 줄 수 있을 것이다.

예를 들어, 기독교가 하나님의 구원과 능력주시는 은혜를 강조하는 특징들은 덕 윤리에 내재한 위험들을 바로잡아 줄 수 있다. 덕 윤리가 지나치게 '자기 의'를 강조하거나 혹은 덕의 실천에서 지나치게 엄숙한 관점을 견지하고 심지어 덕을 실천할 수 없을 경우에 절망의 위험성이 나타날 수 있지만, 이는 기독교가 말하는 은혜 중심성을 통해 보완되고 교정될 수 있을 것이다. 덕 윤리는 우리에게 도덕적 성장을 요구한다. 은혜에 대한 인식이 없다면, 이러한 요구는 삶의 기쁨을 경직시키고 마침내 절망에 떨어뜨리는 강경한 추구에 흐르고 말 것이다. 은혜의 능력을 고려하지 않으면, 덕 윤리는 도덕적 진보를 이룬다 해도 아주 경미한 수준에서, 그것도 아주 드물게 성취하는 것에 대해 아쉬움을 가지기 쉽다. 혹은 도덕적으로 퇴보하거나 실패할 경우, 절망에 빠질 가능성도 크다.

이 문제에 대한 기독교의 답은 은혜와 용서이다. 우리는 홀로 버려진 존재가 아니다. 하나님께서 우리와 함께 하시며, 우리 앞에서 우리를 인도하시며 우리의 실수를 용서하시고 우리에게 능력을 공급해 주신다. 또한 하나님께서는 우리를 용서, 회복, 그리고 격려의 공동체에 불러주신다. 덕 윤리는 도덕적 진보만 강조하지만, 기독교신앙은 우리에게 그 어떤 진보도 그 자체가 하나님의 선물이며 때로 퇴보하게 되는 경우라도 하나님 은혜에 우리 자신을 내어맡길 수 있음을 일깨워준다.[3]

기독교적 확신은 또한 인간의 텔로스에 대한 덕 윤리의 관점을 보완시켜주기도 한다. 텔로스에 대한 철학적 설명은 지나치게 광범위해서 세부적인 도덕지침을 줄 수 없는 경우들이 많다. 예를 들어, 맥킨타이어는 『덕의 상실』에서, '인간을 위한 선은 인간을 위한 선한 삶을 추구하는 일에 시간을 투자하는 것이다. 덕을 추구해야 하는 이유는 그것이 우리로 하여금 인간을 위한 선 그 이상의 것이란 무엇이며 그 이외의 것이란 무엇인지를 이해할 수 있도록 해주기 때문'이라고 말했다.[4]

흥미로운 주장이기는 하지만, 과연 인간의 선을 위한 적절한 설명일지에 대해서는 확신이 서지 않는다. 덕 윤리의 삼중구도에 부분적으로 인간의 텔로스에 대한 결정론적 관점이 내재해 있는 것이 사실이다.[5]

때로 철학자들은 인간의 텔로스와 그 내용에 대해 침묵하곤 하지만, 기독교는 인간의 목적에 대한 더 완전한 관점을 제시할 자원들을 가지고 있다. 앞서 살펴본 것처럼, 기독론과 성경의 다양한 요소들이 이를 위한 좋은 자원이 될 수 있을 것이다. 인간론, 창조론, 그리고 계시론 역시 인간의 텔로스에 대한 설명을 심화시키고 세련되게 하는 풍요로운 근거가 될 것이다. 인간을 피조물로 보게 하는 관점, 인간이 창조된 목적과 역할에 대한 성찰, 그리고 궁극적 실재와 인간의 관계 등을 설명해 줄 수 있을 것이다. 이를 통해 인간의 선에 대한 풍요롭고 정교한 설명이 가능할 것으로 기대된다. 기독교 예전 및 그 전통 역시 인간의 목적을 설명해주는 풍요로운 원천이다. 기도, 고백, 성경봉독, 설교 등등은 인간이란 무엇이며 우리가 무엇을 향하여 나아가야 하는지 일깨워주며, 우리에게 큰 영향을 준다.

인간의 목적에 대한 단 하나의 '기독교적' 관점이 있다거나 혹은 기독교 인간이해에 관해서는 모든 그리스도인들이 동의한다는 식의 독단적인 발언을 하려는 것은 아니다. 기독교 전통들 중에는 인간의 선에 대한 설명에 약간씩 다른 관점이 드러나기도 한다. 맥킨타이어가 말한 것처럼, 텔로스에 대한 이해는 인생의 여정을 통해 변경되고 발전될 수 있다는 점을 유의할 필요가 있다.[6] 덧붙여서, 우리는 철학, 과학, 시, 그리고 여러 전통들로부터 통찰을 얻는 일을 게을리 해서는 안 될 것이다.

요점은 기독교가 인간의 선을 세련되게 설명하고 보완하며 심화시켜 줄 많은 자원을 지니고 있다는 것이다. 성경, 신학, 그리고 예전적 전통 등은 인간의 텔로스에 대한 덕 윤리의 관점에 깊이를 더해주며 실질적인 내용을 제공하고 더욱 정교하게 만들어 줄 것이다.

이러한 뜻에서, 기독교적 확신과 덕 윤리가 상호유익을 줄 수 있다. 이 책의 핵심은 덕 윤리가 기독교적 확신과 양립가능하며 기독교적 확신을 표현함에 있어서 주목할 만큼의 장점을 지니고 있다는 점이다. 덕 윤리는 다양한 부가적인 혜택을 줄 수 있다. 환원주의적 압력에 대항할 수 있게 하며, 성경 및 신학에 나타난 것 이외의 도덕적 성찰을 위한 여지를 제공해주며, 성경이 도덕에 중요한 역할을 한다는 사실을 더 잘 이해할 수 있도록 해준다.

하지만, 기독교적 확신에서 볼 때, 덕 윤리를 변경시키지 않은 그대로 수용할 수는 없다. 기독교적 확신이 덕 윤리를 교정하고 향상시키며 발전시켜 줄 것이다. 기독교 덕 윤리는 예수 중심성에 주목하며(4장과 5장), 용서를 강조하고(5장), 공로를 기준으로 삼기보다는 필요를 기준으로 삼는 정의관을 지니고 있다(6장). 덧붙여서, 은혜에 대한 기독교적 이해는 덕 윤리가 지나치게 자기 의를 추구하는 부분을 바로잡아 줄 것이며, 기독교적 확신과 예전을 비롯한 실천적 전통들은 인간의 텔로스 개념에 대한 덕 윤리의 관점을 더욱 풍요롭게 해 줄 수 있을 것이다.

덕 윤리는 기독교의 도덕적 성찰에 조언을 해주고 그 범위를 확장시켜 줄 것이다. 신학, 성경, 그리고 예전을 비롯한 실천적 전통이 덕 윤리를 바로잡아주며, 심화시키고 발전시켜 줄 것이다. 말하자면, 덕 윤리와 기독교가 조합을 이루면 상호유익을 줄 수 있을 것이다.

맺는 말

이 책을 집필하기 시작한 지 얼마 지나지 않아, 장로교 목사인 절친한 친구와 대화를 나눌 기회가 있었다. 그의 첫 반응은, '새로울 것도 없구만!' 하는 것이었다. 퉁명스럽고 가혹해 보이는 이 말에 힘이 빠져 버렸다. 조금 더 대화를 나눈 후, 친구의 말이 이 책의 의도를 공격하려는 것이 아니었음을 알게 되었다. 그의 말은 기독교윤리가 네오-아리스토텔레스주의 목적론적 덕 윤리와 분명한 유사성이 있음을 익히 알고 있었다는 것이었다.

그가 보기에, 기독교의 도덕은 특정한 공동체에 속하여 특정한 종류의 인간이 되어가는 여정에 비유할 수 있다. 그에게는 성품과 덕에 초점을 맞추면서 도덕적 딜레마들이란 단지 이차적이거나 부수적인 것에 지나지 않는다는 생각이 자리 잡고 있었던 셈이다. 또한 그는 도덕적 성장 및 변화의 필요성, 역할모델과 멘토의 중요성을 잘 인식하고 있었으며 규칙이란 유용하기는 해도 한계를 지니고 있음을 깨닫고 있었다.

그가 보기에, 기독교와 덕 윤리 사이의 양립 가능성과 연계성은 자명한 것이었다. 물론, 이것이 대부분의 사람들에게서 볼 수 있는 예는 아닐 것이다. 양립 가능성에 여전히 의구심을 품는 사람들이 많다. 강력한 유사성 혹은 연계성을 알아차리지 못하는 경우가 더 많다. 이 책은 양립 가능성과 연계성을 보다 분명하게 보여주기 위한 노력이었다. 솔직히, 기독교 덕 윤리가 필요하다고 단정적으로 결론을 내리고 싶다.

덕 윤리 이외의 윤리로는 기독교의 신학 및 성경이 제안하는 도덕적 비전의 풍요로움을 제대로 다룰 수 없다. 덕 윤리야말로 기독교적 확신과 기독교의 도덕적 추론에 탁월하게 잘 어울리는 윤리이다. 덕 윤리는 기독교의 윤리적 사유와 많은 부분에서 유사성과 병행성을 지닌다. 기독교적 확신을 표현해내기에 탁월하게 적합한 구조로 기꺼이 변경될 여지도 있다. 이제까지 말했던 것처럼, 덕 윤리는 다양한 방식으로 기독교의 윤리적 성찰을 확장시키고 풍요롭게 해 줄 것이다.

기독교에는 덕 윤리가 필요하다. 이 표현이 가장 적절할 듯싶다. 덕 윤리는 기독교적 확신, 기독교의 도덕적 추론, 그리고 도덕적 성찰에 탁월하게 잘 어울린다.

1   우정에 관한 자료들은 1장에 인용하였다. 행운과 내러티브에 대한 자료들은 2장과 4
    장에 주로 언급했다. 하우어워스는 기억과 상상에 관한 몇 가지 아주 흥미로운 제안
    을 해주었다. 예를 들어, 하우어워스의 다음 글을 참고하라. *Against the Nations: War
    and Survival in a Liberal Society* (New York: Winston Press, 1985), pp. 51-90; 다음
    자료들도 참고하라. Craig Dykstra, *Vision and Character: A Christian Educator's
    Alternative to Kohlberg* (New York: Paulist Press, 1981) pp. 63-88. 특정한 행위의
    역할에 대해서는 다음 자료를 참고하라. Alasdair MacIntyre, *After Virtue*, 2nd ed.
    (Notre Dame: University of Notre Dame Press, 1984), pp. 59, 128-29; James D.
    Wallace, "Ethics and the Craft Analogy." pp. 230-31, David B. Wong, "On
    Flourishing and Finding One's Identity in Community"(Notre Dame: University of
    Notre Dame Press, 1988), 이 글들은 Midwest Studies XIII에서 인용했다.

2   성경의 활용에 대해서는 다음 자료를 참고하라. Bruce C. Birch and Larry L.
    Rasmussen, *Bible and Ethics in the Christian Life*, revised and expanded edition
    (Minneapolis: Augsburg Fortress, 1989); Stanley Hauerwas, *A Community of
    Character: Toward a Constructive Christian Social Ethic* (Notre Dame: University of
    Notre Dame Press, 1981), pp. 53-71, Stephen E. Fowl and L. Gregory Jones,
    Reading in Communion: Scripture and Ethics in Christian Life (Grand Rapids: Wm.
    B. Eerdmans 1991); Joseph J. Kotva, Jr., "Scripture, Ethics, and the Local Church:
    Homosexulality as a Case Study" Contra Grebel Review 7 (Winter 1989) pp. 41-61,
    "Welcoming the Mentally Handicapped: A Cace Study in Christian Character,"
    Restoration Quarterly 34 (Fourth Quarter 1992): 223-37.

3   Hendrikus Berkhof, Christian Faith: An Introduction to the Study of the Faith,
    Revised ed., trans. Sierd Woudstra (Grand Rapids: Wm. B. Eerdmans, 1986), pp.
    477-78.

4   MacIntyre, *After Virtue*, p. 219.

5   Sarah Conly, "Flourishing and the Ethics of Virtue," *Midwest Studies* III, pp. 88-93.
    콘리가 덕 윤리를 거부하는 이유는 덕 윤리가 텔로스를 자의적이고 부수적인 것으로
    설명하거나 혹은 '너무 광범위해서 덕과 악덕에 대한 이론의 기초가 될 수 없다'는 것
    이었다.(p. 90) 이와 유사한 관점이 다음 자료들에도 나타난다. Robert M. Veatch,
    "Against Virtue-A Deontological Critique of Virtue Theory in Medical Ethics" *Virtue
    and Medicine: Explorations in the Character of Medicine*, ed. Earl E. Shelp
    (Dordrecht: D. Reidel, 1985), pp. 331-33, R. Jay Wallace, "Virtue, Reason, and
    Principle" *Canadian Journal of Philosiphy* 21 (December 1991), pp. 469-70.

6   MacIntyre, *After Virtue*, p. 219. 다음 자료도 참고하라. Stanley Hauerwas, "The
    Virtues of Happiness," *Asbury Theological Journal* 45(1): 21-24; Nancy Sherman,
    The Fabric of Character: Aristotle's Theory of Virtue (Oxford: Clarendon Press,
    1989), pp. 9-11, 43-44, 84-94.

역자 후기

코트바(Joseph J. Kotva, Jr.)의 책, *The Christian Case for Virtue Ethics*를 『덕 윤리의 신학적 기초』로 번역하여 출판한 배경에는 덕 윤리에 대한 역자 나름의 관심이 깃들어 있다. '교회됨이 절실한 때, 한국교회의 교회됨을 위해 그리스도인들이 해야 할 일은 과연 무엇일까?' 이 질문은 교회에 대한 안타까움을 '교회비판'으로 해소하려는 관심들이, 마침내 비난과 정죄와 심판으로 치닫고 마는 우리의 현실을 넘어설 대안모색의 마음을 대변해준다. 이 질문에 대한 하나의 대답이 될 듯싶은 마음에, 이 책에 손을 대기 시작한 셈이다. 덕 윤리('virtue ethics'를 옮긴 말로, '덕의 윤리'로 표현하기도 하지만, 역자로서는 '덕 윤리'라는 일관성을 지키고 싶었던)를 교회됨을 위한 대안으로 인식하게 해준(역자 나름으로는 그렇게 이해하고 있는) 하우어워스(Stanley Hauerwas)의 영향을 받은 것이기도 하다.

내용상으로, 코트바의 기본 관심은 대략 이런 질문들이 아니었을까 싶다. (역자 나름으로 해석해 보면,) '아리스토텔레스가 세례를 받는다면?', 아마도 그의 덕 윤리는 아마도 기독교 덕 윤리가 되었을 듯싶다. 윤리학의 역사에서 토마스 아퀴나스는 이 분야에서 가장 대표적인 예를 보여주었다. 그러한 뜻에서, 이 질문은 다시 변경될 수 있겠다. '토마스 아퀴나스가 현대의 덕 윤리 논변에 패널로 참여한다면?', 현대 기독교 덕 윤리는 더 심층적으로 발전할 수 있었을 듯싶다. 그렇다면, 왜, 기독교까지 덕 윤리에 관심을 가져야 하는 것일까? 코트바는 덕 윤리와 기독교 사이에 유사성이 많고 병행되는 구조를 지닌 측면도 많아서 덕 윤리와 기독교가 윈-윈할 수 있는 관계라는 점을 입증하고자 애를 썼다. 코트바 자신이 결론에서 말한 것처럼, 이러한 노력은 본질적으로 '기독교 덕 윤리'를 풀어낸 작업에 다름 아니다. 코트바의 논의는 네오-아리스토텔레스주의로 대변되는 덕 윤리의 윤곽을 소개하고 하우어워스를 비롯한 기독교 덕 윤리학자들의 관심에서 생략 혹은 결여된 기본적인 학술적 논의를 보완함으로써 현대 기독교 덕 윤리의 개념과 필요성을 풀어내는 방식으로 진행된 듯싶다.

역자로서는, 추가적인 질문을 제기하고 싶다. 토마스 아퀴나스의 프로테스탄트 버전이 필요한 것은 아닐까? 이를테면, 덕의 구현에서 자칫 '자기 의'를 드러내거나 공로주의에 흐를 위험은 없는 것일까? 이 문제를 의식한 듯, 코트바는 덕 윤리의 기독교적 수용의 문제를 염두에 두고 은혜, 예수 그리스도, 그리고 성경의 중요성을 강조하고 있기는 하다. 역자가 보기에, 가장 중요한 것 혹은 정작 관심을 가져야 할 것은 덕 윤리에 대한 학술적 기초 그 자체를 넘어, 과연 덕 윤리를 교회됨을 위한 대안으로 제안할 수 있을까 하는 문제일 듯싶다. 그리스도인으로 부르심을 받은 우리 모두가 교회를 통해 그리스도인다움을 함양해 나아갈 수 있다면 정말 좋겠다. 어쨌든, 앞으로의 논의를 위한 기초를 제공해 주었다는 점에서, 이 책을 토대로 삼아 한국의 기독교윤리학자들과 교회를 사랑하는 그리스도인들에게 더 깊고 더 유효한 논의들로 이어질 수 있기를 기대해 본다.

또 한 권의 부끄러운 번역서를 독자 여러분께, 염치도 없이 내놓게 되어 송구한 마음이다. 후안무치(厚顔無恥)의 전형적인 경우일 듯싶지만, 교회됨이 절실한 때에 한국교회의 교회됨을 위한 하나의 제안이자 대안으로 감히 이 책을 내놓았다는 점만큼은 너그러이 받아주실 독자여러분의 덕스러움을 간청해 본다. 이 책이 나오기까지, 변함없는 격려와 후원의 덕을 보여주신 곽요셉 목사님과 새세대 교회윤리연구소 후원교회들에게 깊이 감사드리며, 번역계약으로부터 출판에 이르는 모든 과정에 성실의 덕으로 함께해주신 북코리아 출판사 이찬규 사장께 진심으로 감사의 뜻을 전하고 싶다. 주께서 기뻐하실 일이 되었기를 소망하며…

2012년 여름 어느 날

찾아보기

266

ㅎ

하우어워스(Stanley Hauerwas) 8, 85,
 86, 88, 104, 115, 116, 151, 248, 249,
 268, 269, 270

행위자 17, 19, 20, 22, 23, 28, 47, 50, 51,
 53, 54, 55, 58, 70, 74, 76, 78, 84,
 104, 113, 123, 149, 158, 166, 253